Christoph Dieckmann
Mein Abendland
Geschichten deutscher Herkunft

Christoph Dieckmann

Mein Abendland

Geschichten
deutscher Herkunft

Ch. Links Verlag, Berlin

Meiner Gesprächspartnerin Anneliese Dieckmann-Wild,
geboren 1925 in Stettin – meiner Mutter

Das Buch erscheint auf Wunsch des Autors in nichtreformierter
Rechtschreibung.
Sämtliche Fotos stammen vom Autor.

Die Deutsche Nationalbibliothek verzeichnet diese Publikation
in der Deutschen Nationalbibliografie; detaillierte bibliografische Daten
sind im Internet über www.dnb.de abrufbar.

1. Auflage, Februar 2017
© Christoph Links Verlag GmbH
Schönhauser Allee 36, 10435 Berlin, Tel.: (030) 44 02 32-0
www.christoph-links-verlag.de; mail@christoph-links-verlag.de
Umschlaggestaltung: Nadja Caspar, Ch. Links Verlag, unter Verwendung
eines Fotos der Wartburg von Klaus Dieter vom Wangenheim (Pixabay)
Satz: Nadja Caspar, Ch. Links Verlag
Druck und Bindung: Druckerei F. Pustet, Regensburg

ISBN 978-3-86153-938-4

Inhalt

Mein Abendland

7

VORGESCHICHTEN

Luthers Satan, Gottes Knecht

Eine Suche nach dem endzeitlichen Propheten
Thomas Müntzer

142

Gottes Raubtier

Schwedens König Gustav II. Adolf, die »Lichtgestalt«
des Dreißigjährigen Kriegs

152

Immer waldeinwärts

Auf den Spuren der Brüder Grimm

161

Deutschlands Erwachen

Dreimal scheiterte 1848/49 die Revolution
in Baden

173

Hundert Jahre nach dem Tod

Zwei winterliche Reisen nach Verdun

181

»Und ob wir dann noch leben werden …«
Rosa Luxemburg und Karl Liebknecht in Berlin
196

Der König der DDR
Die Auferstehung Friedrichs II. von Preußen
208

Menschenfischers Heimathafen
Im Lübeck von Willy Brandt
219

Schießplatz der Supermächte
Im Land des Weltuntergangs
227

MORGENLAND

Der rollende Teppich
Per Eisenbahn von Istanbul nach Teheran
238

Tausendundeine Macht
Im Orient Usbekistan
250

»Dein Volk ist mein Volk, und dein Gott ist mein Gott«
Eine Predigt auf der Wartburg über das Buch Ruth
260

Anhang
271

Mein Abendland

Bleibe bei uns;
denn es will Abend werden,
und der Tag hat sich geneigt.
Lukas 24,29

I

Nur von ferne kannte ich den Jungen und seinen kleinen Bruder, der nun verschwunden war. Der Junge ging in die Sechste, zwei Klassen unter mir. Dem Kleinen, Schulanfänger, hatte ich unlängst »König Drosselbart« erzählt, als er mit der ganzen Zwergenbande über den Dachboden tobte, statt Mittagsruhe zu halten. Wo blieb die Hortnerin? Kurzentschlossen schwänzte ich Chemie und kommandierte: Legt euch hin! Die Knirpse parierten, geschmeichelt, daß sich ein Großer mit ihnen befaßte. Da lagen sie auf ihren Pritschen, lauschten, kicherten und jammerten im Chor: *Ich arme Jungfer zart, ach hätt ich genommen den König Drosselbart.*

Und jetzt war der Kleine fort, entführt am hellichten Tag. Ich hörte in der Schule: Gestern in der Dämmerung kam der Bruder heim, verstört und abgehetzt. Er berichtete, was ihnen zugestoßen sei. Sie hätten Versteck gespielt, bei der Koppel am Schachtwald. Dickicht und Hecken boten dort reichlich Unterschlupf, doch um zu siegen, mußte der Versteckte sein Asyl unentdeckt verlassen, zum Koppelpfahl rennen und dort den Freischlag landen. Das unterließ der Kleine. Er blieb verborgen. Der Ältere rief. Er erklärte das Spiel für beendet und den Kleinen zum Sieger. Keine Antwort, nichts geschah. Der Junge suchte weiter. Da traten aus dem Unterholz zwei Männer und befahlen: Verschwinde! Wir haben deinen Bruder, der kommt mit uns.

Was für Männer?

Zwei Männer in schwarzen Ledermänteln, so erzählte es der Junge auch der Polizei. Die löste Fahndung aus. In der Hofpause besah ich den Jungen. Er hielt sich abseits, unscheinbar wie immer. Er aß sein Brot, er wirkte normal, doch umgab ihn etwas Unsichtbares: Schicksalsnähe. Am nächsten Tag erschien der Junge nicht zum Unterricht. Er kam nie wieder. Der Kleine war gefunden, getötet im brüderlichen Streit.

Die Schulleitung informierte – mit welchen Worten? Ich entsinne mich nur der allgemeinen Erleichterung, daß der Mörder, kaum enttarnt, nicht länger unter uns weilte. Ich spürte: Wer tötet, fällt aus der Welt. Die unsrige war nun vom Täter gesäubert. Aber blieb nicht der Tatort kontaminiert?

Die Koppel war im Winter ein wimmelnder Rodelberg, der Waldpfad zur Halde meine Langlauf-Loipe. Einsam schurrte ich bergan und dachte an die Ledermantel-Männer. Der Wald endete. Himmelhoch ragte die Kupferschiefer-Pyramide, schütter beschneit. Loren mit Taubgestein schwebten an stählerner Trosse zum Gipfel und schlugen dort um. Das Geröll kollerte zu Tal. Ein Brocken sprang bis in den Zaun, vor dem ich stand. Seit Urzeiten hatte diesen Stein das Erdinnere geborgen. Das war für immer vorbei. Und ewig würde dieser Flecken Heimat Mordort bleiben.

Ich war ein Kind der Provinz, noch unvertraut mit dem Zeitfluß, dem Wandel der Gefühle, den Putzmitteln der Ideologie. Frieden suchte ich innerlich und daheim, nicht im großen Ganzen der unheilbaren Welt. Deren Schrecknisse geschahen bislang anderswo – in Troja, Hitlerdeutschland, Dallas, Prag und Vietnam. Später, als Student, zog ich in die Mauerstadt Berlin mit ihren Brüchen und tagtäglichen Desastern. Auf einer Heimreise nach S. überfiel mich das Déjà vu. Im Zug saß ich zwei Männern gegenüber. Sie trugen keine Ledermäntel, sondern Grün: das sogenannte Ehrenkleid der Nationalen Volksarmee. Sie soffen. Trunkenheit war der Naturzustand reisender Soldaten in der DDR. Ständig drängten Uniformierte durch die überfüllte Deutsche Reichsbahn, um im MITROPA-Wagen Bier-Nachschub zu fassen. Diese beiden kübelten Klaren. Sie schwitzten, sie lallten mit rohen, roten Gesichtern.

Sie waren Grenzer. Es gab was zu feiern. Einen »Hasen«, einen Flüchtling, hatten sie »von der Platte geputzt«. Solch trefflicher Schutz des Sozialismus wurde mit Sonderurlaub belohnt.

Hatten sie Bräute? Eltern, Kinder, Freunde? Wie empfing man sie daheim? Wie rühmten oder beichteten sie ihre Tat? Wie lebten sie damit weiter, und wie die Ihren, die es fortan wußten?

»Niemand kommt dem Damalsblut zu Hilfe, denn es ist schon geflossen«, schrieb die deutschkroatische Schriftstellerin Marica Bodrožić. »Es wundert mich nicht, schon als Kind wunderte es mich nicht, daß sie schießen, wenn sie schießen müssen. Sie üben das Sterben zuerst an sich selbst. Und wenn man so ein Toter ist, so ein Mensch, der längst an sich selbst gestorben ist, dann ist es einfach, im Grunde ein Spiel, ein schlichtes einfaches Spiel, einen anderen zu töten, damit auch er stirbt, so, wie man selbst längst gestorben ist. Sie denken nicht darüber nach. Und wenn, dann denken sie vielleicht, daß der andere auch nur an sich selbst stirbt. Und nicht an der Grenze, die sie hier beschützen und die es ohne sie nicht gäbe.«

Die es ohne sie nicht gäbe?

2

Am 13. November 2013 begegnete ich Helmut Schmidt zum letzten Mal. Das Hauptstadt-Büro der »Zeit« hatte etliche neue Mitarbeiter, der greise Herausgeber wünschte sie kennenzulernen. Unverändert kam er regelmäßig aus Hamburg und nutzte jenes Bundestagsbüro, das ihm als Altkanzler zustand. Im Vorzimmer empfing uns eine Photo-Galerie des Schmidtschen Jahrhunderts: Helmut Schmidt mit Hosni Mubarak, mit Moshe Dayan, mit Rosalyn Carter samt Hund. Josip Broz Tito schmunzelte vom Widmungsbild, zugeeignet »Gospodinu Helmut Schmidt«. Volksführerisch lächelten König Hussein II. von Jordanien, Assad senior und Anwar el Sadat. Liberal blickten Bruno Kreisky und Gustav Heinemann, erheitert Willy Brandt und Walter Scheel. Immanuel Kant posierte als weiße Marmorbüste, den Schreibtisch überschaute

August Bebel, in Öl. Auch Thomas Mann schmückte die Wand, gezeichnet von Armin Müller-Stahl: ein Geschenk zu Helmut Schmidts 85. Geburtstag.

Der lag nun fast zehn Jahre zurück. Der Gastgeber begrüßte im Rollstuhl. Er reichte jedem seine große, glatte, kalte Hand. Er entzündete die erste von vielen Menthol-Zigaretten der Marke Rynio. Er sprach: Ich lebe im luftleeren Raum. Ich treffe keine Spitzenpolitiker. Ich bin kein Parteimensch, sondern über meine Partei hinausgewachsen. Mein verehrter Mentor war Fritz Erler, Jean Monnet hat mich zum Europäer gemacht. Seit wann sind Sie bei der »Zeit«?

Seit 1991, sagte ich. Damals wollte die Zeitung einen Redakteur aus Ostdeutschland.

Und wie wurden Sie aufgenommen?

Einprägsam. Sie haben mich angeschnauzt, gleich in der ersten Konferenz.

Oh!, rief Schmidt erfreut. Warum das?

Es ging um die Mauerschützen. Der erste Prozeß stand an. Sie meinten, man solle, statt die kleinen Muschkoten zu belangen, die Kommandeure anklagen, also die Spitze der Befehlskette.

Ja, sagte Schmidt. Und?

Ich verwahrte mich gegen das Gerede von den armen kleinen Mauerschützen. Niemand wurde in der DDR zum Grenzdienst gezwungen, es sei denn vom Wunsch nach Karriere. Und jeder Mensch, sofern er Mensch ist, weiß, daß man nicht auf andere Menschen schießen darf. Jeder muß seine Humanität dort bewähren, wo ihn der Herrgott hingestellt hat.

Schmidt erzeugte Rauch und sprach: Ich nehme stark an, daß Sie Ihre Meinung nicht geändert haben.

So ist es.

Ich meine auch nicht. Haben Sie gedient?

Nein, ich war Vikar. Manfred Stolpe hat mich vor der Nationalen Volksarmee bewahrt.

Wie denken Sie über Stolpe?, fragte Schmidt. Ich sagte: Er hat als Kirchenmann etliche Grenzen überschritten, aber wohl nicht *die* Grenze zwischen Kirche und SED-Staat. Diese wägende Würdigung stellte Schmidt zufrieden. Dann resümierte er: Ihnen allen fehlt eine Erfahrung. Der Krieg. Diese Scheiße. Was man da für Angst gehabt hat.

Der Krieg blieb über alle Zeiten der Bordun-Ton im Leben Helmut Schmidts. Der gewesene Wehrmacht-Leutnant fluchte der Menschheitskatastrophe, doch der Hamburger Innensenator und Sturmflut-Bekämpfer, der Bundeswehrminister, der Kanzler und »Macher« Schmidt kokettierte in puncto Disziplin und operativer Entschlossenheit durchaus mit militärischem Zack. Nicht ohne Genugtuung konstatierte er im sogenannten Deutschen Herbst 1977, die Terroristen der RAF hätten die Exoffiziere auf Seiten des Staates unterschätzt. Im Bundestagswahlkampf 1980 erledigte der Kanzler seinen barocken Herausforderer Franz-Josef Strauß durch die schneidige Durchsage ans Wahlvolk, als alter Soldat brauche er nur vier Stunden Schlaf, in Zeiten der Bewährung gar keinen. Jetzt pries er Willy Brandt, der sich den Russen angenähert habe, gegen den Instinkt der Amerikaner. Freilich, mit Europa gehe es abwärts: 28 Länder, früher sechs, und der Euro ersetze keine gemeinsame Finanzpolitik. Wir Deutschen haben einen weltgeschichtlich einmaligen Außenhandelsüberschuß, sagte Schmidt. Das werden uns die anderen Länder nicht durchgehen lassen. Unsere Beliebtheit in der Welt ist nur eine deutsche Illusion.

Gibt es eine unverlierbare europäische Errungenschaft?

Ein großer Krieg wird von Europa nicht mehr ausgehen, sagte Schmidt. Die Völker sind erschöpft. Zur Reproduktion brauchen sie pro Frau zwei bis drei Geburten, in Deutschland sind es heute 1,4.

Das ist eine statistische Antwort. Aber moralisch? Rührt die deutsche Unbeliebtheit wirklich aus unserer Wirtschaftsstärke? Oder aus der deutschen Geschichte?

Schmidt sagte: Das ist eine philosophische Frage, darüber muß ich nachdenken.

Er lehrte noch manches: daß Kohl zu preisen sei für den Zehn-Punkte-Plan von 1989, aber die Einheit verstümpert habe. Daß Europas Zukunft ungesichert sei – ebenso, ob Rußland immerfort bis zur Behringstraße reiche. Daß dem Internet wohl noch eine

Frist verbleibe; dann aber werde die Kommunikation wieder neue Medien erfinden ... Mit enkelfrommer Andacht lauschten wir dem Orakel als Juniorkabinett und deutsches Volk *en miniature*. Ich sehe zwanzig bis dreißig Jahre in die Zukunft, sagte Schmidt. In die Vergangenheit ein paar Jahrhunderte. Was Deutschland betrifft: tausend Jahre.

Nun schwieg er und schaute in die Runde. Marc Brost, unser Bürochef, verstand. Er dankte in aller Namen und sagte: Wir haben einen Wunsch, wir würden gern wiederkommen. Der Hausherr sog am ewigen Menthol, ließ Glut knistern und atmete rauschend aus. Es dauerte, bis dieser Lokomotive sämtlicher Rauch entwich. Dann lächelte Schmidt und sagte: Müssen Sie sich beeilen.

3

Der 22. Juni 1941 »war ein strahlender Tag mit tiefblauem Himmel, der Flieder stand in voller Blüte, es würde heiß werden«. An jenem Leningrader Sonntag verliebte sich der junge Ingenieur Daniil Granin in ein Mädchen namens Rimma. Das Paar fuhr ins Umland und verlustierte sich in der Natur. »Gegen Abend kehrten wir beide zurück in die Stadt. Der Zug war überfüllt. Wir standen aneinandergeschmiegt auf der Plattform und freuten uns. Um uns herum sprach man über Krieg und Bombenangriffe.« Hitlerdeutschland hatte die Sowjetunion überfallen.

Unverzüglich meldet sich Granin zur Volkswehr. Ernst nimmt er den Krieg nicht. »Mir bot sich eine günstige Gelegenheit, durch Deutschland zu spazieren und den Faschisten eine Lektion zu erteilen.« Es kommt anders. Rasch rückt die Wehrmacht auf Leningrad vor. Granins Trupp gerät schon auf dem Transport in einen Angriff deutscher Sturzkampfflieger. Binnen Sekunden schrumpft der hochgemute Held zur panischen Kreatur, die Stoßgebete wimmert: »Herrgott, erbarme dich meiner!«

Die durchschnittliche Überlebensdauer für Rotarmisten betrug 1941 an der Front vier Tage. Die Wehrmacht siegte anfangs nach Belieben, mit unerhörtem Raumgewinn. Hitlers Blitzkrieg-

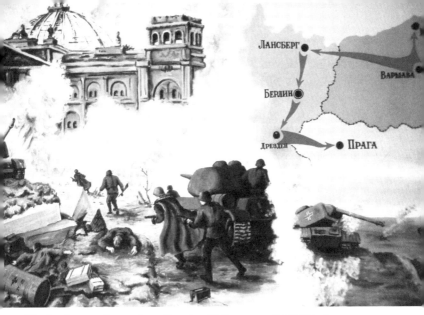

Wandmalerei im Festspielhaus Dresden-Hellerau, zur DDR-Zeit Lazarett und Kaserne der sowjetischen Armee (24. September 2012)

Strategie schien aufzugehen, sein gestriger Spießgesell und jetziger Todfeind paralysiert. Trotz begründeter Warnungen hatte Stalin auf den Nichtangriffspakt mit Deutschland vertraut. Nun flohen seine Truppen, miserabel ausgerüstet, an allen Fronten. Der Sommerkrieger Hitler wähnte sich bereits in Moskau. Leningrad zu erkämpfen hatte er nicht vor. Altrußlands Prunkstadt sollte ausgehungert werden. Es starben 1,1 Millionen Einwohner, bevor im Januar 1944, nach fast 900 Tagen, die Rote Armee den deutschen Belagerungsring brach.

Das Erstarken der Roten Armee ist auch die Geschichte des Soldaten Granin. »Mein Leutnant« hat er seinen späten »Roman« genannt, geschrieben mit 92 Jahren. Dieser Leutnant ist niemand anders als Granin selbst – vor sieben Jahrzehnten. »Schreiben Sie über sich?« – »Ach wo, diesen Menschen gibt es schon lange nicht mehr.« Doch, dieser Mensch überlebte durch hundertfaches Glück. Dieser Mensch tötete und nennt seine Taten Mord. »Als wir von Hitlers Plan zur Vernichtung der Slawen erfuhren, ging der Krieg in einen Mordfeldzug über. (...) Deutsche Soldaten wurden für mich zu beweglichen Zielscheiben. (...) Unsere Toten hingegen waren Menschen.«

Die Wende des Zweiten Weltkriegs läßt sich militärisch erklären, als Folge der alliierten Ressourcen oder mit der unermeßlichen russischen Landmasse. Das moralische Recht der Sowjetunion nutzte Stalin zur Ideologie vom Großen Vaterländischen Krieg. Er erklärte Hitler zum Wiedergänger Napoleons und den Kampf gegen die deutschen Faschisten zum Remake des Vaterländischen Kriegs von 1812. Sieg war, Sieg würde werden – größer denn je. Die Wandlung des Diktators zum Haupt des nationalen Freiheitskampfes war von zynischer Ambivalenz. Soeben, in den Jahren 1937/38, hatte der Massenmörder Stalin sein eigenes Reich mit dem Großen Terror überzogen. Notgedrungen gelang nun die Symbiose von Vaterlandsführer und Sowjetvolk.

Nicht für den Kommunismus wollte Granin kämpfen, sondern für sein Land und seine Stadt.

Mühsam fand er heim – ins zivile Leben, zur einzelmenschlichen Dimension, zu Rimma, seiner Frau. »Etwas hatte ihm der Vater mitgegeben – die Güte, den Triumph der Güte, den Vorteil der Güte.« Der greise Granin bezichtigt eine Armeeführung, die ihre Soldaten nur als Masse kalkulierte: stupide Rückzugsverbote, Abschreckungsexekutionen, chaotische Sturmangriffe, befohlen von Kommandeuren, die den Krieg als »Fleischwolf« betrieben. »Wie viele von diesen Fleischern gab es unter unseren ruhmreichen Generälen! (....) unser Krieg war (...) blutig, stümperhaft, Menschenleben wurden sinnlos geopfert (...) Selbst als wir gegen Ende des Krieges gelernt hatten, wie man Krieg führt, fuhren wir fort, unsere Leute ohne Ende zu verheizen. Gut kämpft nur einer, der wenig Blut vergießt, aber es zählte nicht, oben zählte es nicht, und das setzte sich nach unten fort. (...) Warum sind sie so mit uns umgegangen, und warum tun sie es bis heute? Weil es von uns immer genug gegeben hat. (...) Nicht mit Menschen muß man sparsam umgehen, sondern mit Munition.«

Am 27. Januar 2014, dem 70. Jahrestag der Befreiung Leningrads, redete Daniil Granin vor dem Deutschen Bundestag. Er sprach über das Grauen in der verhungernden Stadt (unvergeßlich beschrieben in Lidia Ginsburgs »Aufzeichnungen eines Blockademenschen«). Unheilbar sehnte sich Granin nach seinen Kameraden, die den Sieg nicht erlebten. »Wissen Sie«, schloß er, »es gibt wahrscheinlich einen sakralen Raum, wo dem Menschen Mitgefühl und Spiritualität zurückgegeben werden, ebenso wie das Wunder des Sieges, und wo Gerechtigkeit, die Liebe zum Leben und auch zum Menschen höchste Bedeutung haben.« In »Mein Leutnant« liest man: »Liebe – das ist der direkteste und kürzeste Weg zu Gott.«

Und das Wunder des Sieges? Uns Deutschen geht es heute weitaus besser als den Siegern von einst. Granins Lebensbuch vorangestellt ist das Vorwort eines deutschen Leutnants, der bei Leningrad sein Feind war: Helmut Schmidt. Es endet mit dem schillernden Satz: »Ohne Rußland kann es in Europa keinen Frieden geben.« Rußland krankt – woran? An seiner geschwundenen Größe? An Wladimir Putins neoimperialer Renaissance? An Einhegung durch »den Westen«? Die Ostdeutschen haben nicht vergessen, daß ihre DDR das Faustpfand des sowjetischen Sieges war. 1989/90 gab Michail Gorbatschow dieses Faustpfand frei.

Granin zitiert eine Churchill-Rede vom 22. Juni 1941: »Wenn wir Vergangenheit und Gegenwart entzweien, verlieren wir die Zukunft.« Möge Rußland allzeit erfahren, daß wir ihm seinen Sieg als unsere Befreiung danken.

4

1994 bewohnte das Berliner »Zeit«-Büro zwei Hinterhaus-Etagen der Französischen Straße 47. Am Vormittag des 8. Juli klingelte es an der Tür. Ich öffnete. Im Dämmer des versifften Treppenhauses standen drei Bürger und begehrten Einlaß. Marion Gräfin Dönhoff, Helmut Schmidt und Richard von Weizsäcker wollten im Sitzungsraum über den 20. Juli 1944 reden. Die Hamburger »Zeit«-Zentrale hatte Berlin nicht informiert. Betrüblicherweise mangelte uns Zubehör gepflegter Gastlichkeit. Ich fand immerhin ein Päckchen Kekse unbestimmten Alters. Klaus Hartung reaktivierte die frühindustrielle Kaffeemaschine. Sie fauchte und tropfte schwarz.

Oh, sagte die Gräfin, das ist ja Mokka. Das ist mir zu stark.

Es war kein Mokka, es war Teer.

Dann debattierten die drei Ikonen der bundesrepublikanischen Geschichte über Stauffenbergs Putsch – vermutlich nicht zum ersten Mal. Die Rollen ihrer Zeitzeugenschaft waren längst verteilt. Helmut Schmidt verkörperte jene Deutschen, die »durch die Scheiße gegangen« und gleichsam von unten zur Erkenntnis des nationalsozialistischen Verbrecherregimes gelangt waren. Die Vertriebene Marion Gräfin Dönhoff akzeptierte und rechtfertigte bereits in der frühen, restaurativen BRD den Verlust der deutschen Ostgebiete. Sie schrieb Bücher wie »Kindheit in Ostpreußen«, »Ritt durch Masuren«, »Namen, die keiner mehr nennt«, sie prägte die antirevanchistische Heimatformel »lieben, ohne zu besitzen«, sie stützte die Entspannungspolitik des Kanzlers Willy Brandt. Richard von Weizsäcker schließlich war soeben nach zehn Jahren im höchsten Staatsamt als Bundespräsident verabschiedet worden. Seine vermittelnde, dennoch entschiedene Rhetorik hatte ihm Deutungshoheit über die Nachkriegsgeschichte verschafft. Seine gesamtdeutsche Verehrung begann mit der programmatischen Rede zum 40. Jahrestag der hitlerdeutschen Kapitulation.

»Der 8. Mai war ein Tag der Befreiung«, so sprach von Weizsäcker am 8. Mai 1985 im Deutschen Bundestag. »Er hat uns alle befreit von dem menschenverachtenden System der nationalsozialistischen Gewaltherrschaft.« Aber: »Wir dürfen den 8. Mai 1945 nicht vom 30. Januar 1933 trennen. (...) wir dürfen nicht im Ende des Krieges die Ursache für Flucht, Vertreibung und Unfreiheit sehen. Sie liegt vielmehr in seinem Anfang und im Beginn jener Gewaltherrschaft, die zum Krieg führte. (...) Wer konnte arglos bleiben nach den Bränden der Synagogen, den Plünderungen, der Stigmatisierung mit dem Judenstern, dem Rechtsentzug, der unaufhörlichen Schändung der menschlichen Würde? Wer seine Augen und Ohren aufmachte, wer sich informieren wollte, dem konnte nicht entgehen, daß Deportationszüge rollten. Die Phantasie der Menschen mochte für Art und Ausmaß der Vernichtung und haben bis zu einem bestimmten Zeitpunkt ihre militärischen, soldatischen Pflichten erfüllt. Dann sind sie langsam in diesen Gewissenskonflikt hineingeraten.

1941/42, »im ersten Rußlandwinter«, rang der Leutnant Helmut Schmidt mit seiner moralischen Erkenntnis. Er dachte an Napoleons Hybris 1812 und hielt das folgende Debakel des Eroberers auch für die Zukunft der Wehrmacht. Er bekannte seine Zweifel einem jungen Unteroffizier. Der war Theologe und verarztete ihn mit dem Römerbrief des Apostels Paulus: *Seid untertan der Obrigkeit, denn wo Obrigkeit ist, die ist von Gott.* Das, sagte Schmidt, hat mich damals vorübergehend beruhigt.

Von Weizsäcker bemerkte: Die Beteiligung von Paulus an diesem Gespräch wäre sehr interessant.

Ein Unbehagen befiel den Tischgast des Trialogs. Ich hatte es bereits 1985 empfunden, bei von Weizsäckers großer Rede, erschrokken staunend, daß sie »im Westen« nötig war. Meine östlichen Ohren vernahmen damals eine höchst verspätete Anerkennung von Selbstverständlichkeiten in gediegenem Ton. Der SED-Staat DDR ruhte, nach eigener Deklaration, auf zwei Säulen: Antikapitalismus und Antifaschismus. Letzterer erlaubte beispielsweise keinerlei Relativierung der Deutschen Wehrmacht; sie galt ausschließlich als Exekutivorgan des hitlerschen Verbrecherregimes und seiner imperialistischen Barbarei. Die dritte, die tragende Säule des SED-Staats bildete natürlich die Sowjethörigkeit. Daß Stalin vom August 1939 bis zum Beginn des Großen Vaterländischen Krieges mit Hitler paktierte, daß er nach dessen Überfall auf Polen geheimvertragsgemäß das östliche Landesdrittel einsackte, war in der DDR tabu. Stauffenberg wurde nicht verschwiegen. Sein Mut, sehr spät zur Tat gereift, verdiente Respekt, sein Scheitern war katastrophal. In den zehn Monaten vom Attentat bis zu Deutschlands Höllenfahrt starben mehr Menschen als in den fünf Kriegsjahren zuvor. Den siegenden Hitler allerdings hatte Stauffenberg nicht töten wollen.

Was wir Geschichte nennen, ist oft weniger das Ereignis als dessen Rezeption. In der Bundesrepublik diente und dient der Stauffenberg-Putsch als idealischer Markenkern der Bundeswehr. Die Heroentat vom 20. Juli 1944 schob sich vor den kommunistischen Widerstand, dessen wiederum die DDR fast ausschließlich gedachte. Sein antifaschistischer Mythos weihte den SED-Staat, der sich der »revanchistischen« BRD moralisch weit überlegen fühlte. Es stimmte ja: Die großen Kriegsverbrecher hatten sich 1945 gen Westen abgesetzt. In der bundesrepublikanischen Gründerzeit bevölkerte nazideutsches Personal Justiz, Bildungswesen, Geheimdienst und die neue Armee; die kriegsgewinnlerische Industrie wurde nicht enteignet. Doch auch die erste DDR-Bevölkerung bestand aus Hitlers mitgelaufenen Deutschen. Die nun regierenden Kommunisten waren Remigranten oder Überlebende der Konzentrationslager. Ihr Staatsvolk, das wußten sie allzu gut, hätte sie noch kürzlich ans Messer geliefert. Ihr Volksmißtrauen heilte nie, was tragisch war und sich begreifen läßt.

Beim Arbeiteraufstand am 17. Juni 1953 zerstob auch die Illusion von der klassenbewußten Progressivität des Proletariats. Der 13. August 1961 betonierte dann die »Einsicht in die Notwendigkeit« der geschlossenen Gesellschaft. Sie währte bis zum 9. November 1989. Sie endete im Jubel des Ostvolks über den Untergang des sozialistischen Staats, den es nicht als eigenen empfand.

Aber noch heute empfinde ich West-Defizite bei der Entnazifizierung. Gruftluft weht mich an vor Wehrmacht-Kriegermalen und reaktionären Straßen- und Kasernennamen, angesichts von Nico-Hofmann-Fernseh-Melodramen über Hitlers leidgeprüftes Volk oder wenn eine fränkische ZDF-Moderatorin ein ihr erfreuliches Sportergebnis »innerer Reichsparteitag« nennt. Wie entlarvend behandelte die Bundesrepublik die Wehrmacht-Deserteure – Helden, die, juristisch wie im westdeutschen Volksgefühl, jahrzehntelang als Verräter galten. Erst 1997 verfügte der Deutsche Bundestag: »Der Zweite Weltkrieg war ein Angriffs- und Vernichtungskrieg, ein vom nationalsozialistischen Deutschland verschuldetes Verbrechen.« Und erst 2009 wurden die Deserteure endgültig rehabilitiert – fast alle postum, nach 30 000 Todesurteilen der Wehrmachtjustiz, 20 000 Hinrichtungen und 64 Jahren bockiger Ignoranz.

Eilends jedoch enttarnte man westseits den »verordneten Antifaschismus« der DDR: psychologisch eine klassische Projektion. Kommunisten wurden rückwirkend aus dem NS-Widerstand verstoßen, da sie ja, falls überlebend, nach 1945 die »Diktatur des Proletariats« installiert hatten. Fragwürdig war am DDR-Antifaschismus nicht dessen Existenz, sondern daß es ihn pauschal gab und in autoritärer Form. Was sich der Westen im Streit der Generationen zivilgesellschaftlich erkämpfte, regierte im Osten als stalinistische Staatsdoktrin. Dieser Antifaschismus kam mit der Roten Armee ins Land und wurde von der SED-Macht als Parteibesitz behandelt. Die »Sieger der Geschichte« verkannten, welche Braunfäule auch in der eigenen Gesellschaft überdauerte und gärte und neu entstand. Dies hinderte nicht daran, daß Millionen Ostdeutsche ehrlichen Herzens antifaschistisch fühlten. Helmut Kohl, ideologisch versiegelt, denunzierte diese humane Potenz des Ostvolks als SED-Propaganda und rotlackierten Faschismus. So schredderte er den wertvollsten Konsens der deutschen Einheit.

Die Disputation im »Zeit«-Büro schwang aus. Abschließend mißfiel Gräfin Dönhoff die Gleichsetzung von Preußen und Militarismus. Unter Hitlers zehn engsten Paladinen seien keine Preußen gewesen, unter den Männern des 20. Juli hingegen 75 Prozent.

Ich fragte: Kann das geeinte Deutschland die NS-Widerstände nicht würdigend verbinden, inklusive des kommunistischen? Schweigen. Dann erklärte Helmut Schmidt: Wenn man mit vollem Recht sagt, der 20. Juli 1944 ist ein ganz bedeutendes moralisches Datum in der deutschen Geschichte, dann muß man sich hüten, jemanden, der auch Widerstand geleistet hat, deswegen totzuschweigen, weil er Kommunist war. Das ist widerlich.

Sodann erhob sich die Trinität. Wir hätten doch Herrn Hartungs Mokka trinken sollen, sagte die Gräfin. Dann wäre unser Gespräch temperamentvoller geworden.

Kurz darauf spendierte Hamburg eine neue Kaffeemaschine.

5

Sommer 2014. In Potsdam tobt der nationale Kirchenkampf. Die Garnisonkirche soll auferstehen, ein Schmuckstück des norddeutschen Barocks, 1732 errichtet vom »Soldatenkönig« Friedrich

Wilhelm I. gemäß seinem Leitwort: »So ich nun baue Stadt und Land und mache nicht Christen, ist alles nichts nütze.« – Finger weg!, rufen die Widersacher. Erstehen soll der Kriegstempel der Hohenzollern, zwecks neomilitaristischer Erneuerung Preußens. Dessen altböser Geist würde unweigerlich auch in die neue Hülle fahren.

Wer hat recht? Fragen wir den berühmtesten Potsdamer. Freilich gilt er als Preußenfan. Längst ist Manfred Stolpe Pensionär, doch der Kirchenkampf ergriff auch ihn. Der alte Stolpe entsinnt sich des jungen Kirchenjuristen: wie er 1959 nach Potsdam kam und die Lange Brücke überquerte. Vor ihm lag die Schloßruine, links dahinter wuchtete der Torso eines Turms. Das, erfuhr er, sei der Rest der Garnisonkirche, die am 14. April 1945 im Feuersturm der Lancaster- und Halifax-Bomber verbrannt war. Danach hatte das Hauptquartier der Royal Airforce gemeldet: Potsdam existiert nicht mehr.

Aber der Turmstumpf stand, vier Geschosse hoch. Die Heilig-Kreuz-Gemeinde baute ihn zur Kapelle aus, mit Genehmigung der Stadt, die für dieses Antikriegsmahnmal sogar eine Aussichtsplattform plante. Dann erschien Walter Ulbricht zur Visite. Am 22. Juni 1967 sprach der SED-Chef sein gewaltiges Wort: Das Ding muß weg! Ins einstige Zentrum der Preußenkönige gehöre sozialistische Architektur. Kirchlicher Einspruch verfing nicht. Am 23. Juni 1968, einem Sonntag, wurde gesprengt, zur Gottesdienstzeit. Erst fiel nur der halbe Turm, im zweiten Versuch der Rest. Das dokumentiert ein Spreng-Lehrfilm der DDR, unterlegt mit flottem Bigband-Sound. Hell und licht – unserer Städte Gesicht!

Die Sprengung des Gotteshauses einer lebendigen Gemeinde ist wirklich ein Verbrechen gewesen, sagt Manfred Stolpe. Meine Motivation für den Wiederaufbau hängt mit der tiefen Demütigung zusammen, die wir hier erfahren haben.

Aber muß man die Kirche des Soldatenkönigs kopieren?

Weitreichende Pläne der Garnisonkirchgegner
(Potsdam, 25. Mai 2014)

Keine Militärkirche, sagt Stolpe. Keine totale Rekonstruktion, sondern erst mal den Turm. Beim Gesamtbau muß das Thema Frieden und Versöhnung erkennbar sein.

Wie denken die Potsdamer? Nur 14 Prozent gehören der evangelischen Kirche an.

Ein Viertel pro, ein Viertel contra, schätzt Stolpe. Die Hälfte ist indifferent. Dieser Anteil wächst und tendiert zur Gegnerschaft.

Warum?

Die Mehrheit der Potsdamer hat das Gefühl, sie würde verdrängt. Die Innenstadt ist für sie unbezahlbar geworden und wird umgestaltet, in deutlicher Abkehr von dem, was die Hiesigen erlebt haben. Zugereiste geben den Ton an.

Wir begeben uns zum Streitort, vom Bahnhof kommend wie 1959 Manfred Stolpe. Das barocke Stadtschloß ist jüngst als Fassadenkopie zurückgekehrt und birgt den Landtag. Vis-à-vis ragt das Hotel-Hochhaus, eine Dominante Ulbrichtscher Urban-Ästhetik, doch passabel. Auch die DDR-moderne Fachhochschule ließe sich renovieren, freilich kaum innerhalb des retropreußischen Stadtplans »Mitteschön«, der »das richtige Potsdam zurückgewinnen« will. Aufkleber mahnen: »Die Stadt ist kein Museum«. Ein Plakat zeigt den Garnisonkirchtum als Rakete, vermutlich auf dem Weg zum Mond.

Die Breite Straße: Neubauten, Dauerverkehr. Am Platz der Garnisonkirche steht Ulbrichts Ersatzbau, ein fünfstöckiges Rechenzentrum mit dem umlaufendem Mosaik-Fries »Der Mensch bezwingt den Kosmos«. Daneben klafft eine Baugrube vor dem hölzernen Flachbau der »Versöhnungskapelle«. Garnisonkirchfreunde haben sie 2011 errichtet. Sie enthält gerettete Relikte und eine Ausstellung zur Kirchgeschichte.

Die Garnisonkirche war, laut dem Historiker Martin Sabrow, das preußische Walhalla. Philipp Gerlachs mächtiger Bau diente von Anbeginn der staatschristlichen Zurüstung des Militärs. 2800 Soldaten andächtigten auf Bänken ohne Rückenlehne. Der Turm ragte 88 Meter auf. Sein Glockenspiel läutete zur vollen Stunde *Nun danket alle Gott*, zur halben *Üb immer Treu und Redlichkeit bis an dein kühles Grab, und weiche keinen Fingerbreit von Gottes Wegen ab.* Ungezählte führte dieser Weg ins Grab. Der »Soldatenkönig« baute Preußens Armee. Sein Sprößling Friedrich II. ließ sie von der Kette, verheerte Europa und produzierte Leichenberge, weshalb er auch »der Große« heißt. Die Garnisonkirche wurde zum Trophäenschrein, ihre Krypta zur Grablege für Vater und Sohn und am 4. November 1803 zur weltgeschichtlichen Bühne. Nacht war's, als »bey der Asche dieses Unsterblichen« Preußens friedsinniger König Friedrich Wilhelm III., Gattin Louise und Rußlands Zar Alexander einander Beistand gegen das Korsenmonster Napoleon gelobten. Preußen fiel, Alexander lief über. Der unsterbliche Altfritz bekam am 25. Oktober 1806 abermals Besuch, nun von Napoleon, welcher *sic transit gloria mundi* sprach und, auf Französisch: Wenn du noch lebtest, stünde ich nicht hier.

Das berühmteste Garnisonkirchdatum heißt bis heute »Tag von Potsdam«. Am 21. März 1933 wurde hier der neue Reichstag eröffnet, weil das Berliner Reichstagsgebäude drei Wochen zuvor ausgebrannt war. Potsdam feierte mit Glockengeläut, paradierender SA, Heil!-Gebrüll und unüberschaubaren Massen jauchzenden Volks. Ein berühmtes Photo bündelt, was vor der Kirche geschah. Reichskanzler Adolf Hitler, ausnahmsweise zivil befrackt, schüttelt die Hand des Reichspräsidenten Paul von Hindenburg. Der »Tag von Potsdam« verschmolz das bürgerlich-konservative Deutschland mit Hitlers »nationaler Erhebung« und entmächtigte die Demokratie, wobei der greise Reichspräsident demonstrieren wollte, daß die Zentralgewalt bei ihm verbliebe. Hindenburg starb 1934, der Kanzler wurde endgültig zum »Führer«. In der Garnisonkirche hatte er georgelt: »Möge uns dann auch die Vorsehung verleihen jenen Mut und jene Beharrlichkeit, die wir in diesem für jeden Deutschen geheiligten Raum um uns spüren als um unseres Volkes Freiheit und Größe ringende Menschen an der Bahre seines größten Königs.« Und die Gemeinde sang: *Nun lob mein Seel den Herren.*

Warum soll diese gotteslästerliche Bude auferstehen?

Zur Stadtgesundung, sagen Potsdams Klassizisten und schwärmen vom Dreikirchenblick: dem Langen Kerl der Garnisonkirche, dem Campanile der Friedenskirche, der Kuppel von St. Nikolai. Kirchlicherseits lautet das Aufbau-Motiv: Friede und Versöhnung. Aber mit wem?

Die Wiederaufbau-Geschichte begann 1984, in Iserlohn. Dort gründete der Bundeswehr-Fallschirmjägerkommandant Max Klaar die Traditionsgemeinschaft Potsdamer Glockenspiel. Der rechtskonservative Sohn einer Spandauer Kriegerwitwe träumte vom gotteszüchtigen Preußen und seinem Zentralheiligtum zu Potsdam. Er sammelte Millionen. Vorerst finanzierte er das Glockenspiel. Das klöppelte zu Mauerzeiten in Iserlohn und wurde 1993 von Klaar nach Potsdam verbracht. Die Stadtoberen stellten es in der Plantage auf und entfernten Inschriften wie »Schlesien«, »Ostpreußen«, »Königsberg«. Spendensammler Klaar verlangte von der Landeskirche schenkungsvertragliche Garantien, daß im wiedererrichteten Gotteshaus bibelfremde Greuel unterblieben, beispielsweise die Beratung von Kriegsdienstgegnern, die Segnung homosexueller Paare, feministische Theologie à la »Jesa Christa«. Die Kirche begriff, daß sie den künftigen Bau in eigene Obhut nehmen müßte. Klaars Ansinnen wurde zurückgewiesen. Er reagierte wie ein Fallschirmjäger und sprang ab.

Nun erging der »Ruf aus Potsdam«. Eine Fördergemeinschaft aus evangelischer Kirche, Stadt, Land und Bürgertum dekretierte am 15. Januar 2004: »Unser Aufruf protestiert gegen die ideologisch motivierte Zerstörung Potsdams in der Vergangenheit und bringt zum Ausdruck, daß Menschen gegen Krieg und Gewalt, gegen Diktatur und Zerstörung zusammenstehen. (...) Wer Zukunft gestalten will, muß die Geschichte kennen. In Kontinuität und Bruch stellen wir uns der Vergangenheit in ihrer ganzen Zwiespältigkeit. (...) Die wieder aufgebaute Kirche soll zu einem Zentrum für Frieden und Versöhnung werden.«

Deshalb Versöhnungskapelle. Davor prunkt, schier zehn Meter hoch, ein Käfig aus Edelstahl. Drinnen gluckt auf einer Stange ein monströses Kupferhuhn: der preußische Adler. Er äugt in die güldene Sonne, der er nicht weichen wird. Reichsapfel, Krone und Kanonenkugel komplettieren die alte, neugeschaffene Wetterfahne. Eigentlich sollte den Turm statt dieser Macht-Ikone das

Nagelkreuz von Coventry krönen. Doch die Kirche ergab sich den Traditionalisten. Wir besuchen deren Wortführer. Oberst a. D. Burkhart Franck steht der Fördergesellschaft vor. Er sagt: Wir wollen das hundertprozentig originalgetreue Gebäude. Ein Hybrid entfaltet keine Wirkung.

Franck ist ein hochgewachsener Unruheständler, zivil in Ton und Gebaren. Er stammt aus Schleswig-Holstein und bewundert Preußen, besonders des »Soldatenkönigs« sparsame Vernunft. Als Soldat habe man Potsdam in sich getragen und bei der Bundeswehr davon gesungen. Kennen Sie das? fragt Franck. *Zu Sanssouci am Mühlenberg, da steht ein kleines Haus, / da schauen schon des Morgens früh zwei Mägdelein heraus. / Die eine heißt Veronika, die andre heißt Marie. / Zwei Mägdelein wie Milch und Blut, der Stolz der Kompanie.*

Herr Franck, wie begegnete Ihnen das reale Potsdam?

Alles war irgendwie noch da, natürlich heruntergekommen. Es fehlten nur Stadtschloß, Kanal und Garnisonkirche. Wissen Sie, die Menschen, die uns unterstützen, haben sich ein Bild von der früheren Schönheit bewahrt, im Unterschied zum sibiriakischen Nirwana, das durch Bombenangriff, DDR-Plattenbau und Postmoderne entstanden ist.

Verstehen Sie Ihre Gegner? Die Angst vor dem aggressiven Geist?

Der wohnte eher in der Dresdner Frauenkirche, dem Dom der Deutschen Christen. Dort lag »Mein Kampf« neben der Bibel auf dem Altar. Die Gebäude können aber nichts dafür, was in ihnen geschieht. Die Menschen müssen sich ändern. Wie Bischof Huber sagt: Wir bauen die Garnisonkirche nicht trotz, sondern wegen ihrer Geschichte. Um daraus zu lernen.

Bischof Huber hat auch angeregt, in der Garnisonkirche gefallener deutscher Soldaten zu gedenken.

Das, sagt Franck, halte er für unzweckmäßig. Die heutige Soldatenschaft sei größtenteils unkonfessionell, Potsdam überdies nicht mehr Garnison.

(Freilich sitzt im nahen Geltow der Auslands-Führungsstab der Bundeswehr.)

Bischof i. R. Wolfgang Huber, mit seiner Idee konfrontiert, ruft energisch: Das habe ich so nie gesagt!

(Freilich gibt es eine Tonaufnahme.)

Die größte Einzelspende für den Wiederaufbau stammt von der Militärseelsorge. Allein der Turm soll 38 Millionen Euro kosten. Den Gesamtbau veranschlagt man mit 100 Millionen, aufzubringen von privaten Spendern, Mäzenaten und der öffentlichen Hand. Letztere, die Stadt Potsdam, hat der Kirche bereits das Grundstück geschenkt und sitzt im Kuratorium, als gälte in Deutschland nicht Trennung von Kirche und Staat. Allerdings tröpfeln die Zuwendungen nur, anders als einst in Dresden für die Frauenkirche. Großspender? Da gibt es Gespräche, sagt Manfred Stolpe, bedauerlicherweise kommen solche Leute in der Regel aus Familien, wo die Großväter unter Hitler das Geld gemacht haben. Die haben Angst, vorgeführt zu werden als Sponsoren einer Nazikirche.

Zur historischen Apologie der Aufbau-Freunde gehört der 20. Juli 1944. Im künftigen Gotteshaus soll auch der Hitlerattentäter gedacht werden. Mehrere von ihnen hätten garnisonskirchliche Bindungen gehabt, besonders Henning von Tresckow. Empfing er hier gar seinen Mut zur Tat? Martin Sabrow nennt dies einen liebenswürdigen, aber untauglichen Versuch der geschichtspolitischen Reinigung. Und sehr lange, findet Manfred Stolpe, hätten die Putschisten bei Hitler mitgemacht. Er zitiert Helmut Schmidt: Alles hochnäsige Adlige und Antisemiten.

Potsdam wirkt sozial gespalten. Es scheint, diese atheistische Stadt werde durch westlichen Finanz-Zuzug auch sakralbürgerlich aufgeforstet. Wir besuchen den Gottesdienst der kleinen Heilig-Kreuz-Gemeinde, die nach der Sprengung des Turmstumpfs im Gemeindehaus Kiezstraße unterkam. Die Predigt handelt vom ungläubigen Gottesvolk, das seinen Götzen, das goldene Kalb, umtanzt. Im Nachgespräch wird gefragt: Ist nicht auch dieser Prunkbau ein goldenes Kalb? Brauchen wir Christen solch Nationalheiligtum? Beten wir Steine an? Verfallen nicht im Lande Brandenburg Dutzende Kirchen, für deren Erhaltung das Geld fehlt? Bleiben nicht schon Potsdams vorhandene Kirchen reichlich leer? Würde die Garnisonkirche nicht in den übrigen Gemeinden räubern?

Wir sind weder glühende Befürworter noch Hasser, erklärt Bernd Lechler. Vielleicht kann man mit den touristischen Einnahmen dringende kirchliche Dinge finanzieren.

Garnisonkirchbau ist Arbeit am Grabstein der Kirche!, ruft Björn Rugenstein. Potsdam hat keinen Mangel an Touristen, sondern an Glauben. Dieses Problem lösen wir nicht mit hohen Türmen.

Ich spiele oft in Kirchen, sagt die Musikerin. Ich erlebe so viel Glauben, da bricht mir das Herz. Und ich hoffe zuversichtlich, daß mit der Garnisonkirche ein Versöhnungszentrum entsteht.

Eine Militärkirche gehört nicht zur Versöhnungsgeschichte des Evangeliums, sagt der Gast. Sie zählt zur Mißbrauchsgeschichte, durch Sakralisierung von Nation und Krieg. Ich fürchte die schleichende Remilitarisierung, nach dem Motto: Die Kirche schenkt der Bundeswehr ein Gotteshaus.

Die Musikerin steht auf und geht, empört: Demagogie!

Volksbefragung am Käfig mit der Wetterfahne: Drei Viertel der Studenten sind gegen den Wiederaufbau, erklärt die evangelische Studentin. Diese Disneyland-Rekonstruktion der Innenstadt vertreibt uns. Und kirchliches Geld gehört in Ökumene, Diakonie und soziale Projekte.

Konservative Macht plus faschistische Ideologie, das geht gar nicht, verkündet der militante Atheist. Es ist unerträglich, daß in einem modernen Deutschland Kirchen gebaut werden.

Is mir ejal, spricht der proletarische Herr. Jibt schlümmere Themen wie 'ne Kürche. Die Gefährtin nickt, der Hund will weiter.

Wiederaufbau, aus architektonischen Gründen, sagt der junge Flaneur. Bißchen auch als Wiedergutmachung, wegen der SED-Sprengung. Aber bitte keine Steuergelder.

Und die Militärgeschichte der Kirche?

Militärstadt war ganz Potsdam. Dann müßte man jedes zweite Haus abreißen.

Ich hätte Angst, daß fehlgesteuerte Menschen dies als ihre nationalsozialistische Kirche ansehen, sagt der Senior aus dem bayerischen Dingolfing.

Letztlich bin ich contra, sagt der silberbebrillte Mann. Ist mir ein bißchen zuviel Puppenstube für den zugereisten Mittelstand aus dem Westen, der hier sein Potsdam-Bild abrunden will.

Aufbauen!, verlangt die resolute Person. Paßt zum Stadtschloß! Ihre bedächtige Begleiterin: Überlassen wir diese Baulücke künftigen Generationen zur Gestaltung.

Das wird schwerlich geschehen. Die Kirche macht Nägel mit Köpfen – beziehungsweise Nagelkreuze. Der internationale Verbund der Nagelkreuz-Gemeinden hat sein Zentrum im englischen Coventry, dessen Kathedrale die Deutschen 1940 mitsamt der Stadt »coventrierten«. Im Trümmerschutt fanden sich mittelalterliche Dachnägel. Man fügte sie zum Friedenskreuz. Diesen Geist beanspruchen die Garnisonkirchfreunde a priori. In der Versöhnungskapelle erleben wir die Einführung der Pfarrerin Cornelia Radeke-Engst. Kulturprotestantisches Gepränge, glaubensfroher Gesang, Gäste von Heinrich XI. Prinz Reuss bis Brigadegeneral a. D. Speidel. »Dem Aufbau der neuen äußeren Kirche geht der Bau der inneren Kirche voraus«, so predigt die neue Pastorin. »Im Zeichen des Nagelkreuzes sind wir dem Dienst der Versöhnung verpflichtet. Wir bauen nicht den Festungsbau von 1732.« Auch die Andersdenkenden seien »Menschen mit Herzensanliegen«, zum Beispiel jene, »für die das alte, bewahrenswerte Potsdam das mit der Architektur aus der DDR-Zeit ist«.

Das klingt offen und warm. Aber Potsdam liegt im Streit. Ein Bürgerbegehren gegen den Wiederaufbau der Garnisonkirche haben bereits 14 000 Menschen unterschrieben. Wir besuchen die Initiatoren, den Ingenieur Sandro Szilleweit von der linksalternativen Stadtratsfraktion »die andere« und den Studenten Simon Wohlfahrt. Der beklagt den herablassenden Ton der elitären Kontrahenten: als ob das Nein zur Garnisonkirche Mangel an Bildung und Kultur bezeuge. Wohlfahrt wünscht schlicht keinen restaurativen Bau aus der Backform des preußischen Militarismus. Sonst fließe der alte Zweck in die Form zurück, zum neuerlichen Bündnis von Staat, Kirche und Militär. Stadt ist Prozeß, sagt Wohlfahrt. Stadtarchitektur müsse auch die Brüche der Geschichte ausdrükken. Er vertraue darauf, daß Architekten die historische Gestalt

der Garnisonkirche mit der NS-Geschichte und der Kirchenfeind-
schaft der DDR verbinden könnten. Und er möge nicht glauben,
daß die Kirche gegen den Willen der Bevölkerung baut.

Sandro Szilleweit sagt: Wenn man eine Versöhnungskirche haben
will, dann soll man eine bauen, die auch so aussieht.

6

Ich bin ein Nachkriegskind vom Jahrgang 1956. Mein Vater,
1920 geboren, war Pfarrer. Ein Bewahrter, so begriff er sich. Den
spätberufenen Theologen der Heimkehrer-Generation blieb ihre
Vorgeschichte Lebenswarnung. An die Stelle volksideologischer
Rassenmoral trat der eigenverantwortliche Mensch. Als verwerflich galt nun jedwede Idee, die sich Gottes Platz anmaßte. Vater
verfocht Luthers Zwei-Reiche-Lehre: der Obrigkeit zu geben, was
ihr gebührt, aber Gott das Seine. Im Konfliktfall müsse das Gewissen entscheiden, insbesondere gegen die Doktrin vom gerechten
Krieg. Du sollst nicht töten – das stand und steht als Gottes ober-
stes Gebot.

In meiner Kindheit war das Konsens. Im Dorf kursierte der
Spruch: Dem Deutschen, der je wieder ein Gewehr ergreift, möge
die Hand abfallen. Auf den Anrichten der Bauernstuben standen
Photos junger Männer in Wehrmachtuniform, geziert von einem
Trauerflor. Viele Frauen gingen in Schwarz, jahrein, jahraus.

Meine Lehrzeit führte mich ins Erzgebirge. Am 28. März 1973
wurden wir »gemustert«. Zwei Zimmergenossen verdingten sich
für 25 Jahre, Offizierslaufbahn, Spezialwunsch Grenze. Ich fragte
beide: Was machst du, wenn du an der Grenze stehst, und deine
Mutter will abhauen? – Ist doch extrem unwahrscheinlich, sagte
der eine. Der andere: Gut zielen. An der Grenze kenn’ ich keine
Mutter.

Auch dieses Erlebnis brachte mich zur Theologie. Ich studierte,
machte Examen und wurde Vikar. Die Armee hatte ich vergessen – sie mich keineswegs. Im September 1982 erhielt ich eine
vorgedruckte Karte mit dem gestempelten Schreckenswort Ein-

berufungsüberprüfung. Längst war der Frieden von Honeckers Gründerjahren der Raketenzeit gewichen. Die Ost-West-Konfrontation kochte hoch. Ich schrieb eine Eingabe: Ich lehne den Waffendienst ab. Das Wehrkreiskommando ludt mich vor. Sechs Uniformierte harrten des unbotmäßigen Zivilisten: Verweigerungsgründe lächerlich! Der nächste richtige Krieg werde mir den Jesusquatsch austreiben. Bürger, brüllte der Obrist, ich berufe Sie ein! Wegtreten! In meiner Not lief ich zu Manfred Stolpe. Der war damals Konsistorialpräsident der Berlin-Brandenburgischen Kirche. Stolpe sprach, er werde sehen, was sich tun lasse. Vier Tage vor dem Gestellungstermin kam Nachricht vom Konsistorium: keine Einberufung. Ich heulte vor Glück. Und fragte nicht, kraft welcher Künste Stolpe hatte helfen können.

Die DDR war ein atheisiertes Land, und sie blieb es. In Sachsen-Anhalt, dem Quellgebiet der Reformation, leben heute die wenigsten Protestanten Deutschlands. Es füllte ja keine genuin christliche Bewegung die Gotteshäuser in der späten DDR. Der moralische und wirtschaftliche Niedergang des Staats trieb kritische Menschen in die Schutzhütten des offenen Worts und dann, im Herbst 1989, auf die Straßen. Es geschah das Wunder der Friedlichen Revolution.

Die deutsche Vereinigung führte zwei protestantische Kirchengeschichten zusammen: die staatsnahe der alten Bundesrepublik und die staatsferne der DDR. Zum größten Streitpunkt wurde die Militärseelsorge. Viele volkskirchliche Verlustängste hatten die ostdeutschen Kirchen bereits ausgestanden. Sie wußten sich längst als Minderheit, rigoros geschieden von der Macht. Christsein in der DDR war Gesinnungsethik. Wie anders funktioniert die Trennung von Kirche und Staat in der Bundesrepublik. Rechtlich und institutionell ist sie säkular verfaßt, fördert jedoch die christlichen Kirchen in vielfältiger Weise und beansprucht deren moralisches Fundament. Das stützt auch konservative Kirchstrukturen und Besitzstandsdenken, das stärkt die priesterliche Kirche und schmälert ihre prophetische Potenz. Es gab in der DDR durchaus einen Glaubensdünkel: Christsein im SED-Staat, das war dem Kreuz näher als der laue bundesdeutsche Wohlstandsglaube.

Diese moralisch komfortablen Zeiten sind vorbei. Alle Kirchen haben sich einzulassen auf die *res publica,* die öffentlichen Angelegenheiten der Zivilgesellschaft – auf Ökologie und medizinische Ethik, auf Bildungspolitik und wirtschaftliche Fragen. Was bedeutet Christsein in einer »marktförmigen Demokratie«, die das Staatsziel soziale Gerechtigkeit aus den Augen verliert? Wie lernen wir den Umgang mit der ethnischen und religiösen Vielstimmigkeit unserer Welt – ohne Verzicht auf christliche Gewißheit, aber eingedenk des Unterschieds zwischen Protestantismus und Leitkultur? Wie erfahren, wie vermitteln wir das Geheimnis des Glaubens? Und, höchst dringlich: Wie begegnen wir der militärischen Zurüstung unserer Gegenwart? Wie vernehmlich sagen wir NEIN zur Perversität ständig steigender deutscher Waffenexporte?

Weltweit boomt das Geschäft mit Mord und Totschlag. Hinter den Marktführern USA und Rußland belegt Deutschland Rang 3. Deutsche Soldaten »fallen« während sogenannter Auslandseinsätze deutschen Waffen zum Opfer oder sammeln sie »friedenstiftend« wieder ein. Das macht dann günstigerweise neue Waffenexporte nötig. Man verzeihe den Sarkasmus. Er ist notgeboren. Zudem gibt es die marschierende Bereitschaft, »Waffengänge«, »robuste Mandate« und »Auslandseinsätze« als »Verantwortungspolitik« eines erstarkten Deutschland zu bezeichnen. Das revidiert, was wir Deutschen seit 1945 ein für alle Mal gelernt zu haben glaubten: Von Deutschland darf nie wieder Krieg ausgehen.

Das neue Deutschland wird immer mehr zum Akteur einer militärgestützten Interessen- und Machtpolitik des sogenannten Westens. Die Friedensverpflichtung des Grundgesetzes weicht auf. Handstreichartig wurde 2010 die Bundeswehr umgeschaffen: von der Bürger- und Verteidigungsarmee zur global operierenden, interventionsfähigen Eingreiftruppe. Diese neue Bundeswehr avanciert gewissermaßen zur Generalbevollmächtigten deutscher Friedensverantwortung, als ließen sich politische Konflikte militärisch lösen. Wirtschaftsinteressen werden freiheitsideologisch verbrämt. Und immer und zu allen Zeiten wird vollkommen ausgeblendet und verdrängt, was Gewalt anrichtet. Und welchen Lustgewinn sie den Tötenden verschafft.

Ich weiß wohl, daß Gewalt auch Leben retten kann und Hitlers Mordstaat zerschlug. Gerade deshalb gibt es einen Friedlichen Imperativ von bindender christlicher Pflicht: »Du sollst nicht töten« ist das Urgebot. »Krieg soll nach Gottes Willen nicht sein«, dekretierte 1948 der Ökumenische Weltrat der Kirchen und begegnete der antiken Lehre vom gerechten Krieg mit der Zielbestimmung des gerechten Friedens. Zur weltkirchlichen Maxime im Kalten Krieg wurde die Absage an »Geist, Logik und Praxis der Abschreckung«. 2007 erklärte der Rat der Evangelischen Kirche in Deutschland in seiner Friedensdenkschrift: »Rüstungsexporte tragen zur Friedensgefährdung bei.« Friedensethisch hat sich die Kirche auf den Vorrang des Zivilen verpflichtet und ihr politisch-ethisches Leitbild vom gerechten Frieden erläutert: Schutz vor Gewalt, Förderung der Freiheit, Überwindung von Not, Anerkennung kultureller Vielfalt.

Nicht wahr, das ist etwas anderes als die exportoffensive Merkel-Doktrin »Ertüchtigung statt Einmischung«: Waffenlieferungen zur »Selbstermächtigung« derzeit befreundeter, das heißt: Deutschland nützlicher Staaten. Nützlich ist auch praktizierende Rüstungskundschaft, die wir »Rebellen« nennen und für Vorkämpfer der Demokratie halten sollen. Der Militärminister Thomas de Maizière verteidigte Drohnen mit dem Argument, Waffen seien grundsätzlich »ethisch neutral«, und erklärte, Waffenlieferungen an die Golfmonarchien dienten der regionalen »Stabilität«. Thomas de Maizière ist evangelischer Christ. Er tritt bei Kirchentagen auf, er wirbt, mit Luther zu sprechen, dafür, daß »Kriegsleute auch in seligem Stande sein können«. Die nächste Stufe wäre das Reden vom gerechten Krieg.

Den gab es für Luther nur als Notwehr und Verteidigung. Aber welcher Bellizist hätte nicht Verteidigungsgründe zur Hand? Bereits Luther verstieg sich 1525 zur blutrünstigen Hetzprosa des Nun-haut-und-schlaget-alles-tot, zwecks Verteidigung des gottgewollten Fürstenrechts »wider die räuberischen und mörderischen Rotten der Bauern«. Derartig sanktioniertes weltliches Regiment versündigt sich an Gott und seiner Welt. Daran teil hat eine Kirche, die Militärseelsorge als seelischen Reparaturstützpunkt der Interventionsarmee betreibt. Wenn es nichts mehr zu reparieren gibt, werden in deutschen Kirchen bereits wieder Särge aufgebahrt, bedeckt mit der schwarzrotgoldenen Flagge, die ein Stahlhelm krönt. Und ein Trompeter spielt das Lied vom guten Kameraden.

Unvergeßlich bleibt mir ein Satz des christsozialen Beerdigungsredners und Ministers für kriegsähnliche Zustände, Karl-Theodor zu Guttenberg: »Das Außergewöhnliche muß zur Gewohnheit und generell akzeptiert werden.« – NEIN.

Unweit von Schloß Boitzenburg in der Uckermark, einst Stammsitz derer von Arnim, erhebt sich auf dem Dorfberg die Kirche. Die barocke Holzempore ist bemalt mit Namen. Gotische Fraktur verzeichnet die »Gefallenen« des Ersten Weltkriegs, auch meinen Großonkel, den Vizefeldwebel Hans-Heinrich Nagel. Im Sommer 1915 wurde ihm hier ein Gottesdienst gewidmet. Ein Brief war eingetroffen, datierend vom 2. Juli 1915, Ortsangabe: auf dem Marsch. »Sehr geehrter Herr Nagel, selbst in arg gedrückter Stimmung muß ich Ihnen die Mitteilung machen, daß Ihr tapferer Hans-Heinrich (...) am 30. Juli abends durch Schrappnellschuß schwer verletzt (am Kopf) u. ohne die Besinnung wiedererlangt zu haben, den Heldentod für unser teures Vaterland gestorben ist.« Die Boitzenburger Regimentskapelle spielte »Laßt mich gehen«, die Gemeinde sang den Hymnus des Vaterlandmärtyrers Theodor Körner: *Vater, ich rufe dich! / Brüllend umwölkt mich der Dampf der Geschütze. / Sprühend umzucken mich rasselnde Blitze. / Lenker der Schlachten, ich rufe dich! / Vater, du führe mich.*

Dann predigte der Pfarrer über Johannes 15,13: *Niemand hat größere Liebe, denn die, daß er sein Leben lässet für seine Freunde.* »Ich sehe Hans-Heinrich noch immer vor mir, wie er mit feurigen Augen und mit vor Aufregung glühenden Wangen an des Vaterlandes großer Schicksalsstunde Anteil nahm und wie er, um einer der ersten zu sein, freudig kam, als das Vaterland seine Söhne zu den Waffen rief. Hans-Heinrich Nagel ist nicht ein Opfer des Krieges geworden, sondern er hat sich selbst als Opfer hingegeben.«

Nur ahnen läßt sich die Verfassung der Eltern und Geschwister. Diese Balsamierungsorgie des deutschen Militarismus enthielt ja wirklich Volksempfinden der Zeit, verschweißt mit Herrschaftspropaganda, überkrönt vom nationalen Christentum und seinem Gott, der Eisen wachsen ließ. Kein Entkommen, kein Asyl, außer im Schweigen – auch darüber, für welche ausländischen Gedenkgottesdienste Hans-Heinrich Nagel gesorgt haben mochte in den zwölf Gefechten, die er überlebt hatte, zuvor, in Belgien, Frankreich und Rußland. Die Rückseite seines Grabmals verzeichnet die heldischen Gemetzel, das ragende schwarze Marmorkreuz trägt die Goldschrift: »Unser Glaube: Auferstehen! Unsre Hoffnung: Wiedersehen!« Die Urgroßeltern Nagel verwanden den Tod ihres Sohns und Erben nie. Die Baumeisterei ging ein, Heldendeutschland noch lange nicht.

Nun also kehrt es wieder? Dem zu wehren, ist der dringlichste Predigtauftrag der Kirche, auch im demokratischen Rechtsstaat Bundesrepublik. Mitunter hört man das Argument, neuerdings bestehe ja die Bundeswehr aus Freiwilligen, folglich beschneide jeglicher Einspruch gegen die soldatische Berufswahl ein Freiheitsrecht. Also lassen wir, im Namen der Freiheit, die Bundeswehr nach Belieben an den Schulen werben?

Im thüringischen Garnisonsort Bad Frankenhausen kam ich mit zwei Berliner Rekruten ins Gespräch. Ich fragte: Ist euch kein anderer Beruf eingefallen?

Wieso? Is doch jut!

Aber da müßt ihr auf Menschen schießen.

Sie grinsten: Jibt Schlümmeret.

Mich überlief's, wie in der alten Zeit auf der Zugfahrt mit den besoffenen Grenzssoldaten. Und wie vor 43 Jahren bei dem Satz: An der Grenze kenn' ich keine Mutter.

Nicht alles, was der demokratische Rechtsstaat legitimiert, verträgt sich mit der Freiheit eines Christenmenschen. Und man muß weder Christ sein noch kriegserfahren, um den Krieg zu ächten als schlechthinnige Katastrophe. Einfühlung und Gewissen reichen aus und bisweilen das Heldenwörtlein NEIN. Das Nein zum Krieg sei unser außenpolitisches Nein zur Todesstrafe.

Das Wunder, das Deutschlands Einigung erst möglich machte, gelang nur dank der allseits akzeptierten Ultima ratio: KEINE GEWALT! Die mediale Erinnerungsmaschine verlängert den glücklichen Herbst 1989 zum Ewigen Frieden. Aber dies war nicht das Ende der Geschichte. Die Bundeswehr, mithin der Krieg, wurde im Osten ein gesuchter Arbeitgeber. Mehr als die Hälfte der deutschen Afghanistan-Soldaten kamen aus Ostdeutschland. Am 4. September 2009 befahl der Leipziger Oberst Klein das Tankwagen-Bombardement von Kundus, bei dem 140 Menschen, Zivilisten, starben. Die Bundeswehr beförderte ihn zum Brigadegeneral. Welches Reglement gebot diesen wahrhaft todesverachtenden Hohn? Und was hinderte den katholischen Christen Georg Klein, auf diese Ehrung zu verzichten?

7

Man liest es ja nicht oft, aber Halle ist schön. 1945 war es die größte deutsche Stadt, die der Bombenkrieg fast unzerstört gelassen hatte. Diesbezüglich holte der Sozialismus manches nach, doch die notorische Geringschätzung haben die Hallenser, Halloren und Hallunken nicht verdient. Das Stadtmuseum erzählt von bedeutender Vergangenheit und berühmten Ortsgewächsen, natürlich auch von Hans-Dietrich Genscher. Und von Margot Honecker. Und da beginnen die Probleme: Taugt Genscher wirklich zum Exponat des Stadtmuseums Halle?

Am 21. März 1927 erblickte Hans-Dietrich Genscher keineswegs das hallesche Licht der Welt. Er wurde in Reideburg geboren, acht Kilometer entfernt. Zwar zog die Familie 1933 nach Halle, zwar folgte Reideburg 1950 durch Eingemeindung, doch bereits 1952 verließ Genscher die DDR gen Westen. Allerdings kehrte er auch als Bundesminister immer wieder privat nach Halle zurück. Wegen bewiesenen Heimatsinns mag Hans-Dietrich Genscher also weiterhin Hallenser heißen.

Weit klarer liegt der Fall der drei Wochen jüngeren Margot Honecker, geborene Feist. Sie ist ein Stadtkind reinsten Saalewassers, aus dem bettelarmen Viertel Glaucha. Geboren am Ostersonntag, dem 17. April 1927. Sogenannter Glauchscher Adel, kommunistisches Proletariat. Der Vater Häftling im KZ Buchenwald. Die Tochter derart mit hallescher Mundart gesegnet, daß die Berliner Genossen von einem Ohr aufs andere fielen, als Erich Honeckers künftige Eheliebste 1950 ihre hauptstädtische Karriere begann. Als DDR-Volksbildungsministerin »Miß Bildung« genannt, frisürlich bedingt auch »lila Hexe«. Dramatisch unbeliebt wegen der schulischen Indoktrination, des Wehrkunde-Unterrichts, der Jugendwerkhöfe ...

Gehört diese Hallenserin ins Stadtmuseum? Verdient sie die Nachbarschaft des Ortsheiligen Genscher? 2013 eröffnete die neue Dauerausstellung »Entdecke Halle!«. Besuch bei der Kuratorin Susanne Feldmann. Sie erläutert die Kapitel der Exposition: Siedlung. Industriegeschichte. Stadt als Gemeinschaft. Bilder und Images von Halle … Wir machen hier keine Chronologie, sagt Kuratorin Feldmann, bei so was verschwache ich. Die Hiesigen sollen sich wiederfinden. Ich muß aber die Geschichte so erzählen, daß auch ein Extraterrestrischer sie versteht. Auch ein dummer, zugereister Wessi.

Welch freies Wort. Susanne Feldmann stammt aus Siegen. Von Haus aus ist sie Literaturwissenschaftlerin und Dramaturgin. Das merkt man. »Der geteilte Himmel« von Christa Wolf korrespondiert mit der hallschen Produktgeschichte, die Musiktruhe »Händel« mit Händels Triosonate opus 2, der Schiffskompaß des »Seeteufels« Felix Graf Luckner mit dem Kopenhagener Richtschwert, welches 1772 das hallesche Haupt des dänischen Staatsreformators und Königin-Geliebten Johann Friedrich Struensee vom Körper hackte. Die Neuzeit versinnbildlicht Gartengerät: die imposante Spatensammlung der Exoberbürgermeisterin Dagmar Szabados. Nach jeder Grundsteinlegung nahm sie die Schippe mit.

Die Ausstellung, sagt Frau Feldmann, soll identitätsstiftend wirken.

Warum hat Halle kein ausgeprägtes Selbstbewußtsein? Dieses mentale Darben im Schatten von Leipzig und der Landeshauptstadt Magdeburg ...

Völlig grundlos!, ruft Frau Feldmann.

Erklärt diese Vergnietschtheit Genschers Popularität? Als Star, der Halle beglänzt?

Genschers demonstrative Ost-Verbundenheit, bemerkt Frau

Feldmann, habe ja in die bundespolitische Landschaft gepaßt. – Er machte davon gern Gebrauch, auch bei seiner Sternstunde am 30. September 1989: Prag, Palais Lobkovitz, die westdeutsche Botschaft. 4000 DDR-Flüchtlinge kampieren desaströs im Garten. Genscher betritt den nächtlichen Balkon und verheißt Ausreise – Jubelsturm! –, freilich über DDR-Gebiet. Entsetzen. Genscher verbürgt sich mit Ost-Ehrenwort und ruft: Sind denn Hallenser da? – Ja, hier!

Folglich wird alles gut. Das Prager Genscher-Photo symbolisiert das Ende der DDR. Deren Anfang zeigt ein Gegenbild: Margot Feist, wie sie am 7. Oktober 1949 dem Gründungspräsidenten Wilhelm Pieck einen Dahlienstrauß überreicht. Zwei Hallenser als Exponenten der beiden deutschen Staaten und der Teilungsgeschichte. Das muß man darstellen, sagt Frau Feldmann. Leider verwechseln viele Dokumentation mit Huldigung.

Wird gegen Frau Honecker protestiert?

Natürlich. Die lila Hexe! Satansbraut, Mörderin, Verhöhnung der Opfer! Für so was zahlen wir nun Soli! Genscher soll ein Ultimatum stellen – die oder ich! Opfergefühle, DDR-Traumata – das muß aufgefangen werden, sagt Susanne Feldmann. Aber Schwarzweißmalerei bringt uns nicht weiter.

Natürlich erhellt der Vergleich die Unterschiede: hier eine dogmatische DDR-Ministerin, dort ein Global-Politiker, der Geschichte als offenen Prozeß begriff und behandelte, inklusive der deutschen. Hans-Dietrich Genscher schritt den Weltkreis aus, Margot Honecker stürzte in der Schicksalskehre 1989. Eine menschenkundige Erzählung ihres Lebens bietet Ed Stuhlers Biographie von 2003. Bereits 1995 veröffentlichte Genscher seine voluminösen »Erinnerungen«: tausend Seiten im unnachahmlichen Genschman-Sound der detaillierten Vagheit. Schon eingangs liest man jene freiheitlichen Gründe, die den jungen Juristen Genscher gen Westen treiben mußten. Doch mit keiner Silbe erwähnt der Memorant seine Mitgliedschaft in der NSDAP. Als die 1994 öffentlich wurde, verlautbarte Genscher, er sei ohne sein Wissen in die Nazipartei geraten – eine gängige Schutzlegende, wie Malte Herwigs jüngst erschienenes Buch »Die Flakhelfer« belegt. Es offenbart auch, wie die Bundesregierungen, nicht zuletzt Genschers Auswärtiges Amt, die Übergabe der seit Kriegsende in US-amerikanischem Gewahrsam befindlichen NSDAP-Mitgliederkartei verzögerten. Zu viele BRD-Politiker fürchteten die Publikation. Bevor es endlich dazu kam, trat Außenminister Genscher 1992 überraschend zurück.

Was erinnert 2013 in Halle an Hans-Dietrich Genscher? Die Kneipe »Genschman« in der Philipp-Müller-Straße. Das Reideburger Geburtshaus besuchen wir später. Zunächst erkunden wir Margot Honeckers Glaucha. Der räudige Stadtbezirk döst zwischen Gestern und einer Zukunft, die nicht einzutreffen scheint. Gründerzeit-Fassaden, vernagelte Ruinen, Bröckelgrau und Wuchergrün. Sonnenstudio, Hotel (ab 26 Euro), Pizzeria (»Heiße Ware auf Bestellung!«). Margot Honeckers Kindheitshaus Torstraße 36 diente zur Nazizeit als Kurierzentrale der KPD. 2006 riß man es ab. Proteste? Nicht bekannt. Das Grundstück liegt brach, daneben ein Getränkemarkt. Ein wohlversorgtes Pärchen schlappt heraus.

Wißt ihr, daß hier Margot Honecker gewohnt hat?

Wer warn das?

Die First Lady der DDR.

Kennwer nich.

Die soll jetzt ins Stadtmuseum, mit Hans-Dietrich Genscher.

Kennwer och nich. Sorry, fragense mal weiter, hier jibt's bestimmt ooch Schlaue.

Ein akademischer Herr, zugezogen aus Hannover: Hier wohnt man ruhig und gut. Jawohl, Frau Honecker gehört ebenso zur Geschichte wie Herr Genscher.

Unweit am Böllberger Weg steht Margot Honeckers Weingärtenschule. Schon 1985 wurde sie geschlossen. Heute birgt der backsteingelbe Bau das Künstlerhaus 188 und steht unter Denkmalschutz. Dennoch droht Abriß, wegen Straßenausbaus. Nebenan zecht ein Kollektiv von Nachmittagsvernichtern: Glauchscher Adel pur. Wir fragen nach Genscher.

Der hat jesacht: De Mauer is uff! Weiter hatter hier nüscht jemacht.

Und Margot Honecker?

Der hat hier ooch nüscht jemacht.

Ich meine eigentlich Frau Honecker.

Die hat hier ooch nüscht jemacht. Doch, die war immer mit der Kürche janz dicke, mit den Pfaffen.

Dieser unschlagbar absurden Auskunft folgt eine seriöse Seniorin, ehedem Krankenschwester. Frau Honecker? Wissen Sie, das polytechnische Schulsystem der DDR war in Ordnung, sonst hätten die Skandinavier das wohl kaum übernommen. Aber der Staat konnte ja wirtschaftlich nicht überleben. Das Geklaue in den Betrieben! Und die Versorgungslage! Unsere Chefärztin hat mit dem Rezeptblock eingekauft.

Meiner, sagt der nächste Interview-Passant, Meiner, deine Zeitung koof ich nich. Höchstens mal das Lüjenblatt, das allerjrößte.

Das Fitneßzentrum da drüben, »Sport by Wosz«, hat das was mit Dariusz Wosz zu tun? Dem Fußballer?

Freilich! Dariusz, den kennch von kleen uff. Bolzplatz, hinten am Jaswerk, ährlich, is keen Hut. Bin hier jroß jeworn. Awer nüscht mehr, wies mal war. Die janz Alten kennste noch, da is Emma noch berühmt.

Dies ist Werner Emmrich, genannt Emma, wie alle Mitglieder der Familie. Soeben sechzig geworden. Drei Geschwister jung gestorben, Vater Kalle 1988. Wende leider nich mehr erläbt. Hat nur jemeckert über den Schweinestall DDR. War Arbeiter, hat mich so erzoren, zum Alkohol anscheinend ooch. Lagerist hab ich jelärnt, paarmal war ich wegjeschlossen, das war so mein Wärdejang. In Westzeiten hab ich mein Ding jemacht. Naja, jetzt bin ich im Oheim.

Oheim?

Haus der Wohnhilfe. Vater Staat. Bloß trinken muß ich draußen.

Hier hat doch Margot Honecker gewohnt.

De lila Hexe? Willse nich schlechter machen, wie se war. Is jut, wie's jekomm is. Kalle hätte jejubelt.

Und Genscher?

Wunderbar! De Merkeln kannch wenjer ab, CDU, CSU, den janzen Kram. Linke, Jrüne ooch nich. Wenn ich jemals noch erläbe, daß ich wähle, dann FDP.

Warum denn das?

Wejen Dietern. Genscher. Der vertritt seine Meinung und setzt se durch. Meiner, mach mal 'n Photo. Emma, wie er leibt und läbt. Hau rin, Meiner!

Wie verantwortlich ist eine Geburtsstadt für ihre Söhne und Töchter? Besonders, wenn sie zu ihrer Wirkzeit Halle längst hinter sich gelassen haben? So fragt Ralf Jacob, der Leiter des Stadtarchivs, und spricht über Halles wilde Weimarer Jahre. Hier hätten zwischen 1919 und 1933 ständig Straßenkämpfe getobt, regelmäßig mit Toten. Politisch sei die Stadt ungeheuer polarisiert gewesen, gerade im Proletariat, auch durch die Massenzuwanderung. Leuna und Buna waren Arbeitermagneten. Im »roten Glaucha« habe es so viele NSDAP-Stimmen gegeben wie für KPD und SPD zusammen. Die Glauchaer, sagt Jacob, wurden nicht von irgendwelchen auswärtigen Nazis überfallen. Die haben sich in ihren Straßen selbst die Köpfe eingeschlagen.

Das deutet doch bei Margot Honecker auf eine frühe Prägung durch ideologische Konfrontation hin. Das Trauma der Kommunisten war die Nazifähigkeit des Volks.

Und ich kann mir vorstellen, sagt Jacob, daß Genscher nach 1945 derlei Extreme unbedingt vermeiden wollte. Diese Region hat auch eine starke liberale Tradition. Nehmen Sie Erhard Hübener. Der war schon zur Zeit der Weimarer Republik Landeshauptmann der Provinz Sachsen. Von Ende 1946 bis Oktober 1949 amtierte er als Ministerpräsident von Sachsen-Anhalt – der einzige nichtkommunistische Regierungschef der Sowjetischen Besatzungszone. Ein Liberaler mit ungeheurer Ausstrahlung, der hat den Kriegsheimkehrer Genscher geprägt.

Dann läßt uns Jacob mit den Archivalien allein. Dick sind die beiden Genscher-Mappen, dünn Margot Honeckers Hefter. Immerhin kann man in der »Freiheit« vom 9. Juni 1951 über den »unbeschreiblichen Jubel« lesen, »als Margot Feist den hallischen FDJlern (...) die Aufforderung zu dem Wettbewerb im Stalin-Aufgebot überbrachte«. Längst war sie Ministerin Honecker, als in der »Freiheit« vom 4. Oktober 1969 der beliebte Kinderbuchautor Fred Rodrian (»Das Wolkenschaf«) Margots kämpferische Schul-

Genscher-Fan Werner Emmrich an der Stätte von Margot Honeckers Geburt (Halle, 25. Juni 2013)

zeit imaginierte: »Der Lehrer fragte (...): ›Na, was ist denn dein Vater?‹ ›Schuhmacher‹, hätte sie antworten müssen. Aber war das jetzt das Wesentliche? (...) Margot antwortete laut und deutlich: ›Mein Vater ist Kommunist!‹ ›Was?‹ schrie der Lehrer mit überschnappender Stimme: ›Wo ist dein Vater? Wo?‹ ›Im Zuchthaus‹, sagte das Mädchen. Margot war damals neun Jahre alt. Ein kleines Mädchen, stolz auf den Vater, der ein Kämpfer ist gegen das faschistische Unrecht.«

Vielleicht, träumt Rodrian, habe »Margot in demselben Klassenzimmer gesessen, vielleicht auf derselben Bank wie Fritz Weineck, der ›kleine Trompeter‹«. Wie das, in einer Mädchenklasse? Authentisch ist, was Margot Feist 1937 ihrer Kameradin Regina Heinrich ins Poesiealbum schrieb: »Gehst du ins Leben einst hinaus, halt eines hoch: Dein Elternhaus! Wie glücklich Dir auch fällt Dein Los, vergiß es nicht, es zog Dich groß!« Und lehrte sie: Kommunisten sind bessere Menschen.

Das Stadtarchiv besitzt eine Trouvaille: Zeugnislisten der Weingärten-Volksschule für Mädchen von 1933 bis 1941, in einer grauleinen bespannten DDR-Schmuckkassette. Vermutlich wurden sie als Heimatgruß der hochmögenden Genossin Minister überreicht. Nach deren Ausreise ins chilenische Exil geriet die Box nebulös nach München, zum Magazin »Focus«. Archivar Jacob erkämpfte ihre Rückkehr nach Halle, so daß wir von Margots löblichem Lernen erfahren. Das Abgangszeugnis von 1941: »Feist, Margot, geboren den 17. 4. 1927 in Halle (Saale), get. 1. 9. 1928, ev. Glaubens, Tochter des Schuhmachers Gottfried Feist, besuchte die hiesige evangelische Volksschule seit 1. 4. 33 und wird am heutigen Tage aus Klasse 8M mit folgendem Zeugnis entlassen: Fleiß: sehr rege, Betragen: sehr gut, Religion: 2, Lesen: 2, Sprachlehre: 1, Aufsatz: 1, Rechnen: 2, Raumlehre: 2, Geschichte: 2, Erdkunde: 2, Naturbeschreibung: 2, Naturlehre: 2, Schreiben: 3, Zeichnen: 3, Gesang: 2, Turnen: 1, Nadelarbeit: 2, Hauswirtschaft: 1. Erwählter Beruf: Stenotypistin.«

Das früheste Genscher-Zeugnis des Archivs ist ein Porträt von Hermann Schreiber im »Spiegel« vom 2. November 1970: »Zahlreiche Städtebilder an den Wänden weisen den Hausherrn als einen Hallenser aus; andere Individualitäten werden nicht preisgegeben.« Schreiber zitiert Genscher zu dessen Partei-Eintritt 1946: »›Die CDU redete von christlichem Sozialismus. Den wollte ich nicht.‹ Also ging er in die Liberal-Demokratische Partei. ›Die waren am aggressivsten gegen die KP und deren absolute Unterwürfigkeit gegen die Russen.‹«

»Hans-Dietrich Genscher«, urteilt das »Hallesche Tageblatt« vom 28. April 1992, »ist für die Hallenser mehr als ein Politiker. Die Einwohner der Saalestadt sind mit ihm ›auf Du und Du‹.« Genschers vorweihnachtliche Visiten in Halle und Reideburg seien zur DDR-Zeit stadtbekannt gewesen. »Heimlich, weil aus Angst vor der Staatssicherheit, drückten ihm die Mutigen die Hand. Nach der Wende arteten Genschers Besuche (...) in ein Volksfest aus.« 60 000 bejubeln am 16. Februar 1990 seinen halleschen Epochenruf: »Wie könnte ein Hallenser Halle vergessen!« Der Lohn bei den folgenden Wahlen: 34,6 Prozent für die FDP. Eine Straße und eine Eiche werden nach Genscher benannt. Der Hallesche FC macht ihn zum Ehrenpräsidenten. Daraufhin gelingt in der Saison 1994/95 spektakulär der Abstieg in die fünfte Liga. Nach siebenundzwanzig Niederlagen, drei Remis und keinem Sieg kursiert in Halle die Frage: Was ist der Unterschied zwischen einem Blinden und dem HFC? – Es gibt keinen. Beide haben drei Punkte.

Es folgen Abgesänge. »Genschman: Ein Stern verglüht«, so der »Express« vom 3. November 1994. »Der Hallenser FDP-Geschäftsführer Schubert analysiert: Genschers Anziehungskraft sei verpufft. Deshalb habe man im Wahlkampf auf seine Hilfe verzichtet.« FDP-Politikerin Michaela Bunk: »Nur Worte helfen den Menschen nicht.« Auf des Volkes Gunst ist kein Verlaß, oder vollzieht sich hier eine ostdeutsche Emanzipation? Gesamtdeutsch reift Genscher zum Klassiker. 2002 huldigt ihm eine ARD-Gala zum 75. Geburtstag. Udo Jürgens entbietet den Genscher-Hymnus »Der Mantel der Geschichte«. Roberto Blanco schmettert »Der Puppenspieler von Mexiko«, genscherös umgetextet. Dunja Rajter jauchzt »Hans-Dietrich, wenn du Geburtstag hast«. Fürwahr, ein televisionäres Fest personenbezogener Demokratie!

Anderntags verlassen wir die Stadt. Wir fahren durch Wiesen und Felder, nach Reideburg. Genschers dörfliches Geburtshaus, fast schon dem Abbruch geweiht, ist seit 2009 vorzüglich restauriert, dank Cornelia Piepers Enthusiasmus, einer Dreiviertelmillion Euro Spenden und Lottomitteln. Genscher wünschte keinen musealen Wallfahrtsort, doch die originalgetreu nachgemalte Bordüre in seinem Geburtszimmer rührte ihn sehr. Das Haus heißt »Begegnungsstätte Deutsche Einheit«, betrieben von der Friedrich-Naumann- und der Erhard-Hübener-Stiftung. Man findet das Faksimile des Zwei-plus-vier-Vertrags, der Genscher als »Architekt der deutschen Einheit« legitimiert. Eine schöne Ausstellung erzählt die Geschichte des Liberalismus. Man hält auch Seminare ab und hätte gern mehr Besucher.

All dies erzählen der Leiter Peter-Andreas Bochmann und Wolfgang Böhm, ehedem hallescher Regierungspräsident. Letzterer klagt, oft wüßten nicht mal Abiturienten, wer Genscher ist. Dem wolle man abhelfen und Genscher als großen historischen Vermittler zeigen, als menschlichen Vertrauensstifter zwischen Ost und West. Dann erscheint der Gepriesene auf dem Bildschirm und spricht: »Ich bin ein Mann der Mitte.« Am 25. September 2010 sagte er der »Mitteldeutschen Zeitung«: »Die Vorstellung, Probleme mit militärischer Macht zu lösen, ist von gestern.«

Obwohl er in Bad Godesberg lebt, erblickt Hans-Dietrich sein Geburtshaus jeden Tag. Der Reideburger Raumausstatter Steffen Müller hat ihn auf seine Fassade malen lassen. Lebensecht schaut Genscher aus einem virtuellen Fenster auf die Stätte seiner frühen Jahre. Das bedeute kein FDP-Statement, sagt Müller, das zeige seine private Hochachtung vor diesem Menschen. Freilich sei Genscher nicht jedes Reideburgers Held. Manche verübelten ihm, daß er den Osten verlassen habe, so wie er 1982 Helmut Schmidt verließ und zwecks Machterhalt die Koalition mit der CDU einging.

Müller, Jahrgang 1962, ist ein Ostler der wägenden, gerechten Art. Seinen Arsch habe er nicht riskiert in der DDR. Aber dennoch gehofft, daß es irgendwann, irgendwie zur deutschen Einheit kommt, wenn da drüben irgendwer den richtigen Schachzug macht.

Und Frau Honecker?

Ich hab drei Jahrzehnte in dem Staat gelebt. Irgendwie hat die auch 'n Platz in der Geschichte. Sonst müssense uns alle weglöschen.

Hans-Dietrich Genscher genoß das späte Licht eines gesegneten Lebens. Margot Honecker saß in Chile und bitterte vor sich hin. 2012 sah man sie im Dokumentarfilm »Der Sturz – Honeckers Ende«, dessen australischem Regisseur Eric Friedler sie ein Gespräch gewährte, auch über die Grenztoten. »Die brauchten ja nicht über die Mauer zu klettern. Diese Dummheit mit dem Leben zu bezahlen, das ist schon bitter.« So sprach sie, und: »Das hat mich nicht berührt, da habe ich einen Panzer.« Anderseits fand sie: »Jeder Mensch, der gewaltsam zu Tode kommt, ist zu bedauern. Jeder, der beim Versuch, die Grenze illegal zu überwinden, zu Tode kam, war einer zu viel.« Bezüglich der DDR lautete ihr Resümee: »Es ist eine Tragik, daß es dieses Land nicht mehr gibt.«

Aber das Land ist noch da – die Berge, Flüsse, Menschen und alles, woran das Herz sich entsinnt. Was unterging, ist der Staat DDR. Wer ihn erklären will, sollte auf Margot Honecker nicht verzichten. Sie starb am 6. Mai 2016. Fünfzig Genossen kamen zum Begräbnis im Parque del Recuerdo am Stadtrand von Santiago de Chile. Auf dem Sarg lag die Fahne der DDR, unter roten Nelken.

Margot Honeckers Lebensspanne übertraf die von Hans-Dietrich Genscher um neun Tage. Der notorische Außenminister starb am 31. März 2016. Auch seinen Sarg deckte Schwarzrotgold, beim Staatsakt im Bonner Plenarsaal des alten Bundestags. Es redeten der Bundespräsident Joachim Gauck, Klaus Kinkel – Genschers Nachfolger als Außenminister und FDP-Chef –, der gewesene US-Außenminister und Zwei-plus-vier-Partner James Baker sowie Friedrich Schorlemmer. 900 Menschen bildeten das letzte Geleit für das »Kriegskind« Genscher, das, so Gauck, »mit 17 zum allerletzten Aufgebot der deutschen Wehrmacht« gehörte und »nichts so sehr fürchten und hassen gelernt hatte wie den Krieg«.

8

Kein Märchen, sondern einheitsdeutsche Wirklichkeit: Die Fußball-Nationalmannschaft der DDR ist auferstanden. Am 6. September 2012 wurde in Schwerin der FC Mecklenburg gegründet. Dessen Präsidentin Heike Schmidt lud zum Geburtsspiel nicht Real Madrid, sondern das blauweiße Ballett des Ostens. Unzählige Schweriner, vielleicht gar 600, strömten in den Sportpark Lankow. Ich saß zuvor mit meinen Jugendhelden an der Kaffeetafel: Peter Ducke, laut Pele einer der zehn größten Ballkünstler der Weltgeschichte. Lok Leipzigs Flügelflitzer Wolfram Löwe, nun ohne Lokkenpracht. Henning Frenzel: Veteran mit Jungsgesicht. Dresdens Meisterdirigent Dixie Dörner, Magdeburgs Dauerknipser Joachim Streich, sein hörbarer Kumpel Wolfgang Seguin ... Nachdem die schlachterprobten Recken sich Kampfgewicht angefuttert hatten, schritten sie hinaus. Volksjubel! Das Spiel sollte, aber konnte nicht beginnen. Über eine Stunde lang saßen die Idole auf der Wiese, umstrudelt von gereifter Menschheit Ost. Sie leuchteten, sie posierten mit ihren immergrünen Fans, sie schrieben Autogramme auf antike Poster, in vergilbte Kladden, auf Wimpel und Trikots von dunnemals. Welche Liebe! Wieviel Fernweh nach der eigenen Herkunft! Dixie, rief es, weeßte noch, Bayern, Belgrad, Liverpool? Henning, alter Stolperfranz, du warst für mich der Größte! Keine Schwalbe, keine Möwe ist so schnell wie Wolfram Löwe! Achim, dein Hammer '74 gegen England! Harald, schenkste mir dein Jersey von der Weltmeisterschaft? DDR, unser Vaterland! Wo is'n der Sparwasser?

Er fehlte, der einzige westlich bekannte Kicker der DDR. Unser Trainer Bernd Stange hatte nur die Besten nominiert. Noch war die Kabine leer. Ich erblickte auf den Lattenbänken, säuberlich plaziert, die blauen Hosen, die weißen Trikots mit Hammerzirkel-ährenkranz. Über den Rückennummern prangten die unvergeßlichen Namen. Jetzt stapften deren Träger herein. Trainer Stange gab die Aufstellung bekannt: Weißflog im Tor, Verteidigung Dörner, Kurbjuweit, Stahmann, Göhr, Mittelfeld Irmscher, Seguin, Frenzel, im Sturm Ducke, Streich, Löwe. Männer, sagte Stange, sollte die Nationalhymne gespielt werden, so bitte ich euch mitzusingen. Und dann Kampf! Männer, ihr wißt, was ich erwarte: eine laufstarke Leistung. Wir rennen sie platt, wir spielen unsere konditionellen Vorteile gnadenlos aus. Die Taktik lautet: Bin ich nicht hinten, fehl ich vorn.

So geschah es, minutenlang. Harald Irmscher zauberte wie einst im Mai, Lothar Kurbjuweit und Dirk Stahmann räumten ab, und wer träumerisch die Augen schloß, der sah, daß Wolfram Löwe noch immer schneller war als der Ball. Stanges Tempogebot folgte dem Wahlspruch seines Lehrmeisters Schorsch Buschner: Man läuft nie umsonst. Und wo keine Muskeln mehr sind, kann es auch keine Muskelzerrung geben. Ohnehin klärt der reife Spieler viel mit Bauch und Auge. Auswechslung begehrte fast niemand. Der nimmermüde Ducke, nun 70, entzog sich gen Linksaußen bis hinter die Erdkrümmung, worauf er aus des Trainers Blick geriet. Nur DDR-Rekordtorschütze Streich wirkte gewohnt lauffaul: die neue Hüfte.

Zum Gegner, dem FC Mecklenburg Schwerin. Obwohl durchweg Jahrzehnte jünger, fabrizierten die Gastgeber lediglich fünf

Am 6. September 2012 brillierte die DDR-Nationalmannschaft in Schwerin. Hintere Reihe von links: Ösi Schmidt (Gast), Harald Irmscher, Uli Wegner (Gast), Ulrich Göhr, Joachim Streich, Dietrich Kehl, Henning Frenzel, Peter Ducke, Dirk Stahmann. Vorn von links: Wolfram Löwe, Lothar Kurbjuweit, Bernd Stange (Trainer), Jörg Weißflog, Wolfgang Seguin, Hans-Jürgen Dörner.

Lattentreffer und vergaben elf Größtchancen, entnervt durch DDR-Torwart Flocke Weißflog. Schwerins versehentliche Führung durch den Chancentod Hans-Jürgen Pohl egalisierte der eingewechselte Dietrich Kehl. Ein Senior brüllte: Tooooor für unsere Republik! Trainer Stange zuckte zusammen. Zwar hatte er mittlerweile Australien, Saddam Husseins Irak und Weißrußland trainiert, doch diesen Ruf wohl allzu lange nicht vernommen.

Es blieb beim Remis. Elfmeterschießen. Unverzüglich hielt Weißflog Pohls Schuß, danach nichts mehr. Für die DDR trafen Dörner, Ducke, Seguin. Dann lenkte Schwerins Bundesliga-Veteran Andy Reinke Lothar Kurbjuweits Schuß an den Querbalken. Nach abermaligem Schweriner Treffer nahte das Ende der DDR: Box-Trainer Uli Wegner, gleichfalls eingewechselt, schritt mit sachfremder Kunst zum Punkt.

Gehalten.

Unsere Republik war geschlagen, doch der Tag noch lang. Im Festzelt lebten wir weiter, dank Grill, Buffet und Bar. Ich saß bei Achim Streich, dem Ehepaar Dörner, Lothar Kurbjuweit und Peter Ducke. Letzterer erfuhr, wie ich als Kind seinen Namen auf eine Silvesterrakete gemalt und ins Weltall geschossen hatte. Peter rief: Das muß die Welt erfahren! Streich befragte ich nach Sagen des klassischen Altertums: Achim, stimmt es, daß du 1969 im Europapokal bei Panionios Athen die Akropolis für ein Skatspiel verpaßt hast? Bist du wirklich bei der Stadtrundfahrt im Bus geblieben und hast erklärt: Die Akropolis steht noch tausend Jahre, aber so einen Grand kriege ich nie wieder.

Das ist gar nicht wahr, sagte Streich. Ich hab mir von der Akropolis sogar Steine mitgenommen.

Aber hast du tatsächlich als junger Hansa-Star Cheftrainer Dr. Horst Saß eine geklebt?

Nein, nein. Ich hatte lange Haare und das Hemd aus der Hose, aber nie gegen den Trainer gearbeitet.

Jetzt seufzte Eva Dörner: Mein Dixie ist bestimmt sauer wegen des verschossenen Elfmeters. Ich hab's gar nicht richtig mitgekriegt.

Nein, Frau Dörner. Er hat getroffen, gleich als erster, ganz souverän.

Wirklich? Sie strahlte.

Dixie Dörner kehrte vom Buffet zurück und fragte die Gemahlin: Hast du eigentlich meinen Elfer gesehen?

Natürlich! Der war klasse. So sicher verwandelt!

Dörner nickte und aß.

Musik. Als musikalischen Stargast hatte Clubmutter Heike Schmidt Gunter Gabriel verpflichtet. Germaniens Johnny Cash schollerte Liedgut von »Dreißigtonner Diesel« bis »Das alte Pferdehalfter an der Wand« und pries den deutschen Gesang. In Amerika werde erschossen, wer nicht in der Landessprache singe, aber hierzulande halte man ja die Schnauze. Der Abend schritt fort. Gabriel entblößte sein Herz für's andere Geschlecht. An seinem Hamburger Hausboot stünden die Mädels Schlange und drinnen immer frische Getränke. Du bist nicht alt!, vernahm eine tanzende

Seniorin. Du hast was in der Bluse, du bist eine süße Schnuller-maus!

Peter Ducke raunte: Noch eine Stunde, und der erzählt die übelsten Zoten.

In der Pause schwärmte mir Gabriel von seiner frühen Faszination für Johnny Cash: diese Stimme, der Memphis-Sound, die Texte für die Unterprivilegierten und gegen den Vietnamkrieg. Cash sei ein politischer Mensch gewesen, gläubig, Sünder obendrein. Großartige Mischung! Worum gehe es denn im Leben? Um Liebe und Leidenschaft, den Zungenkuß, die weichen Schenkel ...

Gunter, was ist nur der Unterschied zwischen dir und Johnny Cash?

Ich lebe noch.

Im zweiten Teil hörte das Publikum »Wir lagen vor Madagaskar«, »Hey Boß, ich brauch mehr Geld« und daß Bundespräsident Wulff ein Arschloch sei. Desweiteren nannte Gabriel den Holocaust Deutschlands ewige Schande und verwarf den Glauben an ein Leben nach dem Tod. Am Spielertisch wurde mittlerweile über Sterbehilfe diskutiert. Kurz vor Mitternacht war Zapfenstreich. Heike Schmidt ließ die Nationalhymne singen – die der DDR: *Auferstanden aus Ruinen / Und der Zukunft zugewandt, / laß uns dir zum Guten dienen, / Deutschland, einig Vaterland ...* Und jetzt, rief sie von der Bühne, alle gemeinsam das Deutschlandlied: *Einigkeit und Recht und Freiheit ...*

NEIN!, donnerte es durchs Zelt. Paule Seguin war aufgesprungen, erregt. NEIN! ICH HAB NUR EIN HERZ! Frau Schmidt faßte sich rasch und disponierte um: Dann eben »Spaniens Himmel«. So geschah es. Stehend, mit trunkenem Ernst schmetterte die unwiederbringliche Versammlung: *Spaniens Himmel breitet seine Sterne / Über unsre Schützengräben aus. / Und der Morgen grüßt schon aus der Ferne, / Bald geht es zu neuem Kampf hinaus. / Die Heimat ist weit, / Doch wir sind bereit, / Wir kämpfen und siegen für dich: / Freiheit!*

9

Einmal im Leben bin ich vom Fußball desertiert. Diese Flucht geschah am 18. März 1981. Mein FC Carl Zeiss Jena spielte im Europapokal-Viertelfinale beim völlig unbekannten walisischen Kampfclub Newport County. Zuvor hatte Jena Valencia eliminiert, den Titelverteidiger mit dem WM-Schützenkönig Kempes, durch Tore von Sengewald, Schnuphase und Trocha. Davor schlugen meine Helden AS Rom in der weltberühmtesten Jenaer Aufholjagd aller Zeiten: 4:0 nach 0:3, durch Krause, Lindemann und Bielaus Doppelhammer. Gegen Newport war Jena erstmals Favorit, fabrizierte jedoch daheim trotz zweier Tore von Raab nur ein Remis.

Das Rückspiel wurde zur Qual. Jena, ersatzgeschwächt und zum Siegen verdammt, machte Linksaußen Matz Vogel zum Libero. In der 27. Minute verwandelte Lothar Kurbjuweit einen Freistoß. Danach stürmte nur noch Newport. Radio DDR übertrug walisisches Dauerfeuer im Jenaer Fünfmeterraum. Schlotternd harrte ich des tödlichen Treffers. KNALLER VON TYNAN!, schrie das Radio. VAUGHAN ZIEHT AB … GWYTHER FLIEGT HERAN … KOPFBALL VON OAKES … UND WIEDER EINE UNFASSBARE PARADE VON GRAPENTHIN! Ich erwürgte das Radio, weil ich die nervenzerfetzende Spannung nicht länger ertrug. Justament zum Abpfiff schaltete ich wieder ein. Und heulte vor Glück.

Im Halbfinale verblich Benfica Lissabon, der Eusebio-Club, durch Tore von Bielau und Raab. Dann das Finale, gegen Dynamo Tbilissi, in Düsseldorf. Ich, wohnhaft in Berlin, begab mich in die Storkower Straße zur Zentrale des DDR-Fußballverbands. Dort erklärte ich Jenas Höhenflug zum Triumph der sozialistischen Körperkultur. Dessen Krönung in der BRD müßte ich unbedingt miterleben. Ersteres wurde gern gehört, letzteres nicht. Gewiß, mein Reisewunsch sei verständlich, aber – nun ja, ich wüßte schon. Der Abschiedssatz des Funktionärs bleibt mir unvergeßlich: Ich fahre da auch nicht runter.

Am 13. Mai 1981 beäugten dann wohl 5000 Düsseldorfer im riesigen Rheinstadion ein Ostblock-Spektakel, das in Prag oder

Budapest eine Fan-Wallfahrt ausgelöst hätte. Ich sah am Fernsehapparat, wie der Georgier Schengelija in der 87. Minute Tbilissi jubeln ließ.

Die 113 Jahre Fußballgeschichte des FC Carl Zeiss werden von vielen Generationen getragen. Vor wenigen Wochen starb Johan Cruyff. Auch dieser Weltfußballer hat im Ernst-Abbe-Sportfeld Stollenabdrücke hinterlassen. Am 4. März 1970 schlug Jena Ajax Amsterdam im Europapokal-Viertelfinale sensationell mit 3:1. Die gute alte »fuwo« bilanzierte akkurat: Von 15 Zweikämpfen zwischen Johan Cruyff und seinem Schatten Jürgen Werner gewann Cruyff einen. Im Rückspiel führte Jena durch Peter Ducke, dann fielen die fliegenden Holländer über uns her und siegten 5:1. Aber Jena kehrte ungebrochen heim, schlug unverzüglich Chemie Leipzig und wurde Meister. Auch das war eine große Zeiss-Mannschaft, ähnlich der von 1981. Die kam unzerstört zurück aus Düsseldorf, siegte sofort in Rostock und wurde Vizemeister.

Jede Zeiss-Generation entstammte einer vorigen und ging in die nächste über. Meine erste, noch SC Motor geheißen, war die Truppe von 1965, mit Müller, Meyer, Marx, den Ducke-Brüdern, Fritzsche, Rock ... Zum hundertsten Club-Geburtstag 2003 schwärmte der Festredner Wolfgang Hempel von einem Jenaer 3:4-Spektakel gegen Schalke aus dem Jahre 1937. Ihr wißt's ja alle noch!, rief Hempel. Werner und Malter gegen Szepan und Kuzorra! – So viel Prähistorie überforderte selbst Peter Poser, den Bildchronisten des FC Carl Zeiss, der gegen Ajax seine ersten Fußballphotos machte. Seither sah er Scharen von Kickern durchs Saaletal ziehen. Nicht alle schrieben Geschichte, vornehmlich in der Neuzeit. Auch die Generationsfolge riß ab. In den zwangsseßhaften Jahrzehnten des DDR-Fußballs repräsentierten die Spieler den Club. Heute tun das die Fans. Fußballer kommen und gehen; die Fans sind so unverrücklich wie die Kernberge. Mit um so größerer Liebe hängen sie an hiesigen Idolen, die mit dem Verein verschmolzen und seine Geschichte personifizieren.

Natürlich will jeder Fußballer siegen. Das 1:2 von Düsseldorf gegen einen brillanten Gegner war eine Niederlage, die ich überraschend gefaßt ertrug. Den Beteiligten ging oder geht es

sicher anders. 2001 besuchte ich Hans Meyer in Mönchenglad-
bach, mit einem West-Kollegen von der »Zeit«. Christof Siemes,
Gladbach-Fan, wollte seinen Trainer natürlich zur Borussia befragen, doch Meyer redete fortwährend über eine rätselhafte Ost-
Vergangenheit: Jena. Tbilissi grämte ihn noch immer. Da führen
wir 1:0 durch Hoppe, stöhnte Meyer, und wir machen nicht
dicht, wir stürmen so richtig europapokalsiegermäßig weiter. Und
prompt ...

Erst nach der Wende erfuhr ich, wie man die Bezwinger von
Rom, Valencia, Newport und Lissabon bei ihrer Heimkehr »ehrte«.
Das Festbankett im Volkshaus wurde auf Geheiß von Zeiss-Boß
Wolfgang Biermann abgesagt. Kein Europapokal, kein Essen. So
unreif zürnte der Lokalfürst eines leistungssportlich überzüchte-
ten Staats, dessen Mächtige immerfort nach Goldmedaillen gier-
ten. Am 13. Mai 2016 wurde im alten Jenaer Rathaus nach exakt
35 Jahren etwas nachgeholt – spät, aber nicht zu spät. Die Stadt
Jena öffnete ihr Goldenes Buch für eine silberne Generation. Diese Ehrung war auch eine rühmenswerte Tat gegen ein verbreitetes
Ost-Problem: die Mißachtung der eigenen Geschichte. Was war,
gilt oft generell als minderwertig, weil geschehen in der Diktatur.
Doch wer sich selbst geringschätzt, taugt auch wenig zur Demokratie.

Die Historie des SED-Staats ist nicht deckungsgleich mit den
Geschichten der Bewohner des Landes DDR. Der Volkssport Fuß-
ball eignet sich wunderbar zum Spiegel der Zeitgeschichte – wenn
man sie ehrlich reflektiert, das Gelungene wie die Erfahrungen des
Scheiterns. Wahrhaftiges Erinnern lebt von allen unvergeßlichen
Gefühlen. Alles, was uns erschüttert, prägt unsere Biographie.
Kürzlich las ich über Gusztáv Szebes, den Trainer jener sagenhaften
ungarischen Nationalelf, die 1954 beim sogenannten Wunder von
Bern tragisch Westdeutschland unterlag. Szebes verwand das nie.
Er starb 1986; sein letzter Satz auf Erden war eine Frage: Warum
haben wir verloren? Die Antwort, falls es eine braucht, lautet: Um
zu reifen.

Offiziell ist die deutsche Einheit eine Genesungsgeschichte. Ein unwürdiger Teilstaat ging unter. Es wuchs wieder zusammen, was zusammengehörte. Die Wirtschaftskraft und die moralische Autorität des Westens kompensierten den Zusammenbruch des Ostens, dessen Bewohner wesenhaft ja immer Deutsche geblieben seien. Soweit der historische Befund. Unterhalb der Großgeschichte läuft jedoch millionenfach die kleine: das wahre Leben im falschen. Auch die verkehrte Welt der DDR war Heimat. Ihre Berichtigung, nicht ihre paternalistische Enteignung durch »den Westen« bestrebte 1989 die Friedliche Revolution. Bevölkerung wollte Gesellschaft werden, nicht Volksstamm Ost.

Gesellschaft entsteht durch unabhängige Öffentlichkeit und selbständige Vernetzung. Zu den Hauptforderungen im Herbst 1989 gehörte die Meinungs- und Pressefreiheit. Bei allen Demonstrationen wurde die Verlogenheit der Medien angeklagt. DIE WAHRHEIT drängte auf die Straße und verlangte, publik zu werden. Die vorherige, die bleierne Zeit haben wir Älteren in den Knochen; Jüngere können sie nachlesen. Die schönste mir bekannte Geschichte zum Verhältnis von DDR-Volk, Presse und Literatur heißt »Forstarbeiter«. Sie steht in einem Buch, das nur im Westen erscheinen durfte: Reiner Kunzes »Die wunderbaren Jahre«.

»Herr Doktor?«

»Ich bin nicht der Herr Doktor.«

»Ach so.« Der Mann, der im Dunkeln über den Zaun gerufen hatte, ging in die Laube nebenan zurück, wo man bei Harmonikamusik saß und ab und zu schallend lachte.

Obwohl ich kaum noch etwas sah, mähte ich weiter. Ich war hier, um ein Buch zu Ende zu schreiben, und da der Arzt, dem das Wochenendhaus gehört, den Besuch seiner Frau und zweier Enkel angekündigt hatte, wollte ich die Wiese geräumt haben. Wenn das Sensenblatt einen Stein streifte, schlug es Funken.

»Herr Doktor?« Wieder stand der Mann am Zaun.

»Ich bin nicht der Herr Doktor.«

»Na, da komm doch du mal rüber, verdammich!«

Ich trug Sense und Wetzfaß unter das Vordach und ging hinüber.

Die Anzahl der leeren Flaschen auf dem Tisch ließ den Promille-gehalt des Blutes erahnen, das hier kreiste. Man rückte noch enger zusammen, und die Frauen kreischten.

»Nun sag mir nur mal, was machst du denn da drüben?« fragte der Mann, der an den Zaun gekommen war und den ich unlängst mit einem Gespann hatte Holz schleppen sehen. »Ackerst du oder mähst du?«

Alle lachten.

»Gib's zu, du hast geackert! Da war doch ein Krachen und Blitzen!«

Er solle mich in Ruhe lassen, sagte der Hausnachbar. Das sei stel-lenweise Schuttgrund, er selbst habe damals den Bruch mit hinge-kippt ... Außerdem sei ich Schriftsteller.

»Was bist du — Schriftsteller?« fragte der Gespannführer. Und unvermittelt laut: »Hast du Hunger?«

Mit soviel Schlüssigkeit hatte sich noch nie jemand nach meinen leiblichen Bedürfnissen erkundigt.

»Trautel« — er drehte sich nach der Frau um, die den Konsum lei-tete — »Trautel, hol ein Glas Wurst rüber, eins von den großen, der kriegt von mir ein Glas Wurst, der hat Hunger!«

Die Frau nahm die Aufforderung nicht ernst und lachte mir zu.

Er aber bestand darauf, daß sie mir ein Glas Wurst bringe, und so zuckte sie mit den Schultern und zwängte sich an den Knien der anderen vorbei. Sie war bereits an der Tür, als er plötzlich sagte: »Das heißt — wart mal, ich will ihn erst noch was fragen.« Die anderen lärmten, und er schlug mit der Faust auf den Tisch. »Seid nur mal ruhig!« Dann blickte er mich ein wenig von der Seite an. »Schreibst du's, wie's in der Zeitung steht, oder wie's im Leben ist?«

»Die wunderbaren Jahre« erschien 1976. Mein Fischer-Taschenbuch enthält den eindrucksvollen Editionsvermerk »388.–402. Tausend Februar 1991«. In der DDR kursierten konspirative Abschriften. Das Typische an dieser Geschichte ist ihr emphatischer Wirklich-keitsbegriff. Das Wirkliche bildet das Wahre. Zugleich hat dieses wirklich Wahre einen Feind: die Zeitung, vulgo die Lüge. Die Zeitung ist das Instrument des Staates, der die Wirklichkeit verfälscht, die Wahrheit beugt und Medien als Herrschaftsinstrument mißbraucht. Staat ist Lüge, Lüge Staat.

Auf dem X. DDR-Schriftstellerkongreß 1987 schmähte Christoph Hein die staatliche Zensur und ironisierte den selbstgefälligen Begriff vom »Leseland«. Das Lesen sei in der DDR nicht mehr und nicht weniger üblich als in anderen Ländern. »Es werden hier jedoch weitaus mehr (...) Bücher gelesen. Die korrekte Bezeichnung wäre also: Buchleseland. Das Verdienst dafür gebührt unserer Presse, unseren Medien. Ihre Zurückhaltung in der Berichterstattung und der verläßliche Konsens ihrer Meinungen führen dazu, daß kaum ein Leser unseres Landes mehr als ein paar Minuten sich mit ihnen zu beschäftigen hat. Der Leser wird durch Neuigkeiten nur für kurze Zeit abgelenkt und kann sich dann wieder unseren Büchern zuwenden, von denen er nicht nur Unterhaltung und Geschichten, sondern auch Neues und Wahres erhofft.«

Der Staat hütete die Druckerpresse – bizarr wirkt das in unserer digitalisierten Globalität. Die SED-Macht entschied, was die Untertanen lesen durften. Zeitungen wie Bücher brauchten ihr Imprimatur; allerdings wurden der Literatur größere Freiheiten zugestanden. Manche Wirklichkeit, die journalistisch verboten blieb, fand literarisch zum Leser. Christoph Heins »Horns Ende«, »Kassandra« und »Störfall« von Christa Wolf enthielten Zeitansagen und Gesellschaftsdiagnosen in Stellvertretung unabhängiger Medien, die nicht existierten. Den Büchern, falls sie erschienen, hat das nicht geschadet. Sie gewannen Dringlichkeit. Literatur war Lebensmittel, kritische Autoren galten als Wahrheitskünder. Und doch bleibt die *via aesthetica* eine Umleitung, mitunter ein Irrweg zur *res publica*. Die öffentliche Sache bedarf keiner Verkündigung, sondern der Volksaussprache. Diese wiederum braucht Medien.

Woran ist der Mittag-&-Mielke-Staat verreckt – an der Wirtschaft oder an der Lüge? Seit der Wende streiten Ökonomen und Moralisten über die Krankheit zum Tode der DDR. Je länger die Unselige in der Kiste schlummert, desto stärker bekommen die Wirtschaftler das Sagen, desto weniger bleibt in Erinnerung, was den SED-Staat dauerhaft hinderte, emanzipatorische Gesellschaft zu werden: der Mangel an Öffentlichkeit. Selbstverständlich gab es öffentliche Lebensformen in dem Land, dessen Bürger immerzu Versammlung hatten. Es gab Hausgemeinschaftsfeste und Betriebsausflüge, es gab die Begängnisse des Sports, es gab Numismatik-Zirkel und das gesellige Beisammensein der Kulturbund-Aquarianer, es gab Kino und Theater, es gab eine schmale Intellektuellen-Presse mit Ventilfunktion, es gab einen öko-literar-philosophischen Samisdat, es gab Rockkonzerte mit anspielungsreich gespickten Texten, es gab deutliche Töne in Gottesdiensten und auf Kirchentagen; und während vierzig Jahren DDR fielen Quadrillionen wahrer Worte in den Kneipen, den Beichtkapellen des Proletariats. Das Leit-Medium für Klartext in der DDR war die Mündlichkeit.

All dieses Öffentliche existierte fragmentiert, als Szene und Milieu. Daß es sich nie zur Öffentlichkeit vernetzte, darüber wachte der Staat. Als er die konzertierte Volksaussprache nicht mehr verhindern noch auch nur moderieren konnte, kam sein Ende. Es wurde 1989, das Jahr der großen Menschenflut. Den Regierenden der DDR entlief das Volk. Es strömte durch das Loch in der ungarischen Grenze nach Österreich, es überfüllte die bundesdeutschen Botschaften in Warschau und Prag. Unter jenen, die im Lande bleiben wollten, kursierte der Aufruf einer Bürgerbewegung, die sich Neues Forum nannte. Der Text begann mit dem Satz: »In unserem Lande ist die Kommunikation zwischen Staat und Gesellschaft offensichtlich gestört.« Der Schlußsatz lautete: »Die Zeit ist reif.«

Wahrhaftig, die Zeit war reif. Die Verhältnisse kamen ins Rutschen, dann ins Rasen. Die DDR-Zeitungen wurden spannend, ebenso das Fernsehprogramm. Propagandisten wandelten sich zu Journalisten. Sie schrieben und sendeten nicht länger DIE LÜGE, sondern was DAS VOLK begehrte: DIE WAHRHEIT. Diese pathetischen Singulare waren naiv. Mit DER LÜGE kam auch DIE WAHRHEIT abhanden. Unisono hatte DAS VOLK nein gesagt zur bisherigen DDR, im illusionären Hochgefühl des Gleichsinns. Nun zerfiel DAS VOLK in Parteiungen, DIE WAHRHEIT in Werturteile, bald abermals in Ideologien. Derer gab es nun immerhin viele, und keine Regierung untersagte die Publikation.

Am 18. März 1990 wählten die Ostdeutschen zum ersten Mal ein demokratisches Parlament. 2,9 Prozent stimmten für das bürgerrechtliche Bündnis 90. Die übergroße Mehrheit entschied sich für den raschen Anschluß an die Bundesrepublik und dagegen, Subjekt der eigenen Geschichte zu bleiben oder zu werden. Der Westen bedurfte keines Ostens, er war in sich gefestigt und komplett. Er koppelte sich die »neuen Länder« an wie eine starke Lokomotive die Wagen dreizehn bis siebzehn. Bisweilen keuchte die Lok, wobei der Osten nicht mal mehr ein Zugpferd besaß. Fortan war er Drittelland und Fünftelvolk und hatte sich der Mehrheitsgesellschaft und ihren Regularien zu fügen. Die Einheitsrhetorik kannte nur noch Deutsche. Wer zwei Kulturen unterschied, war »nicht in der Einheit angekommen«.

Die Treuhand verkaufte sämtliche SED-Bezirkszeitungen an westliche Medienhäuser, die alsbald eigene Leitungskader installierten. Noch heute läßt sich die DDR-Bezirkseinteilung an den Vertriebsgebieten dieser Blätter erkennen. Bis auf die »Berliner Zeitung« überschritt keines den Limes der Provinz. Sie blieben Medien der Nahwelt. Nationale Medien sind westdeutsche Medien. Nationale Debatten, von ihnen entfacht, sind westdeutsche Debatten, manchmal mit einer Ost-Stimme garniert. Deutsche Öffentlichkeit ist westdeutsche Öffentlichkeit. Der deutsche Begriff von Normalität bezeichnet das westdeutsch Normale. Die aufgerufenen Geschichtserfahrungen sind die der Bundesrepublik.

Es gab und gibt auch eine westdeutsche Ernüchterung. Sie residiert in Hamburg und München und Frankfurt am Main. Es ist die Enttäuschung der altbundesrepublikanischen Pressehäuser, daß die Ostdeutschen sich dem *Qualitätsjournalismus* verweigerten. »Süddeutsche« und »FAZ«, der »Spiegel« und »Die Zeit« erfuhren im Osten wenig Resonanz, weil sie durch und durch Westblätter waren und blieben. Undurchsichtig dunkelte der Kulturraum Ost, jenseits der Spotlights auf Stasi, Doping, Stacheldraht.

Noch im Jahre 2016 fragte mich eine Kollegin: Existiert im Osten überhaupt so etwas wie eine Zivilgesellschaft? – Gewiß, sogar in Sachsen, trotz des fremdenfeindlichen Pöbels von Freital, Clausnitz, Bautzen. Dennoch empfinde auch ich den strukturschwachen, autoritätsarmen Osten als labil. Mir ist, als falle meine Heimat zurück in ihre vordemokratische Mündlichkeit. Reiner Kunzes Forstarbeiter erschien im DDR-Kontext als ideologiefreier Sympathicus. Heute kann ich mir den Mann mühelos auf einer Pegida-Demonstration vorstellen, LÜ-GEN-PRES-SE! brüllend und WIR SIND DAS VOLK!

»Lügenpresse« bezeugt Ablehnung eines politischen Establishments, für dessen Sachwalter man die Medien hält. Die Freiheitsparole der Friedlichen Revolution rufen heute keine anderen Wesen als 1989. Damals kursierte der Volksbegriff als Anti-Herrschafts-Parole, nicht als Homogenitäts-Ideologie. Die SED-Herrschaft verschwand, die Menschen blieben. Viele qualifizierten sich nur zu Konsumenten. Gesellschaft entstand, wo es Arbeit, Eigensinn und glaubwürdige Autoritäten gab. Andernorts scheiterte die humanitäre Emanzipation. Völker, schrieb Nietzsche, sind edel, solange sie Unrecht leiden.

11

Im Jahre 2012 enttäuschte Rostocks Oberbürgermeister Roland Methling amerikanische Touristen. Sie fragten ihn nach dem Friedhof der Opfer des rassistischen Pogroms vor zwanzig Jahren. Ungläubig hörten sie, es habe damals keine Toten gegeben, anders als bei den Brandanschlägen in Solingen, Lübeck, Mölln. Ich schäme mich dafür, was wir hier zugelassen haben, sagt Methling.

Hielten Sie das für möglich?

Nein. Aber es zeigt, wie schnell etwas explodieren kann, wenn man Öl ins Feuer gießt – durch unbedachte Äußerungen, durch eine versagende Politik.

Das Pogrom von Lichtenhagen. Am 24. August 1992 brannte in der Rostocker Trabantenstadt das sogenannte Sonnenblumenhaus. Der Elfgeschosser mit dem Wandmosaik beherbergte Mecklenburg-Vorpommerns Zentrale Aufnahmestelle für Asylbewerber (ZASt). Den Nachbaraufgang bewohnten Vietnamesen, die als »Vertragsarbeiter« in die DDR gekommen waren. Im Sommer 1992 lagerten vor dem Sonnenblumenhaus Scharen von Flüchtlingen, vor allem aus Rumänien. Sie mußten tagelang ohne Verpflegung und Toiletten auf der Wiese campieren, weil die überfüllte ZAst sie nicht registrierte. Die Zustände entglitten. An drei Abenden, vom 22. bis zum 24. August, versammelte sich am Sonnenblumenhaus deutscher Volkszorn – protestierend, randalierend, endlich gewaltbereit, auch nach dem Abtransport der Asylbewerber. Steine flogen, dann Molotowcocktails. Rädelsführer drangen über die Balkone ins Gebäude und legten Feuer, zum Jubel des Mobs. Das Tatmotiv grölte aus tausenden Kehlen: DEUTSCHLAND DEN DEUTSCHEN, AUSLÄNDER RAUS!

Die Polizei? Blieb unsichtbar. Die Feuerwehr? Drang nicht durch. Die TV-Welt wurde Zeuge. Die Fernsehbilder vom 24. August 1992 wirkten wie ein »Kristallnacht«-Remake. In jener Nacht schrumpfte das ostdeutsche Heldenvolk zum Pöbel von Lichtenhagen. Zur Symbolfigur promovierte der arbeitslose Baumaschinist Harald Ewert, der im Deutschland-Trikot und mit eingenäßter Jogging-Buxe den Hitlergruß entbot. Später bestritt er Blasenschwäche und nazistische Gesinnung. Die Nässe sei Bier gewesen, sein Arm reflexhaft hochgeflogen, als der deutschtrunkene Bürger Ewert mit dem tobenden Volkskörper verschmolz.

Etwa 120 Hausinsassen gerieten in Todesgefahr. Daß niemand starb, war schieres Glück und das Verdienst von Vietnamesen, die das Dach aufbrachen. Zufällig befand sich im brennenden Haus ein Kamerateam des ZDF-Magazins »Kennzeichen D«, darunter Jochen Schmidt. Später schrieb er ein Lichtenhagen-Buch. »Politische Brandstiftung« rekonstruiert die Ereignisse mit Akribie, vor allem das Versagen der Behörden. Seit Wochen hatten Stadt und Land einander die Verantwortung für die Asylbewerber zugeschanzt. In der Brandnacht verschwand Rostocks Polizeidirektor Siegfried Kordus drei Stunden lang zum »Hemdwechsel«. Mecklenburg-Vorpommerns Innenminister Lothar Kupfer fand »vom Faktischen her eine absolute Gefährdung nicht gegeben«. Der CDU-Ministerpräsident Berndt Seite dekretierte, die Vorfälle zeigten, daß »die Bevölkerung durch den ungebremsten Zustrom von Asylanten überfordert wird«.

Jochen Schmidts erbitterte These: Inkompetenz und Schlamperei dienten einem perfiden politischen Willen. Die Politik wünschte ein Fanal und ließ die Volksmeute absichtsvoll gewähren. Das Pogrom von Lichtenhagen war Marschmusik für ein rigide verschärftes Asylgesetz. Helmut Kohls Regierung installierte es 1993 – mit Zustimmung der SPD.

Schmidts Buch bündelte Indizien. Den Schießbefehl, sozusagen, fand der Autor nicht. Gewiß ist, daß Rostock erschrak und sich seiner Schande stellte. Die Stadt schuf einen Ausländerrat. Asylbewerber wurden innerstädtisch einquartiert. Die städtische Jugendarbeit bekam Geld, Räume, Programme gegen Gewalt. Es wuchsen Bürgerinitiativen gegen Rassismus und rechts. Die Vietnamesen gründeten den Begegnungsverein Dien Hong. Zum zwanzigsten Jahrestag bat die »Ostsee-Zeitung«, Lichtenhäger Erinnerungen einzusenden. Rostocks Ehrenbürger Joachim Gauck werde kommen und reden. Der Verein soziale Bildung verteilte 10 000 Gratis-DVDs mit der britischen Pogrom-Dokumentation »The Truth Lies In Rostock«, damit das Gedächtnis der Stadt nicht aufgehübscht werde wie der Stadtteil Lichtenhagen.

Denn 2012 wirkt Lichtenhagen nahezu adrett. Die vierzig Jahre alten Plattenblocks sind bunt saniert. Erker, Loggien, gläserne Liftschächte lassen staunen, wie man die Platte veredeln kann. Linden rauschen, Möwen schreien, in zwanzig Minuten radelt man zum Ostseestrand. Der Boulevard rottet noch, doch in den Springbrunnen juchzen Sommerkinder. Das Pogrom ist weder ihre Geschichte noch die der Mehrzahl heutiger Bewohner. Wir müssen die Älteren nach 1992 fragen.

Ich hab's im Fernsehen erlebt, in Kanada, sagt der Seemann. Ich hab wirklich nichts gegen Ausländer, ich bin mit allen gefahren – Inder, Indonesier, Vietnamesen ...

Ich war dabei, sagt der kleine Herr. Ich hatte Angst. Man konnte nichts dagegen sagen, die Glatzen schlagen doch gleich zu.

Die Zustände waren unerträglich, sagt die silberhaarige Dame. Diese, diese Sinti und wie die anderen heißen, die haben aggressiv gebettelt. Die Kinder, wenn man denen was geben wollte, klauten sie das Portemonnaie. Diebstähle, massenhaft, auch in der Kaufhalle.

Auf den Rasen geschissen, sagt der Mittagszecher auf der Bank. Öffentlich gefickt, sagt sein Trunkgenosse. Zecher drei, im bürgerlichen Hemd: Das sind Gerüchte. Zecher zwei: Dat hab ich gesehn. Zecher drei: Was sollten die machen, ohne Dach übern Kopp?

Leute, es gibt keinerlei Rechtfertigung, ein Haus mit Menschen anzuzünden.

Dat warn keine Lichtenhäger, sagt Zecher zwei. Dat warn zugereiste Nazis.

Ich hab selbst 'n Molli reingehauen, verkündet Zecher eins. Die blanke Brust ist markant tätowiert. Eine Faust zeigt den Stinkefinger als ejakulierenden Penis, flankiert von Frakturschrift: »Schlechtes Vorbild«. Und wenn dat wieder vorkommt, spricht das schlechte Vorbild, dann hau ich da wieder 'n Molli rein. Dat geb ich dir mit Unterschrift.

War 'ne Schande, sagt Zecher zwei. Hätte nich vorkommen dürfen.

Das wird euch der Gauck auch sagen.

Ach, der Pfaffe, sagt Zecher zwei. Zecher drei: Du, der ist gut, der hat bei der Wende in der Marienkirche doll gepredigt. Da hing was dahinter!

Ein sehr anderes Trio wartet im Kolping-Begegnungszentrum. Der Leiter Rainer Fabian und die Jugendarbeiterin Hanka Bobsin erläutern die Initiative »Lichtenhagen bewegt sich« und ihre sozialen Aktivitäten. So etwas wie 1992 werde es nicht mehr geben, glaubt Frau Bobsin. Man möge Rostocks damalige Situation bedenken: Entlassungswellen, Zukunftsängste, Mahnwachen an den Werften. Erst braucht es ein erschütterndes Ereignis, sagt Frau Bobsin. Daraus zieht man Lehren, damit es in Zukunft hoffentlich nicht mehr passiert. Erst nach dem Attentat bei der Münchener Olympiade wurde die GSG 9 gegründet.

Wer weiß, wer 1992 alles mitgespielt hat, um ein Exempel zu statuieren, sagt Herr Fabian. Damals haben sich viele mitreißen lassen. Unsere Jugendlichen sind gar nicht in der Lage, Molotowcocktails zu bauen. Die wurden ihnen in die Hand gedrückt. Sie haben sie natürlich geworfen, vielleicht auch animiert durch Fernsehteams.

Wortführer der Runde ist Ralf Mucha, einst Seebär, heute Vorsitzender des Ortsbeirats Lichtenhagen und Landtagsabgeordneter der SPD. Das waren anfangs friedliche Demonstrationen für ein gerechteres Asylgesetz, erklärt Mucha. Das Eskalieren haben andere besorgt, die hier 'ne Bühne suchten. Und daß Lichtenhäger Bürger Beifall geklatscht haben, würd ich auch nur bedingt sagen. Es herrschte Schockstarre und die Einsicht: Das geht nicht, das ist unmöglich, das ist nicht unser Weg.

Was erwarten Sie von Joachim Gauck?

Daß er diesen Rechtfertigungsdruck von den Lichtenhägern nimmt. Er sagt ja auch: Es sind jetzt schon bald 70 Jahre nach dem Krieg, die Kindeskinder tragen keine Verantwortung für die Schandtaten. Wer sich engagiert, soll ein gutes Gewissen haben.

Derzeit entwirft »Lichtenhagen bewegt sich« einen volkspädagogischen Handzettel, der die Hiesigen für den 20. Jahrestag präparieren soll. Die Medien, klagt Mucha, haben sich in der Vergangenheit die Lichtenhäger geschnappt und befragt. Und dann konnten die nicht viel sagen, weil sie unvorbereitet waren, und fielen in die Rechtfertigung zurück. Wir wollen kein Tingeltangel-Friedensfest wie zum 10. und zum 15. Jahrestag. Und auch keine Gedenktafel am Sonnenblumenhaus, weil wir befürchten, daß es sonst zu Übergriffen kommt. Es gibt eine Sternfahrt mit der Bürgerinitiative »Bunt statt braun«, wir pflanzen eine Eiche, und danach ist Feierabend.

Zum Sonnenblumenhaus. Im Parterre des Aufgangs 18, wo 1992 der sengende Mob einbrach, residiert heute ein Beerdigungsinstitut. Es läßt »würdevoll Abschied nehmen« mit einem integrationsfördernden Zitat von Exupéry: »Wir sind einer für den anderen Pilger, die auf verschiedenen Wegen einem gemeinsamen Treffpunkt zuwandern.« Drinnen Särge, weiße Rosen und eine Trauerfachfrau, die sich bekümmert der Asylanten-Invasion entsinnt: Möbel aus dem Fenster geschmissen, überall hingepullert, so trieben es diese, diese Roma, und wie die anderen heißen, die mit den Kopftüchern.

Aber das Haus anstecken?

Das geht natürlich nicht. Man muß beide Seiten verstehen.

Echt leid taten mir die Vietnamesen, die gerieten dazwischen, die konnten gar nichts dafür. Das waren ordentliche Leute.

Dieses Lob ist in Rostock verbreitet – vielleicht auch als Schutzschild gegen den Vorwurf der Ausländerfeindlichkeit? Fleißig seien die Vietnamesen, freundlich, anpassungsgewillt. Ein Kompliment lautet: Die siehste gar nicht. Wir sehen einige der 900, die heute noch in Rostock leben. Zur DDR-Zeit waren es 3000. Sie arbeiteten im Hafen und in der Shanty-Näherei. Mit dem Untergang der DDR-Wirtschaft fielen sie ins Nichts. »Die Fidschis« sollten möglichst rasch verschwinden. Viele taten es, bis den Verbliebenen 1993 das Aufenthaltsrecht zugestanden wurde.

Wir sind eingeladen zum Gesprächsabend des Vereins Dien Hong: zwei Stunden familiäres Palaver bei Melone und Schokokeksen, moderiert vom vietnamkundigen Exhandelsmarinisten Ulrich Kamprath. Es geht um kulturelle Unterschiede und Volkstemperamente, um das Leben inmitten der freundlich kühlen Deutschen, um Nord- und Südvietnam, die USA, den Krieg. Kampraths Frachter transportierte auch Waffen nach Fernost. Ins Bruderland DDR gelangt, erfuhren die Vietnamesen die Grenzen des Internationalismus: isolierte Unterbringung, schroffe Regeln. Schwangerschaft? Abtreibung oder Heimreise. Und nie läßt sich vergessen, wie der spielsüchtige Kamerad vom Hochhaus sprang.

Die Vietnamesen haben einen hohen Begriff von Ehre und Eigenverantwortung. Manche reißen sich eher ein Bein ab, bevor sie ihnen zustehende Sozialleistungen annehmen. – So spricht am nächsten Morgen im Rostocker Rathaus der Oberbürgermeister. Roland Methling amtiert seit 2005. Er ist parteilos; einst war er in der SED. Ein Mann des Hafens, wie er ausdauernd betont. Hafen bedeutet: Tor zur Welt. Weltoffen sei Rostock, und müsse es sein. Methling, studierter Kybernetiker und Ingenieur, regiert die Hansestadt als Netzwerker. Seit 1990 organisierte er die Hanse-Sail, Rostocks grandioses Festival für Segler aus der ganzen Welt. Gern sticht er visionär in hohe See. Wir sind ja, spricht er, in der DDR mit dem Gedanken aufgewachsen, daß alle Menschen gleich sind und die Welt zusammengehört. Anderseits die widersinnigen Grenzen. Dann Andropow, Gorbatschow, die Konvergenztheorie:

Entweder die Systeme wachsen friedlich aufeinander zu, oder in fünf Jahren existiert die Welt nicht mehr. Jeder wußte, daß die DDR wirschaftlich ohne Öffnung nicht überlebt. Da stand ein Zwei-Millionen-Kran im Hafen still, weil wir keine hundert West-mark für ein Ersatzteil aus Hamburg hatten.

Herr Methling, wie haben Sie 1992 Lichtenhagen erlebt?

Mit dem Gedanken: Die machen da kaputt, wofür Tausende Rostocker mit Inbrunst arbeiten – für eine weltoffene, prosperie-rende Stadt.

Diese Stadt liegt dem OB zu Füßen. Unter seinen Rathausfen-stern breitet sich der Neue Markt. Bunte Giebel leuchten, rechts trutzt St. Mariens kriegsbewahrte Gotik. Rostock wimmelt, von der studentischen Kröpeliner-Tor-Vorstadt bis zum Warnow-Hafen mit seinen Booten, Fähren, Riesenpötten und dem Möwen-schrei: Ans Meer! Wir sitzen am Strom mit einer Stadtlegende, die aber aus Thüringen stammt. Achtzehn Jahre lang war Wolfgang Richter Rostocks Ausländerbeauftragter. Er zählte zu den Ein-geschlossenen im brennenden Sonnenblumenhaus. Er weiß, wie die Lichtenhäger Zustände kulminierten. Hirnrissig, die ZAst ins Wohngebiet zu setzen, sagt Richter. Schon im Juni 1991 schrieb er dem Innenminister Kupfer, daß »schwerste Übergriffe bis hin zu Tötungen nicht mehr auszuschließen« seien. Aber was dann geschah, sagt Richter, das konnte ich mir doch nicht vorstellen. Die Presse hatte die Stimmung noch angeheizt. Asylanten grillen Möwen, solche Berichte. Und: Lichtenhäger Bürgerwehr will ZAst aufräumen. Das las sich wie ein Aufruf.

Richter ist ein stadtweit gerühmter Parlamentär der Toleranz. Er spricht besonnen, er versteht es, Menschen mitzunehmen. Die Verschwörungstheorie seines Freundes Jochen Schmidt teilt er nicht. Am offiziellen Rostock kritisiert er den Hang zu plakati-ver Weltoffenheit statt stetiger Förderung von Integration. Eins ist Richter besonders wichtig: Begonnen habe das Pogrom als hiesige Angelegenheit, auch wenn auswärtige Rechte auf den fahrenden Zug sprangen. Dieses Grölen, dieses Jubeln angesichts von Men-schen in Todesangst, das sei eine Rostocker Dimension.

Und was war deutschlandtypisch?

Wirtschaftsflüchtlinge, Asylantenflut, diese Begriffe sind nicht in Rostock erfunden worden. Auch nicht die Bereitschaft, Opfer zu Tätern zu machen. Und zu ignorieren, daß sie sich in Not befinden. Und daß wir Teil wirtschaftlicher Prozesse sind, die Menschen Flüchtlinge werden lassen.

Zu Ostzeiten lehrte Wolfgang Richter Geographie: ein globaler Charakter, Freidenker hinter Grenzen. Wie schäbig wäre das Alibi, DDR-geprägte Menschen seien Zwangsrassisten! In Richters Geist treffen wir etliche Rostocker. Der Buchhändler Manfred Keiper kam 1990 aus Bremen. Am Doberaner Platz betreibt er die fabelhafte »Andere Buchhandlung«. 1992 habe die Politik Hasardeur gespielt und die kollektive Angst vor den Fremden instrumentalisiert. Allmählich, findet Keiper, wachse hier die demokratische Kultur, das eigenverantwortliche Bewußtsein. Wandel braucht Zeit und den Wechsel der Generationen. Das ist Manfred Keipers 68er-West-Erfahrung.

Im Kulturzentrum Peter-Weiss-Haus begegnen wir Christoph Schützler, Maximilian Schneider und Sven Rohloff vom Verein Soziale Bildung. Zur Lichtenhagen-Zeit waren sie jugendliche Bürger eines nationalbesoffenen Beitrittsgebiets, dessen Einheitskanzler immerfort »Wir Deutschen ...« predigte. Sie erlebten die Nazihatz auf alles Linke. Sie spürten die Vereinsamung des Anstands in Dörfern und kleinen Städten. Sie hatten Lehrlingskameraden, die Steinwurf trainierten, um am Wochenende Asylantenheime zu »entglasen«. Auch heute will nicht jeder Antifa-Aktive seinen Namen in der Zeitung lesen.

Wäre Lichtenhagen heute möglich?

Der alltägliche Rassismus ist immer noch virulent, sagt Christoph Schützler. Aber die Gegenwehr in Rostock wäre auf jeden Fall größer.

12

Im Herbst 2014 begann in Dresden die Rettung unserer christlichen Leitkultur. Es gründete sich das Bürgerbündnis Patriotische Europäer gegen die Islamisierung des Abendlandes. Pegida ludt zu

»Spaziergängen« wider Deutschlands mohammedanische Überfremdung. Der Zug schwoll von Montag zu Montag an. Gleichzeitig demonstrierten linke und liberale Gegenkräfte, deren Stärke aber nicht die von Pegida erreichte. Die West-Medien merkten auf und hieben zu. Die Montagspatrioten wurden als dunkeldeutsche Dumpfbacken verspottet; in den Nachrichten hießen sie »asylkritisches Bündnis«. Allwöchentlich ertönten zwei Fragen: Wohin wächst das? Warum ausgerechnet in Dresden?

Im Advent kam Dresden nach Berlin. Die sächsische Landesvertretung lud preußisch ansässige Freunde des Freistaats zum Festempfang. In der Marienkirche sang der Kreuzchor. Makellos rein intonierten die Knabenstimmen Händel, Schütz und Bach. So klingt es, rief Dresdens Oberbürgermeisterin Orosz, wenn die Weihnachtshauptstadt die Bundeshauptstadt besucht! In der Welt zu Gast, in Dresden zu Hause!

Auch Sachsens Ministerpräsident Tillich erklärte Dresden zur weltoffenen Stadt. Aus Angst erwachse nichts Gutes. Ich fragte ihn: Hat Pegida seinen Höhepunkt erreicht?

Das weiß niemand, sagte Tillich. Ich glaube, bis zum 13. Februar halten sie durch.

Der 13. Februar 1945 ist Dresdens Todestag. Deutschland lag in Trümmern, die Alliierten rückten unaufhaltsam vor. Dresden war vom Bombenkrieg nahezu verschont geblieben und wähnte es zu bleiben. Schutzmythen liefen um. Es hieß, Churchills Großmutter lebe im Schweizer Viertel. Gewiß respektiere der Feind »Elbflorenz« und seine bauliche Pracht. Am Abend des 13. Februar 1945, von 22.03 bis 22.28 Uhr, verheerten 243 britische Lancaster-Bomber die Stadt. In der Nacht zwischen 1.23 Uhr und 1.55 Uhr flogen 529 Maschinen die zweite Vernichtungswelle. Die dritte folgte tags darauf von 12.17 bis 12.30 Uhr durch 311 amerikanische B-17-Bomber.

Das Inferno zu beschreiben ist kein Nachgeborener befugt. Wir können die Schicksalsberichte lesen. Wir haben die Photos von Heinz Kröbel. Wir sehen die Feueropfer im Nymphenbrunnen auf dem Moltkeplatz, den schwarz skelettierten Barock. Der Maler Wilhelm Rudolph geisterte durch die winterheißen Trümmer und schnitt in Holz, was er sah: Torsi von Mauern und Menschen. Der Kreuzkantor Rudolf Mauerberger fand tote Sängerknaben und komponierte das Requiem »Wie liegt die Stadt so wüst«. Wohl 25 000 Menschen starben. Wochenlang wurden auf dem Altmarkt gestapelte Leichen verbrannt.

Es überlebte der jüdische Romanist Victor Klemperer, der am 14. Februar ins Vernichtungslager deportiert werden sollte und in den Wirren untertauchte. Seine Tagebücher entlarven jegliche Mär von der unschuldigen Stadt. Der Krieg, von Deutschland ausgegangen, kehrte nun heim. Zugleich war Dresdens Vernichtung ein alliiertes Kriegsverbrechen. Die Kunst- und Kulturmetropole barg eine der größten hitlerdeutschen Garnisonen, Heeresschulen und reichlich Rüstungsindustrie. Die wurde nicht »coventriert«, nur die Bürgerstadt, gemäß der Royal-Airforce-Strategie, mit der Zivilbevölkerung Hitlers Rückgrat zu brechen.

»Vox Dei 1945« heißt ein grausig dialektisches Gedicht von Karl Mickel, das die Dresdner Vox populi sprechen läßt: *Wenn se uns de Stadt, dr Tommy un Ami / Zerkloppt ni hättn, hätte der, dr Iwan / Uns hingeschlachtet, wie mer sin, beim Einmarsch / Das hätte der ni ausgehalten also / Uns in heilen Städten is ni meechlich.* Daß Engländer und Amerikaner, aber nicht »die sowjetischen Freunde« Dresden vernichtet hatten, wurde im Kalten Krieg geschichtspolitisch höchst bedeutsam. Nur so konnte Dresden staatsoffiziell Opferstadt werden.

Zum ersten Jahrestag des Infernos gab es Gedenkveranstaltungen in Gasthöfen, Kinos und Schulen. Die sowjetische Militäradministration wünschte aber keinerlei Dissenz zwischen den Alliierten, nur Besinnung auf »die traurige Bilanz des hitleristischen Raubkriegs«. Die Schuldigen am Unglück Dresdens und der Welt stünden derzeit in Nürnberg vor den Schranken des Gerichts. »Wir fordern die schnelle und harte Bestrafung dieser Feinde des Weltfriedens.« 1947 und 1948 fanden keine Kundgebungen statt. Bereits 1949 klagte die »Sächsische Zeitung« vom 12. Februar nicht nur »das faschistische Regime und seine Machthaber« an, sondern auch »die anglo-amerikanische Kriegsführung«. 1950 wurde »das gesamte deutsche Volk aufgefordert (...), am 13. Februar, dem fünften Jahrestag der Zerstörung Dresdens durch anglo-amerikanische Bomber, in allen Betrieben, Dörfern und Städten Friedenskundgebungen durchzuführen«. Die Losung hieß: »Amerikanische Bomber zerstörten Dresden – mit Hilfe der Sowjetunion bauen wir es wieder auf. Weil wir den Frieden lieben, hassen wir die amerikanischen Kriegshetzer.« Später kamen als empfohlenes Haßobjekt die »Bonner Ultras« hinzu. Die Altmarkt-Großkundgebung am 13. Februar 1957 krönte ein »Vorbeimarsch bewaffneter Kräfte der Arbeiter- und-Bauern-Macht«. Jahr für Jahr vermerkten DDR-Kalender am 13. Februar: »Anglo-amerikanische Terrorbomber zerstören Dresden«. Bereits die NS-Propaganda hatte Tote des Bombenkriegs als »Terrorgefallene« bezeichnet.

Seit 1945 gibt es Dresden nur noch doppelt, weil geteilt. Zwei ortsheilige Bücher fixieren seine Spaltung in Davor und Danach. Richard Peters Trümmer-Photoalbum »Dresden – eine Kamera klagt an«, 1949 erstmals erschienen, wurde zum Hausbuch des Untergangs. Es endet mit Aufbaubildern. Weitflächig wurde abgerissen und großklotzig überbaut. Dresden, versprach die neue Staatsmacht, erstehe schöner denn je. Diese Blasphemie widerlegte jene residenzsächsische Bilderbibel, die Dresdner in alle Welt verschickten: »Das alte Dresden« von Fritz Löffler. Der Autor, ein wandelnder Schrein bürgerlicher Bildung, zeigte und beschrieb die versunkene Herrlichkeit, beginnend 1747. Für immer fixieren Canalettos Veduten das barocke Dresden und sein elbseitiges Ideal. Friedrich, Dahl und Carus durchwandeln malerisch die Auen entlang des hügelgesäumten Stroms, vis-à-vis dem göttlichen Getürm: Chiaveris Hofkirche mit dem Schwanenhals, Bährs Steinerne Glocke namens Frauenkirche, Pöppelmanns Zwinger, Sempers Opernhaus ... Sandstein-Seligkeit. Dahin!

Dahin? Vom Überdauern bürgerlicher Milieus, von Dresdens »süßer Krankheit Gestern« erzählt Uwe Tellkamps Roman »Der Turm«. Und Stück für Stück gab die DDR der Stadt ein Quantum Exklusivität zurück. Zwinger und Oper erstanden als Schatullen klassischer Künste. Die Neuzeit bescherte Dresden eine Replik ihres Kronjuwels: die Frauenkirche. Nun soll auch deren Umgebung werden, wie sie früher war.

Wie gesagt, Dresden lebt immer doppelt. Es gibt die profane, aktuelle Stadt, gleichsam unterkellert durch die idealische von einst. Dieses vergangene Dresden prägt das heutige ungemein. Das bindet und entfaltet Kräfte, es stiftet Lokalstolz und seßhafte Identität, es definiert Zugehörigkeit und Fremde, es zeugt Kunstsinn, Dünkel, retrospektiven Trotz. Deutschland hat viele verbrannte Städte; sie alle sind verwandt. Aber nur Dresden will so ängstlich Dresden bleiben, Inbegriff leidgeadelter Größe. Ständig wird es mißverstanden oder unterschätzt, also neuerlich Opfer.

In den achtziger Jahren war die Frauenkirch-Ruine ein Pilgerziel des Dresdner Gedenkens. Der Trümmerberg verband Trauer und Schuld, jenseits staatlicher Rituale. Nach der Wende verkam Dresdens Gedenken zur Unwürde. Rechte Horden walzten durch die Stadt und demonstrierten gegen den »Bombenholocaust«. Die humane Stadt erwachte, wehrte sich, blockierte die Neonazizüge. Beide Fraktionen zogen Artgenossen an. Dresden wurde zum ideologischen Wallfahrtsziel, dessen Geister jedermann zu Willen sind. Der 13. Februar wirkt alljährlich als Brandverstärker. Auch Sehnsucht nach deutschem Stolz geht um, nach vorzeigbarer Nationalgeschichte. Mit seiner Täterschuld werde Deutschland international erpreßt.

Zuerst war ich gegen den Wiederaufbau der Frauenkirche. Deren Ruine sollte antimilitaristisches Mahnmal bleiben. In der Nacht zum 14. Februar 1995 stand ich unter vielhundert Dresdnern, die sich, Kerzen in den Händen, um die Trümmer scharten und *Dona nobis pacem* sangen. Dann sah ich den Neubau wachsen und spürte unverhoffte Freude. Der 30. Oktober 2005 war schieres Glück. An diesem Tag der Weihe verbrachte ich sieben Stunden in der wiedererstandenen Steinernen Glocke. Ihr gilt mein erster Blick, wenn ich nach Dresden komme und der Zug die Marienbrücke überquert.

Was ich nicht wollte: eine Show- und Touristenkirche, einen Tempel protestantischer Selbstdarstellung, ein Institut zur religiösen Veredelung der Staatsideologie, die sich militarisiert. Am 30. April 2013 luden die Bundeswehr, das sächsische Innenministerium und die Stiftung Frauenkirche zur Gotteslästerung. In der Frauenkirche musizierte »das Wehrbereichsmusikkorps III der

Bundeswehr unter Leitung von Oberstleutnant Roland Dieter Kahle«. Die evangelische Kirche garnierte die Schande mit Gebet, auf daß Gott seine Beförderung zum Wehrbeauftragten gefalle.

Der Protestantismus hat eine lange Geschichte opportunistischer Feigheit und staatsideologischen Mißbrauchs. Wo, wenn nicht an diesem Ort, müßte sie enden? Christlicher Glaube ist wesenhaft pazifistisch; Krieg soll nach Gottes Willen nicht sein. In seinem Haus ist jeder Mensch willkommen, auch jeder Soldat. Doch er möge einzeln kommen, nicht als Armee. Und entwaffnet, ohne Pauken und Trompeten.

Ich traf Eberhard Burger, den Baumeister der erstandenen Frauenkirche. George Bährs bescheidener Wiedergänger war nun Pensionär. Dennoch besuchte er mehrmals in der Woche seine Kirche, erklomm die zweite Empore und erfreute sich des Wunders auf seinem Lieblingsplatz Nummer 41.

Herr Burger, hätte die Ruine bleiben sollen? Als Mahnmal zur Entwaffnung der Ideologien?

Das konnte ich mir nach der Friedlichen Revolution nicht vorstellen, sagte Burger. Die Botschaft dieser Kirche ist Frieden und Versöhnung. Die Kriegserinnerungen unserer Eltern lassen sich nicht verstetigen über die Generationen hinweg. Ich merke das an meinen Enkelkindern.

13

Zwei Tage vor Weihnachten 2014 fuhr ich nach Dresden, Pegida gucken. Zunächst jedoch versammelten sich 400 Nichtpegidisten in der Kreuzkirche zum Friedensgebet. Der Superintendent Christian Behr sprach über die weltweite Verflechtung unseres Lebens, dessen Wohlstand andernorts Elend erzeuge. Die fernen Kriege sind gar nicht so fern, sagte Behr. Können wir gewiß sein, daß sie immer anderswo stattfinden? Das Kreuz Christi steht für die Versöhnung von Unterschieden, für eine offene Gesellschaft, die ihre globale Verantwortung wahrnimmt. Und damit meine ich nicht die militärische.

Dann strömten 18 000 Pegidisten – abermals Rekord! – auf den Theaterplatz vor der Semperoper. Hier nahte weder Germaniens Elite noch die Unterschicht, sondern ganz normales Volk. Fahnen wehten: Schwarzrotgold, die russische Flagge, die von Israel. Plakate forderten: SCHARIA GO HOME! WEIL WIR DIE KNECHT-SCHAFT KENNEN, IST UNS DIE FREIHEIT HEILIG! Ein Leuchtkreuz ragte auf. Angela Merkels Porträt wurde geschwenkt, beschriftet mit der Frage: WOLLT IHR DEN TOTALEN RUSS-LAND-FELDZUG? Weder fehlte die Urburschenschaft Cheruskia noch der Bund gegen Anpassung. Dynamo Dresden, bewährtes Opfer des Deutschen Fußballbunds, schien gleichfalls kräftig vertreten. Ortschilder bezeugten, daß auch auswärtige Abendländer nach Dresden eilten: Gottlcuba, Flöha, Rostock, Berlin, Bautzen, Wittstock ... Asylsuchern, sofern anwesend, galten Piktogramme mit durchgestrichenem Bett und dem Hinweis: BITTE WEITER-FLÜCHTEN.

Endlich, hörte man, erhebe sich unser Volk gegen das politisch-wirtschaftliche Bereicherungskartell. Ohne Pegida drohten Dresden Verhältnisse wie in Duisburg oder Berlin-Anatolien. Schon huldige jeder tausendste Insasse Sachsens dem Islam. Man empfing ein Weihnachtslieder-Textblatt und die Flugschrift »Warum wird der Islam gebauchpinselt?«. Islamkritik, lernte man, könne nicht rassistisch heißen, denn Moslems seien keine Rasse. Die Mullahs müßten endlich praktizieren, was im Abendland gelang: Trennung von Religion und Politik. Und der Ami, der hat den Orient angezündet, soll der doch die Flüchtlinge nehmen. Und wenn ich ins Ausland gehe, dann hab ich mich anständig zu benehmen, wie ein Gast. Da gibts 'ne Leitkultur, die muß ich respektieren. Und warum baut der deutsche Staat den Moslems hier an der Elbe 'ne Synagoge?

Halt mal die Klappe, jetzt geht's los.

Jawohl, nun erklang Pegida-Chef Lutz Bachmann. Einschleimig begrüßte er zur zehnten Versammlung für Meinungsfreiheit und gegen religiösen Fanatismus. Er bat um dreißig Schweigesekunden für von den Taliban ermordete Kinder. Er zitierte mißgünstige Pegida-Berichterstattung. Die Menge brüllte: LÜGEN-

PRESSE! LÜGENPRESSE! Dann ließ der Schlaubauer Bachmann singen: »Alle Jahre wieder kommt das Christuskind«. Hernach zitierte er Horst Seehofer: Deutschland ist kein Einwanderungsland. – JAAA!!!! – Ihr seid der Stolz dieses Landes! – WIR SIND DAS VOLK! – Sodann referierte ein Pöbler, der Pfaffe Gauck plane ständig neue Kriegseinsätze. Ein Stotterer verlas Schreckensmeldungen von der Multikulti-Front Berlin-Neukölln. Da grauste das Volk vor sächsischen Burka-Paradiesen. Sodann erfuhr es, die Pfaffentochter und FDJ-Sekretärin Merkel habe den 9. November 1989 in der Sauna verbracht. – VOLKSVERRÄTER! FOTZE! – Vielleicht existierten gar gewisse Akten? – STASISAU! – Nun wieder etwas Besinnlichkeit, sprach Bachmann. Aus dem großen Schatz unserer deutschen Weihnachtslieder singen wir »Stille Nacht, heilige Nacht«. – ... GOTTES SOHN, O WIE LACHT LIEB AUS DEINEM GÖTTLICHEN MUND, DA UNS SCHLÄGT DIE RETTENDE STUND, CHRIST, IN DEINER GEBURT!

Von fern hörte man die Gegendemonstranten: PEGIDA, NAZIPACK, WIR HABEN EUCH ZUM KOTZEN SATT! Bachmann rief erschüttert: Lieber syrische Kriegsflüchtlinge als solche Deutsche in Deutschland! – Allerdings werde hierzulande bereits verlangt, bei Christvespern auch muslimische Lieder zu singen. – BUUUHH!! PFUUUII!! – Der Weihnachtsmann intonierte »O du fröhliche«. Ergriffen schollerte das säkulare Volk: HIMMLISCHE HEERE JAUCHZEN DIR EHRE. Bachmann spendete den Segen: Ihr seid so geil! – WIR SIND DAS VOLK!

Die abschließende Nationalhymne mißlang.

Es war zum Wimmern. Dummfrech, bockig, infantil. Entschlossen, aber planlos. Laut, doch ohne Hoffnung auf politisches Gehör. Politik korrupt, Volk gut, WIR KOMMEN WIEDER! – garantiert zornentbrannt und ohne demokratisches Konzept.

Im Hotel meldete der Fernseher, Joe Cocker sei gestorben. Einst hatte er in Dresden Hunderttausend versammelt – am 2. Juni 1988, als das Volk noch schön und freiheitlicher Hoffnung war. Und ein Vierteljahrhundert jünger.

Am nächsten Abend strömte das »anständige« Dresden, zur weihnachtlichen Vesper vor der Frauenkirche. Aus der Neumarkt-

Dresden, Prager Straße (1. Oktober 2015)

Kulisse übertrug der MDR die frohe Botschaft bürgerlichen Wohlgefallens. Es predigte Bischof Bohl: Pegida widerspreche der Weihnachtsgeschichte, denn die handele von Flucht und Asyl. Ministerpräsident Tillich pries das Wunder der Freiheit. Nach 1989 hätten wir Ostdeutschen viel Hilfe erfahren. Nun benötigten andere Solidarität – von uns.

Dresden gegen Dresden. So ging das weiter, Woche für Woche, auch im neuen Jahr. Dem »Charlie Hebdo«-Massaker von Paris folgte eine gutbürgerliche Dresdner Großkundgebung. Eingeladen hatten Stadt und Staat. Zwei Tage später versammelte Pegida ein Volk von 25 000. Die »Lügenpresse« schmähte Pegidas Demonstranten als schamlose Profiteure des islamistischen Terrors. Die Bezichtigten erklärten, vor ebendiesem Terror hätten sie gewarnt. Längst buhlte die AfD um Pegida. Noch gaben deren Protagonisten sich parteifern, doch die Politikverächter summierten sich bereits zur mächtigen Volkspartei, gemäß dem Pegida-Transparent: IN DRESDEN BEGANN ES ... IN BERLIN WIRD ES ENDEN.

Pegida schien eine geplatzte Problemstau-Blase, eine Zulaufgemeinschaft des Mißbehagens. Meuternde Massenmenschen begreifen sich nicht als Subjekt der abendländischen Politikform Demokratie. Opfer sind sie, Untertanen – herrschaftsfixiert auch im Protest. Kein Freigeist bangt um eine »völkische Identität«.

14

Stunden währt das Dresdner Gespräch mit Herrn H. Der pensionierte Ingenieur ist katholisch und CDU-geneigt. Ihn besorgt gar vieles – die Frühsexualisierung von Kindern, die unkontrollierte Einwanderungspolitik, die Verkürzung der deutschen Geschichte auf zwölf Jahre Nazibarbarei ... Bei Pegida wollte er nur mal gukken. Üble Erfahrungen habe er mit linken Gegendemonstranten gemacht. Buttersäure sei verkippt, NIE WIEDER DEUTSCHLAND! gegrölt worden. Er fühle sich nach rechts verbannt, in die rassistische Haßecke. Schrecklich, was man ihm unterstelle. Er habe doch sogar den Koran gelesen. Als Christen, sagte er, ist uns die Sorge um Verfolgte, Hungernde, Verlassene, Einsame und Kranke als zentrale Pflicht der Nächstenliebe auferlegt.

Später schickt Herr H. eine SMS: Seit einem Jahr sei er Mitglied der AfD. »Nur so kann ich erfahren, wer oder was dort prägend ist.« Die Medien verzeichneten ja tendenziös, Richtung links.

Einfacher wär's, wenn hier 10 000 Nazis marschieren würden, sagt Robert Koall, Chefdramaturg des Staatsschauspiels Dresden, zugezogen aus Köln. Bei Pegida teile völlig heterogenes Volk eine diffuse Krisenangst, dazu komme ein genereller Mangel an Mitmenschlichkeit und Toleranz. Dagegen hülfen weder Sitzblockaden noch die Forderung: Nazis raus!

Ich sorge mich um das hiesige Demokratieverständnis, sagt die Buchhändlerin Susanne Dagen. Die Medien stellen vieles, was die Demokratie aushalten muß, ganz schnell in die rechte Ecke. Anderseits wittere ich ein Zusammenspiel von Pegida und Regierung, nach der Methode: Das Volk hat's gewollt, wir reagieren.

Niemand ist gegen Kriegsflüchtlinge, erklärt der Druckereibesitzer Christoph Hille (Familienbetrieb seit 1880). Aber die Menschen fühlen sich ignoriert von der Politik. Keine wirklichen

Reformen, alle Berliner Entscheidungen »alternativlos«. Pegida vermittelt endlich wieder die 89er Erfahrung, daß man wenigstens als Masse wahrgenommen wird. Das Wasser muß noch steigen, bis es überläuft.

Warum hier?

Hier existiert noch Bildungsbürgertum. Hier soll es lebenswert bleiben, wie man es kennt, nicht wie in Kreuzberg oder Duisburg.

Mit biedermeierlichem Provinzialismus kommt man in Dresden ziemlich weit, meint der grüne Stadtverordnete Torsten Schulze. Man ist stolz auf die Vergangenheit, den Barock, die augustische Geschichte. Man kam nicht groß raus in die Welt, man stand immer auf Seiten der Verlierer, siehe Napoleon. Da bleibt man am liebsten unter sich. Die Dresdner Grundfrage lautet: Bist du von uns?

Am Samstagnachmittag spielt Dynamo. An »Acki's Imbiß« glühen die Fans vor. Pegida? Alle Daumen hoch. Aber tu uns nicht in die rechte Ecke. NPD, um Gottes Willen! Kriegsflüchtlinge müssen aufgenommen werden, Punkt. Aber wennse nur EINEN Meter vom Weg des Gesetzes abweichen – ab ins Flugzeug, Punkt. Hier gab's schon tunesische Angriffe auf Straßenbahnkontrolleure!

Schätzungsweise 70 Prozent der Fans sind für Pegida, sagt der Dynamo-Schriftsteller Veit Pätzug. Fußball ist Volkssport, und das Dresdner Volk ist sehr konservativ – Talbewohner eben, gucken nicht über den Berg, kennen keine Fremden. Ich persönlich finde Pegida peinlich und mache das auch klar. Seitdem bin ich für viele nicht mehr der gute Veiti. Die Leute sind nicht stramm rechts, sie haben ein latentes Gut-böse-Gefühl, aber den Hardcore-Nazis spielen die Ressentiments in die Karten.

Katja Kipping, die Chefin der Linkspartei, hat ihren Wahlkreis in Dresden. Dort wuchs sie auf, dort wurde sie linksökologisch sozialisiert. Dummheit und Rassismus, spricht sie, haben keine Adresse, sondern Gründe.

Frau Kipping, König Kurt Biedenkopf verfügte: Die Sachsen sind gegen Rechtsextremismus immun. Das bedeutet doch im Umkehrschluß: Was immer in Sachsen geschieht – rechtsextrem kann's nicht sein.

Sachsens ideologische Richtlinie hieß immer Äquidistanz, sagt Katja Kipping. Wenn wir rechte Übergriffe ansprachen, hörten wir: Es gibt aber auch linke Chaoten! Da wurden ein paar autonome Antifas gleichgestellt mit braunen Gewalttätern bis hin zu Rechtsterroristen.

Warum ist das Bürgertum so schwach? Und der Mittelstand?

Im Osten gibt's ja eher Kleinbürgertum. Mittelstand ist oft ein Euphemismus für Inhaber bescheidener Klitschen, selbständig in erster Generation, ohne Kapitalstock, dauernd von Insolvenz bedroht. Ungesicherte Milieus werden anfällig für Abstiegs- und Überfremdungsängste.

Unser Wohlstand beruht auf der Ausbeutung des globalen Südens ...

Und erzeugt dort Elend. Und wer Waffen in alle Welt exportiert, muß mit dem Bumerang rechnen: Bürgerkriegsflüchtlinge. Die des Klimawandels werden folgen. Trotzdem gibt es für Rassismus keine Entschuldigung. Nicht die Flüchtlinge bedrohten unsere Demokratie, sondern der tiefsitzende Mangel an Menschlichkeit.

Entmutigt sei sie nicht, erklärt Katja Kipping. Auch die Flüchtlingshilfe nehme zu. Dieser positiven Nachricht folgt eine wunderbare: Der Mensch ist gut. Das weiß Dresdens Stadtgewissen, der katholische, nun protestantisch konvertierte Theologe Frank Richter. Im Herbst 1989 hatte er die bürgerkriegsverhindernde »Gruppe der 20« gegründet. Jetzt, 2015, leitet er Sachsens Landeszentrale für politische Bildung, öffnet sein Haus für Volksdebatten und läßt sich als Pegida-Versteher beschimpfen. Er trägt's mit Bürgerwürde. Die Transformation seit 1990 hat den Osten schwer beansprucht und erschöpft, sagt Richter. Viele fühlen sich überfordert, besonders wenn der Frei- und Sparstaat Sachsen als Ordnungsmacht versagt. Beispiel Grenzkriminalität: Das Auto wird gestohlen, die Polizei winkt resigniert ab. Die NPD verspricht Recht und Sicherheit. Sie rekrutiert die dörflichen VIPs – den Fahrschullehrer, den kleinen Handwerksmeister, den Jugendtrainer ...

Und hetzt völkisch, und gegen den Islam.

Der Osten ist zu 80 Prozent atheisiert, sagte Richter. Man findet überall weltanschauliche Leere, politische Heimatlosigkeit und moralische Widerstandsschwäche. Der Marxismus-Lenismus der DDR hat realpolitisch nicht funktioniert, doch als Welterklärung durchaus. 1989/90 verschwand er, völlig geräuschlos, binnen Wochen. Damit verloren vielen Menschen einen Orientierungsrahmen. Außerdem fehlte der DDR ein 1968. Der Antifaschismus war ein Freispruch von oben. Rechte Subkulturen wurden staatlich gedeckelt, doch im Familiengedächtnis überdauerte brauner Geist.

Aber warum ausgerechnet Dresden?

Diese gottgesegnete Kultur- und Residenzstadt umgibt ein hoher Tellerrand. Selbstbezogen ist sie, staats- und obrigkeitsfixiert: Der König wird's schon richten. Hier hat nach der SED immer nur die CDU regiert. Opposition gilt als lästiger Zank, nicht als Bedürfnis der Demokratie. Stattdessen blüht eine wechselseitige Empörungskultur unversöhnlicher Fronten. Dazu kommen fehlgeleitete Radikal-Milieus, die erreicht kein Vermittler, die sind ein Fall für Polizei und Staatsanwalt.

Vier Kernsätze wünscht Richter mitzugeben: Flüchtlinge aufzunehmen ist humanitäre Pflicht und Gebot bundesrepublikanischer Selbstachtung. Das muß offensiv gestaltet und kommuniziert werden, auf Lokal-, Landes-, Bundes- und europäischer Ebene, mit Sachverstand bezüglich der Herkunftsländer. Nichts verdrucksen, nichts schönreden! Vor allem: Keine rechtsfreien Räume! Die Sicherheit, weiß Richter, hat in Deutschland immer funktioniert.

Aber der Mensch ist gut?

Unzweifelhaft. Er will das Gute. Viele wissen bloß nicht, wie das Gute geht.

15

Die Hälfte meiner Freunde habe ich an den Westen verloren, die andere Hälfte an Maaz. – Dieser melancholische Seufzer einer DDR-Bürgerrechtlerin erinnert an zwei Varianten, dem SED-Staat zu entkommen: Ausreise oder Therapie bei Dr. Hans-Joachim Maaz. Der Chefarzt der halleschen Klinik für Psychotherapie und Psychosomatik genoß in den achtziger Jahren einen Ruf wie Donnerhall.

Er schickte seine Patienten auf den argen Weg der Selbsterkenntnis. Neun Wochen verbrachten die Therapiegruppen unter dem kirchlichen Schutzdach der Diakonie, ohne Medien und Drogen, völlig konzentriert auf radikale Eigenerfahrung. Auch mir bezeugten Freunde und Verwandte, wie die Therapierten von Halle sich veränderten – idealerweise zum freieren Leben. Es war ja weder ungewöhnlich noch absurd, an und in der DDR zu leiden. Leid empfanden freilich auch untherapiert Zurückgebliebene. Manch Maaz-Patient kehrte erleuchtet heim und vertrug sich nicht länger mit Menschen, deren »pathologischen« Zustand er entlarvte.

1987 erlebte ich Hans-Joachim Maaz auf einem Partnerwochenende. Schon während der ersten Sitzung spürte ich den charismatischen Sog des silberschönen Manns. Er wurde als Guru behimmelt, aber widerstand. Wenige Menschen empfangen und verwerfen solche Avancen an ihre Eitelkeit. Maaz agierte als Mediator rückhaltloser Öffnung. Er sagte: Man behauptet, ich sei gegen den Staat. Das stimmt nicht. Wenn Sie die DDR verlassen, nehmen Sie sich selbst und Ihre inneren Probleme mit.

Nach der Pause kam ich leicht verspätet zurück. Die Tür zum Sitzungsraum war bereits geschlossen. Als ich sie öffnete, stieß sie an die Lehne von Maaz' Stuhl. Dies wurde von etlichen Patienten als Tötungswunsch erkannt. Ich dachte an einen Satz aus Lion Feuchtwangers Roman »Die Geschwister Oppermann«: »Wenn man mich beschuldigt, Notre-Dame in die Tasche gesteckt und gestohlen zu haben, dann türme ich postwendend.«

Nach dem Exitus der DDR wurde Hans-Joachim Maaz zum Star. Er veröffentlichte seinen Bestseller »Der Gefühlsstau« und widmete diese tiefgründige Gesellschaftsanalyse »den Menschen, die den Weg der psychischen Revolution gehen«. »Wir waren ein gefühlsunterdrücktes Volk«, schrieb Maaz. »Wir blieben auf unseren Gefühlen sitzen, der Gefühlsstau bestimmte und beherrschte unser ganzes Leben. Wir waren emotional so eingemauert, wie die Berliner Mauer unser Land abgeschlossen hatte.« Maaz' Buch steht als Solitär in der Bibliothek ostdeutscher Aufarbeitungsliteratur. 1990 wirkte es wie eine Offenbarung, denn im SED-Staat blieb der innerliche Mensch ein Waisenkind. Die Psychologie wurde kleingehalten, wie jede mit dem Marxismus-Leninismus konkurrierende »Weltanschauung«.

Nun hatte der Maazismus Konjunktur – nicht lange. Maaz' Analyse war deutschlandweit willkommen, solange sie die DDR betraf. Leichtsinnigerweise attackierte der Autor auch die Siegermacht. In der Bundesrepublik diagnostizierte er ähnlich narzißtische Störungen und beziehungsfeindliche Strukturen. Die Krankheitssymptome des real existierenden Kapitalismus und des real existierenden Sozialismus ähnelten einander »auf erschreckende Weise. Es ist vor allem die Unfähigkeit, die Ursachen einer krisenhaften Fehlentwicklung zu erkennen und dementsprechend umzusteuern.« Derlei fand wenig Applaus. Maaz verfaßte noch weitere Bücher über Beziehungskultur, doch vor allem blieb er Arzt.

In Abständen begegnete ich ihm. 1997 engagierte er sich im Bürgerbündnis »Erfurter Erklärung« gegen die stetig wachsenden Sozialabstände und den demokratiegefährdenden Neoliberalismus der Kohlschen Politik. Helmut Kohl nannte Wortführer wie Friedrich Schorlemmer und Heino Falcke »Haßprediger auf der Straße des Verrats«. Am Tag der deutschen Einheit debattierten die Erfurter Erklärer in Luthers Augustinerkirche. Maaz rief aus: Wollen wir eine außerparlamentarische Massenbewegung? Dafür stehe ich! 2012 ermunterte er die jungen Identitätssucher der »Dritten Generation Ost« auf deren Berliner Kongreß: Überlegt euch, ob ihr privat bleiben oder eine politische Bewegung werden wollt. Ihr könntet die 68er des Ostens sein.

Keinen Hehl machte Maaz aus seiner großen Enttäuschung: 1989 haben wir eine Revolution begonnen und verschenkt. Nein, sie uns abkaufen lassen. Mit hundert Mark hat man uns geködert. Ich schäme mich noch heute, daß ich dieses Geld angenommen habe. Wir sind übergelaufen, ohne zu bedenken, was die kapitalistische Lebensform aus uns macht.

2001 traf ich ihn in Halle. Soeben begann die Stadt mit dem Abriß von Plattenbau-Quartieren. Wir gingen essen und tranken Weißwein. Wir sprachen über die West-Abwanderung der Jugend. Diese Fluchtbewegung erinnert mich sehr an die DDR-Ausreisewelle, sagte Maaz. Die Jugend verpaßt ihr Achtundsechzig. Die

sind frustig, gehemmt, da fehlt die konstruktive pubertäre Auseinandersetzung. Sie setzen sich nicht mit den Politikern auseinander,
sie demonstrieren für nichts, sie laufen weg in die Illusion vom
besseren Leben durch fortgesetzte Anpassung. Dauernd Ablen-
kung, immerzu was Neues. Nur nicht nach innen schauen, denn
da sieht's schlimm aus.

Ich winkte dem Kellner.

Und die rastlosen Menschen in diesen Kaufpalästen, sagte
Maaz. Auf Partys, beim Laternenfest – die Leute schießen herum
wie dauernd auf der Suche, da bricht die Sehnsucht wieder durch.
Da staut sich was auf, vielleicht der große Knall.

Ich bestellte weiteren Wein. Maaz zögerte. Er lächelte und sagte:
Ihr Bandgerät läuft. Wenn ich weitertrinke, begebe ich mich in
Ihre Hand, das ist Ihnen bewußt? Er wagte es und imponierte mir.

Nun war 2015. Frank Richter hatte Hans-Joachim Maaz in seine
Dresdner Landeszentrale für politische Bildung eingeladen. Der
Seelenkundler sollte Pegida erklären. Der Saal, randvoll, erlebte
eine Beschleunigung von Null auf Hundert. Sehr geehrte Dresdner
Protestler!, rief der Gast. Liebe Freunde, ich bin ziemlich aufgeregt,
weil ich die Wucht meiner Deutung kenne, die ich anbieten will.
Ich habe mich mein ganzes Leben lang gefragt, warum die Deut-
schen mehrheitlich den Nationalsozialismus ausgestaltet haben,
begeistert in den Krieg gezogen sind, die Juden vernichtet haben.
Und wie konnte es sein, daß wir Ostdeutschen danach wiederum
ein repressives System mitgetragen haben? Und wieso – ich setze
die Reihe fort – beteiligen wir uns heute an einer pathologischen
Gesamtentwicklung, die ich als narzißtisch gestört ansehe und die
Anteil hat an der Spaltung dieser Welt? Auch die Spaltung in dieser
Stadt macht mir Angst. Spaltungen sind Störungen in uns selbst,
die wir projizieren.

Gebannt lauschte das Publikum. Maaz wirkte getrieben. Er erzählte von seiner Jugend als Flüchtlingskind, von den abgeblock-
ten Fragen nach der elterlichen Vergangenheit. Er beschrieb die
NS-Aufarbeitung in Ost und West: immer jenseits der individuellen Schuld. Der Osten habe den Antifaschismus, der Westen die
Demokratie geschenkt bekommen. Wieso brauchte der Westen

vierzig Jahre zur Akzeptanz von Richard von Weizsäckers Formulierung »Tag der Befreiung«? Zu Pegida: Grundsätzlich sei Protest positiv. Protest sage Ich, er weise Kränkung zurück, er reguliere unerfülltes Bedürfnis und schütze die Würde. Unterdrückter Protest führe zum Gefühlsstau. Medien und Politiker, die Protest diffamieren, machten sich schuldig. Sie provozierten Krankheit und Gewalt.

Dann zitierte Maaz Politiker-Kommentare zu Pegida. Hannelore Kraft: Rattenfänger! Heiko Maas: Schande für Deutschland! Cem Özdemir: Mischpoke! Helmut Schmidt, der Hochverehrte: Die gehören nicht zu Deutschland! Ich bin entsetzt!, rief Maaz. Und nun die Kanzlerin: Diese Menschen haben Haß und Kälte in ihren Herzen, deshalb muß man sie meiden. Hätte sie doch gesagt: Ich vermute, daß es in Deutschland Menschen gibt, die Kälte und Haß in ihren Herzen haben, das macht mir große Sorge, darum müssen wir uns kümmern, denn es hat offensichtlich mit unserem Leben zu tun. Und die Gegendemonstranten?, fragte Maaz. Die reklamieren für sich rundheraus: Wir sind weltoffen, bunt und tolerant. Ja, was ist denn Toleranz? Die Bereitschaft, Unbekanntes prinzipiell zu akzeptieren, damit man es nicht beim anderen bekämpfen muß.

Maaz redete lange. Er beschrieb die Ost-Typik von Pegida und die West-Typik der Ost-Abweisung. Statt den Protest zu diffamieren, möge die Politik Integration organisieren. Einwanderung mache unsicher. Multikulturelle Beziehung könne man nur erleben, aber nicht politisch fordern. Dreißig junge Männer in eine alte Kaserne gesteckt? Da müsse man den Puff gleich danebenbauen. Und warum werde offiziell reflexhaft der ach so friedliche Islam verteidigt? Es gebe auch einen schrecklichen terroristischen Islam. Auslöser von Pegida seien reale Bedrohungen und Ängste.

Und so fort. Es fiel mir schwer, das Maazsche Theoriegebäude auf den Dresdner Theaterplatz zu pflanzen und Lutz Bachmann den Schlüssel zu überreichen. Endlich Aussprache. Herr Maaz, sagte ein Bürger, Sie äußerten zwar, Sie würden weder zu Pegida noch zur Gegendemo gehen. Ihr Vortrag klingt aber eher pro Pegida.

Pegida sei der Außenseiter, der Sündenbock, erwiderte Maaz. Pegida finde sein Interesse, weil es sich dem repressiven System von Macht und Anpassung entziehe.

Ich bin gegen Pegida, aus eigener Anschauung, sagte eine Frau. Was ich dort an hemmungslosem Rassismus gesehen habe …

Regt mich auch auf, sagte Maaz. Doch ich frage: Was ist mit diesen Menschen passiert? Niemand wird mit Haß geboren.

Ein Neunzehnjähriger behauptete kühn, dank seiner Jugend habe er mit Nationalsozialismus und DDR nichts zu tun. Schön wär's!, rief Maaz. Erziehungswerte und Beziehungsverhältnisse ändern sich sehr langsam, ebenso süchtige, zerstörerische, tötende Lebensformen.

Sie sind mit keinem Wort auf die Gefühle der Gegendemonstranten eingegangen, klagte eine Frau. Mich verletzt das.

Maaz: Ich hätte mir statt Gegendemonstrationen Gespräche gewünscht. Pegida ist durch ungeschickte politische Aktionen in den Trotz geschickt worden. Dresden kann stolz sein, daß hier was in Bewegung gekommen ist.

Nun meldete sich der Hausherr, Frank Richter. Er vermöge nicht jeder Psychologisierung politischer Vorgänge zu folgen. Er beobachte Pegida regelmäßig und habe dort schlimme Sätze gehört, etwa: Mit jedem Asylbewerberheim, das in Sachsen eröffnet wird, geben wir ein Stück Heimat preis. Da sei applaudiert worden. Abschließend verlas der gute Mensch von Dresden eine E-Mail: »Sehr geehrter Herr Richter, geben Sie sich keine Mühe. Ich werde so lange jeden Montag zu Pegida gehen, bis ich endlich einen Job und eine Frau gefunden habe.«

Mir ging es wie üblich mit Maaz. Sein rigoroser Klartext fasziniert. Sein Weltgefühl teile ich nur bedingt. Auch eingeschränkte Menschen finde ich gesund, so wahr ich den Trabant als Auto anerkenne. Zu erheblichen Teilen gefällt mir die Welt. Ich akzeptiere viele Kuriositäten der Lebensführung, besonders die meinen. Mit dem Ausgang der 89er Revolution bin ich versöhnt. Ihren Frieden halte ich für Gnade und das heutige Deutschland für freier als die DDR.

Aber immer fürchte ich Massen und deren ungeheure Emp-

fänglichkeit für Manipulation. Sie verraten jedes Individualgefühl –
zunächst die Verantwortung. Stephan Hermlins Novelle »Abendlicht« enthält den Warnsatz: »Unbezähmbar ist der Drang, bei den
Stärkeren zu sein.« Der Erzähler erlebt den Berliner Fackelzug der
nationalsozialistischen Machtergreifer am 30. Januar 1933: »Ich war
allein, und die Engel des Vaterlands standen um mich her.« Hans-
Joachim Maaz sagte: Was in der deutschen Geschichte geschah,
kann jederzeit wieder passieren.

Enthemmungslust, nicht emanzipatorischen Protest spürte ich
bei Pegida. Massen sind ein Verstärker für jedes Eingangssignal.
Die Ratlosen und global Überforderten verschmelzen mit Rassisten
und Menschen ohne Empathie. So wird der Einzelne DAS VOLK.

Bin ich das Volk?

16

Ich mußte dabeisein. Ich wollte in Warschau erleben, wie der
parteilose Bürger, der Rostocker Pfarrer i. R. Joachim Gauck am
26. März 2012 das Parkett der internationalen Politik betrat und
vor aller Welt zum Bundespräsidenten promovierte. Ich traf vor
ihm ein und wurde überrascht. Am Warschauer Schloß Belvedere
lagerten Völkerscharen mit Trommeln und Solidarność-Bannern.
Hunderte Freiheitskämpfer meist älteren Jahrgangs waren aus
der Heldenstadt Danzig gekommen und harrten der Staatsober-
häupter Komorowski und Gauck. Die meisten sahen aus wie Lech
Wałęsa. Der Obertrommler sprach Englisch. Ich versicherte ihm,
dieses Willkommen werde den neuen Bundespräsidenten gewiß
beglücken. Joachim Gauck nenne sich unermüdlich Liebhaber
der Freiheit. Und wer, wenn nicht die tapferen Polen, insbesondere die Solidarność-Kämpfer, hätten Osteuropas Befreiung begonnen?

Der Obertrommler sagte: Wir demonstrieren hier gegen die
Anhebung des Rentenalters auf 67 Jahre.

Bedeutet es Ihnen etwas, daß Gauck zuerst Polen besucht? Ist
der Zweite Weltkrieg noch ein Thema?

In meiner Familie immer. Mehrere meiner Verwandten wurden von den Deutschen erschossen, als Vergeltung für einen toten Wehrmachtsoldaten.

Seit 1983 war ich nicht in Warschau gewesen. Wie hatte sich Polens Hauptstadt gewandelt. Die plattengrauen Fassaden überschminkte nun quietschbunte Werbung. Stalins Geschenk, den himmelstürmenden Kulturpalast, hegten weitere Hochhäuser ein. Die deutsche Geschichtsscham blieb erhalten. Ich lief durch die Altstadt, in die barocken Kirchen, die im 18. Jahrhundert Canaletto malte. Ich beschaute die romantischen Monumente der Nationalheroen Kopernikus, Mickiewicz, Chopin. Ich wußte: alles Kopie. Echt war die Vernichtungsgeschichte dieser Stadt, dieses von Deutschen unsäglich mißhandelten Volks. Joachim Gauck hatte für seinen Erstbesuch nicht nur eine gute Wahl getroffen, sondern die einzig angemessene.

Da, jetzt wird die Pressemeute kregel. Ein grauer Mercedes gleitet in den Hof des Belvedere. Ihm entsteigt, himmelblau beschlipst, der Bundespräsident nebst seiner kniefrei bemäntelten Frau Schadt. Polnische Streitkräfte – Land, Luft und See – knallen die Hacken und präsentieren Gewehre mit aufgepflanztem Bajonett. Das Ehepaar Komorowski entschreitet dem Belvedere. Würdige Begrüßung, wobei Frau Komorowska einen zackigen Gauckschen Handkuß empfängt. Herr Bundespräsident!, schallt's aus dem Pressepulk, was bedeutet Ihnen Ihr Besuch in Polen?

Eine Herzenssache!, ruft Gauck und pocht sich mit der Faust aufs Herz.

Einzug ins Schloß. Drinnen Abendessen, draußen Hunger nach weiteren präsidialen Impressionen. Die gibt es erst anderntags. Pressekonferenz der Präsidenten im Radziwiłł-Palais, vor dem, antik posierend, Polens Freiheitsheld Poniatowski reitet. Er starb 1813 in der Leipziger Völkerschlacht als Napoleons Waffenknecht.

Bronisław Komorowski und Joachim Gauck bezeugen herzliches Einvernehmen. Es herrsche Wertegemeinschaft, auch dank gemeinsamer Abkunft aus Freiheitskämpfen. Komorowski war 1981/82 während des polnischen Kriegsrechts für sechs Monate interniert. Gauck spricht frischweg und doppelt so viel wie sein

Joachim Gauck kurz vor seiner Erhebung zum Bundespräsidenten (Burg Stargard, 6. Januar 2012)

bärenruhiger Kollege. Für mich, sagt er, ist Polen das europäische Land der Freiheit, und ein Liebhaber der Freiheit wird sich immer dort wohlfühlen, wo die Freiheit beheimatet ist. – Nie werde er diesen Besuch vergessen. Er scheide mit Dank.

Komorowski lobt Deutschland für die parteiübergreifende Durchsetzung der Rentenreform. Sodann überreicht er dem Gast ein gerahmtes Solidarność-Poster: Gary Cooper als Sheriff in »High Noon«.

Oh!, ruft Gauck begeistert. Das habe ich schon!

Übersetzung. Komorowski hebt die Brauen.

Es hängt bei mir zu Hause, sagt Gauck. Künftig kann ich es also auch im Präsidialamt betrachten.

Komorowski ist erfreut. Es werde, erfährt man, Folgetreffen geben, Gespräche in der NS-Widerstandsstätte Kreisau, vielleicht deutsch-polnische Medientage und ein gemeinsames Rockfestival. Letzteres, sagt Gauck, sei die Idee seines Gastgebers gewesen. Er habe auf Komorowskis Alter geschaut ...

Komorowski hebt abermals die Brauen.

... und sich über dessen jugendlichen Sinn gefreut.

Komorowski ist wiederum erfreut. Dritte Umarmung, Bekenntnis zur europäischen Einheit. So endet Joachim Gaucks symbolträchtige Jungfernfahrt. Die Zukunft der Freiheit beginnt.

Nicht nur zwischen Deutschland und Deutschland war ja 1989 der widernatürliche Limes gefallen. Ganz Osteuropa schien nach dem Zerfall des Leninschen Weltreichs in einen vorkommunistischen Naturzustand zurückversetzt respektive fortgeschritten. Als deutscher Leithistoriker galt in den neunziger Jahren Heinrich August Winkler mit seinem Großwerk »Der lange Weg nach Westen«. Er beschrieb die deutsche Geschichte des 19. und 20. Jahrhunderts als stete, zeitweilig verirrte Drift zur Demokratie. Freilich vermerkte der oft plakativ zitierte Autor 2015, daß »historische Zäsuren nie einen völligen Kontinuitätsbruch« bedeuten. »Nach der Epochenwende der Jahre 1989 bis 1991 zeigte sich (...) rasch die Beharrungskraft älterer, lange Zeit eher latent nachwirkender Traditionen: in Rußland etwa in der Gestalt der schroff antiwestlichen Ausrichtung der orthodoxen Kirche und eines Großmachtdenkens, das aus der Zeit des Zarenreichs stammt, auf dem Balkan in einer zerstörerischen Renaissance von Nationalismen, die der jugoslawische Vielvölkerstaat von Tito nur autoritär und oberflächlich überwunden hatte.«

Winklers Westen ist ein »normatives Projekt«. Es fußt auf der staatlichen Gewaltenteilung, der repräsentativen Demokratie, den unveräußerlichen individuellen Menschenrechten. Es widersteht den Anmaßungen okzidentaler Doppelmoral. Winklers Kritik an Putins Griff nach der Krim hinderte nicht seine Anklage der westlichen Führungsmacht USA, die unter Bush jr. 2003 das Völkerrecht brach und den Nahen Osten entfackelte, mit massenmörderischen Folgen. Die Pyromanen erschienen bislang nicht vor dem Haager Kriegsverbrechertribunal, denn die USA dulden *de iure* keine fremden Richter ihres Tuns.

Polen, scheint es heute, wählte sich zur Zukunft die Vergangenheit. Dem liberalen Präsidenten Komorowski folgte 2015 Andrzej Duda als Gewährsmann des nationalkatholischen Schattenkönigs Jarosław Kaczyński. Dank dessen autoritärer Staatspartei »Recht und Gerechtigkeit« (PiS) thronen Glaube, Volk und Vaterland nunmehr über der Demokratie und jenem Europa, dem anzugehören während der Sowjetherrschaft Polens Traum von Freiheit war. Die staatliche Gewaltenteilung wurde demontiert. Ostwärts erhob Kaczyński die Russophobie zur Staatsdoktrin und installierte den Opfermythos Katyn 2.

Am 10. April 2010 waren bei einem Flugzeugabsturz nahe Smolensk 96 Angehörige der polnischen Staatselite umgekommen, darunter Präsident Lech Kaczyński, Jarosławs Zwillingsbruder. Sie wollten zur Gedenkfeier für die 4443 polnischen Offiziere, die Stalin 1940 bei Katyn ermorden ließ. Die Maschine zerschellte im Nebel, wegen technischer Defekte und weil die unterqualifizierten Piloten trotz der Landewarnung russischer Fluglotsen von hoheitlichen Passagieren zur Landung genötigt wurden. Entgegen diesen ermittelten Fakten erklärte Jarosław Kaczyński die Katastrophe von Smolensk zum erneuten russischen Massenmord an Polen, auf daß Putin Stalin gleiche. Seit September 2016 gibt es auch den Verschwörungsfilm »Smolensk« von Antoni Krauze. Zur Uraufführung in der Warschauer Oper erschien der Präsident samt Premierminister und Kabinett, nebst 1700 geladenen Gästen. Kaczyński sprach:»Ich lade jeden Polen, der die Wahrheit wissen will, ein, diesen Film zu sehen.« Selbsttredend muß die Wahrheit schulischer Lehrstoff werden. In ganz Polen will die PiS Smolensk-Denkmäler errichten. Außerdem sind alle Absturzopfer zu exhumieren, auf daß sich endlich Indizien der Wahrheit finden.

Wie nah ist uns noch immer 1989. Wie fern scheint schon wieder 1995. Damals redete im Bundestag Polens Außenminister Władisław Bartoszewski, einst Häftling im KZ Auschwitz. Er würdigte Deutschlands und Polens Rückkehr nach Europa. Das meinte Demokratie und fundamentale Menschenwerte. Europa, sagte Bartoszewski, sei der Rechtsstaat. Kaczyński reduzierte Europa auf die weiterhin willkommenen EU-Fördergelder. Ansonsten droht der Nation die »Brüsseler Diktatur«.

Polens Aufbruch nach gestern ist kein einsamer Marsch. Ungarns Autokrat Orbán stapft längst an Kaczyńskis Seite. In die »westliche« Europakarte färben sich neoautoritäre Staaten, die Gesellschaft völkisch fassen, National-Identitäten basteln und ihre ethnisch gereinigte Weltparzelle sturmfest verbunkern möchten. Überall etablieren sich Rechtspopulisten. Nie vergesse ich, wie naiv gleichgesinnt Viktor Orbán am 27. Februar 2009 in der Berliner Konrad-Adenauer-Stiftung empfangen wurde. Er war bereits von 1998 bis 2002 Ministerpräsident gewesen, aber abgewählt worden. Nun lag sein postkommunistischer Nachfolger Ferenc Gyurcsány politisch in den letzten Zügen. Emphatisch rief der Herr des Hauses Adenauer: Wir begrüßen Ungarns künftigen Ministerpräsidenten!

Der Titel des Abends lautete: »Freiheit! Die besondere Rolle Ungarns«. Unverändert gelte der Satz des Kanzlers der Einheit: »Ungarn hat den ersten Stein aus der Berliner Mauer gebrochen.« (Beifall.) Eigentlich habe alles bereits mit dem mutigen Aufstand 1956 begonnen. Ein Volk, das frei sein wolle, sei nicht aufzuhalten.

Orbán kam in Begleitung. Es referierte auch Imre Pozsgay, der 1989 dem Politbüros der Staatspartei USAP angehört, jedoch sowohl die Berliner Mauer als auch das ungarische Grenzregime für anachronistisch erklärt hatte. Jetzt memorierte er den erinnerungsseligen Adenauern die *legenda aurea* der europäischen Wende, beginnend mit dem Loch in der ungarischen Grenze. Zunächst, erzählte Pozsgay, habe Ungarn testweise seine Sowjetbündnispflichten schleifen lassen. Die Grenzinstallationen bedurften kostspieliger Erneuerung. Geld mangelte, Ungarn erneuerte nicht – ungestraft, denn Gorbatschow praktizierte bereits die Sinatra-Doktrin *I did it my way*. Jeder verbündete Staat möge seinen eigenen Weg zum Sozialismus beschreiten. Miklós Némeths reformsozialistische Regierung fand sich ermutigt. Überdies besaßen die eigenen Bürger bereits Reisepässe. Warum sollte Ungarn andere Ostblockvölker einzusperren helfen?

Es kam der 27. Juni 1989, der große Auftritt von Gyula Horn. Ungarns Außenminister war lange strammer Stalinist gewesen und hatte 1956 Aufständische gejagt. Nun traten er und sein österreichischer Amtskollege Alois Mock, bewaffnet mit Drahtscheren, an den Grenzzaun und schnitten ihn durch. Das war der Anfang vom Ende des geteilten Europa, natürlich auch der DDR. Deren Außenminister Oskar Fischer schäumte Horn ins Gesicht, das sei Verrat. Horn entschlief 2013, bundesrepublikanisch verehrt wie ganz Ungarn, dem Deutschland seine Einheit verdanke.

Nun redete Orbán, der Feuerkopf der Freiheit, berühmt seit dem 16. Juni 1989. Damals wurden auf dem Budapester Heldenplatz Imre Nagy und die Gemordeten des 1956er Volksauf-

stands nationalgottesdienstlich rehabilitiert. Vor sechs Särgen und
200 000 Menschen forderte der Studentenführer Viktor Orbán
den Abzug der sowjetischen Besatzer. Jetzt, 2009, gedachte er der
polnischen Inspiration der ungarischen Wende 1989. Aufstände
schlug Moskau nieder, also wollte man wie Solidarność unterhalb
des Machtkonflikts zivilgesellschaftliche Inseln der Freiheit schaffen und vernetzen. Die Geschichte ermuntere jede Generation, ihren Lebensrahmen selbst abzustecken. Mein Vater, sprach Orbán,
sagte zu mir: Ich werde in einem kommunistischen Ein-Parteien-
Staat und unter russischer Besatzung sterben. Und ich erwiderte:
Vater, ich nicht.

Dann rezensierte Orbán die zwanzig Freiheitsjahre. Ungarn
sei Rechtsstaat, EU- und NATO-Mitglied geworden. Nicht zu
dulden wären russische Sicherheitssphären. Armenien, Geor-
gien, die Ukraine sollten in die NATO, falls ihre freien Völker
dies wünschten. Leider sei Ungarns wirtschaftlicher Aufschluß
zu Westeuropa ausgeblieben. Die Nutznießer der Globalisierung
säßen mittlerweile in Asien, und Amerika habe die jüngste Welt-
wirtschaftskrise ausgelöst – ausgerechnet jenes Amerika, das die
Welt über Moral und Marktwirtschaft belehrte. Die Großmogule
der Weltwirtschaft besäßen keine Moral, die starken Staaten West-
europas erwehrten sich der Krise nationalökonomisch. Also müsse
Mitteleuropa zusammengehen, um seine europäischen Träume zu
realisieren. Grenzöffnung, Demokratie, die Mehrheit der Ungarn
glaube daran noch immer.

Ich werde Ungarns Führer sein. Ich will ihm eine autoritäre
Verfassung geben. Mein Ungarn ist der Lebensraum der magya-
rischen Gemeinschaft, des Volks der heiligen ungarischen Krone.
Ich werde das Mediengesetz rigoros meinen autokratischen Interessen unterwerfen. Ich erstrebe die illiberale Demokratie; liberale
Staaten sind global nicht konkurrenzfähig. In wenigen Jahren werde ich um mein Land einen Sperrzaun errichten, höher und härter
bewacht als die Grenze des Kalten Krieges. Die Todesstrafe ist kein
Tabu. Ungarns Anteil am Holocaust wird minimiert ...

Nein, all das sagte Orbán noch nicht. Er charmierte, mit Tem-
perament. »Nun ja«, schrieb Jörg Sundermeier in der »taz«. »Der

45-jährige Politiker, der seit seinen Studentenjahren auf den großen Bühnen agiert, hat sich offenbar eine gewisse nationalbewegte Heißspornigkeit bewahrt.«

Kurz zuvor war ich in Budapest gewesen, auf der Suche nach 1956. Unverzüglich geriet ich zwischen die unversöhnlichen Fronten der liberalen und der völkischen Nation. Es ließ sich nicht verkennen, wer die Mehrheit stellte und wohin Ungarns Reise ging. Die seligen CDUler in der Adenauer-Stiftung träumten noch vom einmütigen Brudervolk und von Orbáns Rechtsbündnis Fidesz als CDU-Schwesterpartei. Der Westen hatte den Kalten Krieg gewonnen und Osteuropa zum Beitritt eingeladen. Dankbar würden die befreiten Völker die Werte des Westens expandieren. So wähnten die Sieger der bipolaren Nachkriegsgeschichte. Ihre Utopie war die Welt von gestern.

17

Dann wurde der Kleine gefunden. Am 2. September 2015 spülte ihn das Mittelmeer an Land, nahe dem türkischen Badeort Bodrum. Da lag er bäuchlings am Strand, wie schlafend, mit Turnschuhchen, rotem Pulli, blauen Shorts. Er war ertrunken, als seine Familie von Bodrum nach Europa übersetzen wollte. Die griechische Insel Kos lag nur fünf Kilometer entfernt, doch in den hohen Wellen kenterte das puppige Boot. Zwei Dutzend Menschen hatten es überfüllt. Zwölf starben. Aylan Kurdi hieß der Kleine; er wurde drei Jahre alt. Über eine Stunde hatte sein Vater Abdullah im Meer um das Leben seiner Frau Rehan und seiner beiden Söhne gekämpft. Dann ließ er Aylan los, um Galip zu retten. Nur der Vater überlebte.

Die syrische Familie Kurdi stammte aus Kobane in Nordsyrien. Sie floh vor der Terrormiliz IS. Eigentlich wollte sie nach Kanada; Frau Kurdis Schwester lebt in Vancouver. Mangels Visa erlaubten die kanadischen Behörden keine Einreise. So bestiegen die Kurdis den Schlepperkahn nach Kos. Viele Zeitungen entschieden, das Photo des toten Kindes nicht zu zeigen. Es durcheilte das Internet und entfachte einen Weltsturm erschütterten Mitgefühls: Wenn wir jetzt nichts tun, haben wir alle versagt.

Es ist christlich, in einem Menschen Menschheit zu erkennen. Jeder wußte, daß schon Tausende ertrunken waren. Hunderttausende Exilanten erreichten Europas Gestade. Im Fernsehen erblickte man sie Tag für Tag. Sie schmachteten in hoffnungslos überfüllten griechischen Aufnahmelagern. Sie zogen nach Norden. Sie bevölkerten die sogenannte Balkanroute. Sie wanderten durch mazedonische Felder und entlang serbischer Bahndämme. Sie gelangten – Orbáns Zaun war noch im Bau – nach Ungarn. Dort wurden sie schikaniert, sodann weitergeschoben und -gekarrt. Bei Parndorf im österreichischen Burgenland inspizierte die Polizei am 27. August 2015 einen verriegelten Kühllastwagen aus Kecskemét, abgestellt in einer Pannenbucht der Autobahn. Dekoriert war er mit Werbung für slowenischen Geflügelschinken. Drinnen befanden sich 71 Flüchtlinge – erstickt.

Österreich war nicht ihr Ziel gewesen. Alle Völkerwanderer hatten vernommen, wie die gute deutsche Kanzlerin unter Umgehung des Bundestags ihrem eigenen Volk gebot: Wir schaffen das! Deutschland, versprachen die Schlepper schon in Syrien, Irak, Afghanistan, gewähre Willkommenshilfe, Wohnungen, Arbeitsplätze.

Die Trecks erreichten Bayern. Sie waren da.

Es folgten die deutschen Wochen der Willkommenskultur. Unzählige halfen rastlos und mit Herz, trotz chaotischer Zustände. Viel wohlmeinender Unsinn wurde publiziert, um das humanitäre Holterdipolter in einen deutschen Segen zu verwandeln. Das überalterte Land bedürfe dieses vitalen Zustroms. Die Ankömmlinge seien ordentlich qualifiziert und fit für den Arbeitsmarkt. Aber stammten sie nicht auch aus vormodernen, undemokratischen, antisäkularen Gesellschaften? Es folgten die Monate der Überforderung, der fremdenfeindlichen Ausschreitungen, der brennenden Asylbewerberheime. Teile Sachsens entließen sich aus der zivilisierten Welt. Die sächsische Parteiführerin der sogenannten Alternative für Deutschland erklärte, notfalls seien Flüchtlinge mit Schußwaffen am Betritt unseres Landes zu hindern. Ihr Ehemann, ein erzgebirgischer Pfarrer, verkündete im Gottesdienst, das widerspreche dem Evangelium. Er wurde seiner Gattin ledig.

Es folgte die Silvesternacht von Köln. Junge arabische Sexsucher umzingelten und begrapschten Hunderte von Frauen. Nochmals unerträglich war es zu erfahren, daß viele der Enthemmten erst kürzlich in Deutschland Schutz gefunden hatten.

Es folgten weitere Terrormorde des IS, in Frankreich und Belgien. Wenige zerstörten das Vertrauen und den guten Willen vieler. Angst fraß Mut und Helferfreude. Die Europäer bangten um ihre Illusion vom Ewigen Frieden, Deutschland wurde defensiv. Kriegsflüchtlinge galten nun als traumatisierte oder aggressiv gestörte Opfer, wenn nicht als verkappte Emissäre orientalischer Killerzentralen. Daß »der Islam zu Deutschland gehört«, verkam zur Angstparole. Wer kannte den Islam? Wer überschaute dessen Konfessionen, wer ermaß die Glaubenswelt? Wer schützte unseren christlich grundierten Säkularismus gegen fanatische Religiosität? Vor allem: Wie viele Fremdlinge kämen denn noch? 2015 waren es 890 000. Man wünschte sagen zu dürfen: Das überfordert Deutschland ohne EU-Solidarität. Oder wenigstens: Mehr schaffen wir nicht.

Deutschland war gut. Und allein. Rüdiger Safranski konstatierte: »Überall in Europa außer in Schweden sagt man: ›Die Deutschen spinnen.‹« Frau Merkels Moralismus sei infantil. Heinrich August Winkler warnte in der »Zeit« (Nr. 18/2016) vor einer deutschen Sondermoral in der Asyldebatte. Diese »Selbstsingularisierung« rühre aus der »ewigen Vergangenheitsbewältigung« der Deutschen. Das hindere Deutschland an verantwortlicher Realpolitik. Martin Sabrow widersprach (Nr. 21/2016): »Lähmt die geschichtskulturelle Versenkung in die deutsche Schuld an Völkermord und Vernichtungskrieg wirklich die Kraft zur Bewältigung der humanitären Gegenwartskrise? Nein. Ganz im Gegenteil hat ihr kathartisch grundiertes Politikverständnis der Bundesrepublik überhaupt erst den Spielraum gegeben, den sie heute außenpolitisch nutzen kann.«

Am 16. März 2016 empfing Heinrich August Winkler den Leipziger Buchpreis zur Europäischen Verständigung. Dankend sprach er über die Asyl- und Flüchtlingsfrage: »Es gab gute Gründe, nach den Erfahrungen der Unrechtsherrschaft der Jahre nach 1933 in das Bonner Grundgesetz von 1949 den Satz aufzunehmen: *Politisch Verfolgte genießen Asylrecht.* Das war insofern ein Sonderweg, als fast alle anderen westlichen Demokratien das Asylrecht nicht als individuelles Grundrecht, sondern als vom Staat zu gewährendes Recht kennen. Die Frage, ob die Bundesrepublik damit mehr versprochen hat, als sie halten kann, wird seitdem immer wieder, auch in Deutschland selbst, gestellt.«

Ehrlicher, meinte Winkler, wäre wohl das Prinzip: »Politisch Verfolgten gewährt die Bundesrepublik Deutschland nach Maßgabe ihrer Aufnahme- und Integrationsfähigkeit Asylrecht«. Dies sei für alle EU-Mitgliedstaaten eine gute Devise. »Daß sie von allen befolgt wird, ist leider auf absehbare Zeit nicht zu erwarten.« Wohl wahr. Viktor Orbán spendete der flüchtigen Menschheit den Reisesegen: Kommt nicht! Jarosław Kaczyński erklärte Asylsucher zu Importeuren von Parasiten, Ruhr und Cholera, ließ aber leichtsinnigerweise im Juli 2016 den argentinischen Papst Franziskus ins Heilige Land der Mutter Gottes und Johannes Paul II. Dessen Nachfolger predigte den Polen Barmherzigkeit, forderte Asylbereitschaft und begriff den Nationalkatholizismus nicht als frohe Botschaft Jesu Christi.

»Gruppenegoismus und Fremdenhaß sind anthropologische Konstanten, die jeder Begründung vorausgehen.« Diese Erfahrung notierte 1992 Hans Magnus Enzensberger in seinem Essay »Die große Wanderung«. Wiedergelesen, erinnert der Text daran, welch ähnliche Asylprobleme uns auch vor einem Vierteljahrhundert betrafen und daß Migration eine Wesensform der Menschheit ist. Die Globalisierung beschleunigt den Völkerquirl. »Der Tendenz nach zieht die Freizügigkeit des Kapitals die der Arbeitskraft nach sich.«

Recht jung hingegen, erst wenige hundert Jahre, ist das Konzept Nation, ideologisch gesteigert zum Nationalismus. Es verschraubt eine Population und ein Territorium, es konstruiert Schicksalsgemeinschaft, es dichtet Volksgeschichte. Es unterdrückt Minderheiten, die das nationale Weihwasser mit fremdrassigen Schwebstoffen trüben. Unübertrefflich karikierte Kurt Tucholsky diese Schimäre der Reinheit in seiner Reportage vom Berliner Harden-

Prozeß. 1922 hatte der berühmte jüdische Publizist Maximilian von Harden einen völkischen Mordversuch knapp überlebt. Milde angeklagt wurde »ein sexuell verbogener Wandervogel mit Schillerkragen, hehren Überzeugungen und ungewaschenen Füßen (...) Der Wandervogel will sein kassubisch-slawisch-friesisch-wendisch-germanisches Blut reinhalten (...) Infolgedessen mußte Harden ermordet werden.«

Solch inländischer Rassismus ist leicht entlarvt. Diffus bleibt die Vermischung von Asyl und Imigration. Ist, wer Einwanderung beschränken möchte, schon deshalb ein Rassist? Die guten, grenzoffenen Deutschen tendieren zur Absolutmoral, im Sinne von David Wheatleys Fernsehfilm »Der Marsch« von 1990. Sein tragischer Held, der Nordafrikaner Isa El-Mahd, organisiert in Flüchtlingslagern einen Zug der Verzweifelten gen Europa. Er hat eine elementare Hoffnung: »Wir glauben, wenn ihr uns vor euch seht, werdet ihr uns nicht sterben lassen. Deswegen kommen wir nach Europa. Wenn ihr uns nicht helft, dann können wir nichts mehr tun, und ihr werdet zusehen, wie wir sterben, und möge Gott uns allen gnädig sein.«

Kann man politisch Verfolgte und Sucher des besseren Lebens säuberlich scheiden? Wer darf richten, wo die akute Lebensnot endet und welche permanenten Unerträglichkeiten ausgehalten werden müßten? Wer haftet für den Raubtier-Kapitalismus des Westens und seine Folgen in der ruinierten Welt? Wer mag anderseits den Finanzierern des westlichen Sozialstaats verdenken, daß viele Menschen angesparte Sicherheiten nicht geschmälert wissen möchten? Was ist die »Leit-« oder »Rahmenkultur« unseres Landes? Begreift sie nur, wer Deutsch spricht und unsere Geschichte teilt? Kann man Deutscher werden? Sind wir von »Umvolkung« bedroht? Oder strahlen unsere liberalen Werte aus? Ist Demokratie gar attraktiv? Hält ihre deutsche Ehe mit dem gezähmten Kapitalismus? Bestrebt sie noch Fortschritt (außer in der Unterhaltungselektronik)? Haben wir irgendein gesellschaftliches Ziel?

Angela Merkel sprach ihr »Wir schaffen das« am 31. August 2015. Zum ersten Jahrestag dieses Epochenworts erklärte sie: »Deutschland wird Deutschland bleiben, mit allem, was uns daran lieb und teuer ist.« Flüchtlinge sind zunächst Gäste mit beschränkten Rechten. Daß sie Hilfe erfahren, danken sie dem Gastland und seiner Menschlichkeit. Der Gast schuldet der gastgebenden Kultur Respekt. Toleranz, die ihn befremden mag, bedeutet uns Freiheit. Sie bannt ideologische und praktische Gewalt. Sie schützt Heimat, weil sie niemanden bedrängt, entwurzelt und vertreibt.

Hans Magnus Enzensbergers »Große Wanderung« sucht ein bescheidenes Ziel. Er nennt es »das zivilisatorische Minimum«. »Daß jedermann aussprechen kann, was er vom Staat oder vom lieben Gott hält, ohne gefoltert oder mit dem Tod bedroht zu werden; daß Meinungsverschiedenheiten vor Gericht und nicht auf dem Weg der Blutrache ausgetragen werden; daß Frauen sich frei bewegen dürfen und nicht gezwungen sind, sich verkaufen oder beschneiden zu lassen; daß man die Straße überqueren kann, ohne in die MG-Garben einer wildgewordenen Soldateska zu geraten; all das ist nicht nur angenehm, es ist unerläßlich.« Dieses Minimum habe die Menschheitsgeschichte immer nur ausnahmsweise erreicht. Begreiflich, daß seine Nutznießer es schützen. Doch: »Je heftiger sich eine Zivilisation gegen eine äußere Bedrohung zur Wehr setzt, je mehr sie sich einmauert, desto weniger hat sie am Ende zu verteidigen. Was aber die Barbaren angeht, so brauchen wir sie nicht vor den Toren zu erwarten. Sie sind immer schon da.«

18

Bereits 1974 wurde der SPD-Bundestagsabgeordnete Achim Post zum Opfer rußlanddeutscher Gewalt. Post, damals 15, spazierte durch seine Heimatstadt und aß Eis. Ein Aussiedler-Junge verstellte ihm den Weg: Gib her! Post sagte: Nein. Umstandslos flog ihm die Faust ins Gesicht.

Und dann?

Haben wir uns eine Stunde lang geprügelt.

Post stammt aus Espelkamp. In dieser ostwestfälischen Stadt lebt kein alteingesessenes Volk. Sämtliche 27 000 Bürger sind Zuwanderer, deren Kinder oder Enkel. Zunächst kamen nach 1945 die »Biodeutschen«: Exilierte des verlorenen Hitlerkriegs wie die schlesische Familie Post. In den siebziger Jahren folgte die erste rußlanddeutsche Einwanderung, dank Willy Brandts Entspannungspolitik. Das Ende der UdSSR bewirkte den zweiten Exodus ins Land der Väter. Die hatten sich 1763 von der Zarin Katharina als Kolonisten an die Wolga rufen lassen. Nun, 1990, rief Helmut Kohl die Nachfahren zurück. In Espelkamp, meint der Sozialdemokrat Post, könne er sich die Parteiarbeit sparen. Spätaussiedler wählten CDU.

Etwa 7000 Rußlanddeutsche wohnen in Espelkamp, in der gesamten Bundesrepublik über vier Millionen. Sie haben sich, lobte 2013 das Bundesamt für Migration und Flüchtlinge, »geräuschlos« eingelebt. Anfang 2016 wurden die Stillen laut. Der »Fall Lisa«, eines angeblich von muslimischen Asylbewerbern vergewaltigten rußlanddeutschen Mädchens aus Berlin-Marzahn, erzeugte wütende Demonstrationen. Aus Moskau reklamierte Außenminister Lawrow den Schutz »unserer Lisa«. Und wehen nicht bei Pegida Rußland-Fahnen? Umwerben nicht AfD und NPD die heimgekehrten Volksgenossen? Flugs galten sie als rechts, autoritär bedarft und putinhörig.

Das, sagt Achim Post, kann ich mir für Espelkamp überhaupt nicht vorstellen.

Schauen wir nach.

Der Zug schlurrt durch plattes Land und sammelt Dörfer. Wiesen, winterbrache Äcker, der Mittellandkanal. Ein Stündchen hinter Bielefeld steigen wir aus. Ein Bahnhof ist vorhanden, ansonsten Wald. Wo ist die Stadt?

Darinnen. Bis 1945 war Espelkamp Heeres-Munitionsanstalt, ein naturgetarnter Rüstungskomplex. Nach Kriegsende wollte die englische Besatzungsmacht die Anlagen sprengen, doch Deutschlands Flüchtlinge brauchten Obdach. Die westfälische Kirche und das junge Land NRW betrieben den Ausbau zur Kommune. Die Straßen zitieren Herkunftsgeschichte: Preußeneck, Balten- und Masurenweg, Danziger, Memeler, Breslauer Straße. Am Rathausbrunnen trauert eine Bronzefrau. »Nach der Flucht« heißt die Skulptur. Ein Granitkreuz widmet sich »den Opfern des Zweiten Weltkriegs, den vom Totalitarismus Gemordeten, den zwei Millionen Toten der Vertreibung der Bevölkerung aus den deutschen Ostgebieten und den deutschen Siedlungsgebieten in Osteuropa«. Ferner erinnert es an die »Vertreibung von 14 Millionen Deutschen aus ihrer angestammten Heimat« und nennt die verlorenen Lande.

Ein gedenkpolitisches Massengrab.

Im Rathaus finden wir den Bürgermeister Heinrich Vieker (CDU). Der stadtväterliche Lutheraner waltet seines Amtes seit 1999. Er schwärmt: Menschen aus 62 Nationen haben hier eine neue Heimat gefunden und sind glühende Espelkamper geworden. Auch dank unserer Buntheit sind wir der stärkste Wirtschaftsstandort im Kreis Minden-Lübbecke. Globalisierung lebt von Kontakten in alle Welt.

Herr Vieker, was ist spezifisch rußlanddeutsch?

Die starke Religiosität, die christlich-freikirchliche Bindung. Auffällig wird nur, wem die Verankerung fehlt. Viele Rußlanddeutsche haben kein Problem mit Menschen anderer Nationen, allerdings mit »den Schwarzen«, den Muslimen. Ansonsten orientieren sie sich auf Arbeit, Eigentum, Familiengründung, Hausbau und ein gutes Auto.

Und wählen CDU?

Wir hatten mal ein Wahlergebnis von 95 Prozent, sagt Vieker. Wahlbeteiligung: 22,5 Prozent. Etliche Religionsgemeinschaften lehnen jede politische Tätigkeit ab.

Die Rußlanddeutschen erben hier eine fremde Geschichte ...

Sie mußten in kurzer Zeit 150 Jahre bewältigen, sagt Vieker. Demokratie, NS-Aufarbeitung, all das fehlt. Dieser Rückstand ist ein osteuropäisches Problem. Sehen Sie nach Ungarn: Nationalismus pur.

Mentalitätskunde anhand eigener Biographie vermittelt Viekers rußlanddeutscher Ratskollege Dietrich Töws. Der schwungvolle CDU-Stadtrat ist weder Christ noch Putin-Verächter. 1964 am Ural geboren, studierte er Jura und Landwirtschaft und machte sein Staatsexamen im Fach Wissenschaftlicher Atheismus. Derart qualifiziert, wurde er Polizist. Dorfsheriff, sagt Töws, zuständig für alles, von Straßenverkehr bis Kriminalität. Ich war Richter und Schlichter.

Töws stieg zum Polizei-Oberleutnant auf. Im Sowjetreich wußte er zu leben, doch dann kam Gorbatschow. Der habe nur genervt mit seiner Perestroika und die UdSSR an den Westen verkauft, aus Eigennutz. Das Land sei den Bach runtergegangen. Töws reiste aus, weil er keine Zukunft für seine beiden Töchter sah. Hier angekommen, lernten er und die russische Gattin eisern Deutsch. Heute betreibt er eine Werbeagentur, dazu viel Sport, mit deutschen Polizei-Kameraden, mit denen er sogar schießen dürfe. Rußland brauche Autorität, einen Zaren wie Putin. Viele Russen wollten ihn auf Lebenszeit behalten.

Haben Sie russisches Fernsehen?

Sechzig Kanäle, sagt Töws. Ukrainisches sehe ich auch. Und deutsches, obwohl, Entschuldigung, diese Lesben und Schwuchteln ... Wenn man drei Perspektiven hat, kann man in der Mitte die Wahrheit finden. Hoffentlich.

In Deutschland stört Töws der Mangel an Nationalstolz. Zur Nazivergangenheit solle man auch mal sagen: Ist abgearbeitet, kommt nie wieder vor. Putins Eroberung der Krim findet er richtig. Erstens spreche dort niemand ukrainisch, zweitens wisse jeder: Wer Sewastopol hat, regiert das Schwarze Meer. Dort liege nun mal die russische Flotte. Was den »Fall Lisa« betrifft, muß der Oberleutnant a. D. die Ermittler rügen: Erst nach zehn Tagen untersuchen die das »Opfer«-Handy!

Töws hat einen Bekannten, der sich bei der Espelkamper Lisa-Demo engagierte. Er ruft ihn an, auf Russisch. Der Mann erzählt, 90 Rußlanddeutsche hätten sich am Rathaus versammelt und seien dann weitergefahren nach Minden. Dort demonstrierten dann 1200 Lisaweten. Lisas Vergewaltigung, nun ja, ein falsches Gerücht, doch habe man endlich mal gezeigt, daß das Volk nicht kuscht vor dem Überschuß an Flüchtlingen und deren Übeltaten. Die würden ja von den Medien verschwiegen.

Bürgermeister Vieker hatte erklärt: Hier weiß jeder, daß er mal Flüchtling war. Doch gönnt auch jeder anderen den Schutz, den er einst selbst empfing? Dietrich Töws spricht von Schmierereien

am neuen Flüchtlingsheim und einem Transparent an der Bundesstraße: Nazisymbole und VIEKER, WIR TÖTEN DICH!

Diese Kirche hat Herr Hitler erbaut. Lächelnd sagt dies der
Diakon Arthur Wall am Martinshaus seiner Freikirchlichen Gemeinde. Zur Nazizeit war das Gebäude Offizierskasino der Heeres-
Munitionsanstalt. Wall ist in Kirgisien geboren. Nach Deutschland
kam er 1975, da war er zwei. Russisch kann er kaum.

Dann sind Sie ja für Putins Propagandafernsehen ungeeignet.

Meinen Sie, die ehemals Drangsalierten trauen Putin über den
Weg? In der Sowjetunion hießen wir Faschisten. Die Stigmatisierung hängt vielen nach, auch deshalb bleiben sie unter sich. Und
es gibt eine ganz natürliche Kultur der Verbundenheit mit der
russischen Sprache.

Wie denken die Rußlanddeutschen über Frau Merkels Flücht-
lingspolitik?

Unterschiedlich, sagt Wall. Ich finde, wir müssen unseren Glauben weitergeben. Uns wurde geholfen, da sollen auch wir unsere
Herzen öffnen.

Auch Arthur Wall sitzt im Stadtrat, gleichfalls für die CDU. Be-
ruflich ist er Banker. Seiner Gemeinde dient er ehrenamtlich, wie
in Freikirchen üblich. Espelkamps Vielgläubigkeit irritiert, ebenso
die Distanz zur Amts- und Landeskirche. Wir besuchen den Lud-
wig-Steil-Hof. Seit 1948 ist diese Einrichtung des Diakonischen
Werks Auffang- und Förderstätte für Ankömmlinge aus aller Welt.
Vorstand Stefan Bäumer nennt die rußlanddeutsche Zuwanderung
abgeschlossen, sieht aber keine Assimilation. Es gebe eine Verstäti-
gung abgekapselter Milieus. Parallelstrukturen, sagt Bäumer, nach-
drücklich besorgt. Integriert ist man in den Arbeitsmarkt, nicht ins
öffentliche Leben. Keinerlei Nachfrage im Freizeit-, Kneipen- und
Konsumbereich. Gekauft werden Grundnahrungsmittel. Gemüse
baut man selbst an, Kleidung schneidert man aus Meterware, er-
worben von fliegenden Händlern.

Und die soziale Existenz?

Spielt sich ausschließlich im Dunstkreis der Gemeinde ab:
Chor, Gottesdienst, ständig Bibelstunde. Geschlossene Siedlungs-
gebiete, Freikirchen mit eigenen Schulen. Man verschanzt sich

im Glauben. Man pilgert durchs Erdenleben und meidet die gottlose Welt.

Am strengsten leben die 2300 Mitglieder der Mennonitischen Brüdergemeinde. Anruf, Donnerstagfrüh. Morrjän, sagt eine freundliche Seniorin. Ich bin de Putzfrau. Gleich is Jebetsstunde. De Brieder kommen schon.

Darf ich auch?

Kommen Se nur! Is effentlich.

Das Bethaus aus weißen Klinkern. Schlichtes Schiff, kein Altar. An der Stirnwand in Fraktur das bibeltreue Credo: *Wir aber predigen den gekreuzigten Christus.* (1. Korinther 1,23) Links des Ganges sitzen die alten Frauen, rechts die alten Männer, tiefernst. Kopftücher, Strickjacken, Röcke. Schlichte Anzüge und Pullover. Eine Seniorin greift ins Klavier. Die Gemeinde singt: *Ich weiß nicht, wann der Herr erscheint / weiß weder Tag noch Stund / ob durch den Tod er rufen wird / ob durch der Engel Mund.* Glaubenszeugnis vom Pult: Gott heilt, unser Herr erhört Gebete, aber ER entscheidet, wann und wie. Dann erheben sich die Brüder und Schwestern. Sie beten einzeln und laut: für den kranken Bruder P., für die Mission in Bolivien und an den Zigeunern. Dank für Jesu Opfertod am Kreuz, für Geleit und Bewahrung, für die geringe Arbeitslosigkeit, für die hiesige Freiheit, den Glauben zu bekennen.

Was haben diese Geprüften in Stalins Imperium durchgestanden. Ihr Glaube trug sie von Estland bis zur chinesischen Grenze, von der Wolga nach Kasachstan. Der Besucher hört von Verschleppung, Haft und Gottesdienstverbot, doch was sei das verglichen mit Christi Leid? Drei Älteste empfangen zum Gespräch. Der Wortführer bestätigt die mennonitische Abstinenz gegenüber Politik. Fernsehen ist tabu, das Radio mag informieren. Musik, Film, Theater? Was taugen Künste, wenn sie nicht dem Lob des Höchsten dienen! Und nun müsse die Begegnung enden.

Drei Tage Zaungast einer sonderbaren Stadt. Kontraste und Kuriositäten. Die Kaufhalle Universam bietet großmütterliche Kundschaft und sowjetische Einkaufswonnen: Mischka-Bärenkonfekt, gezuckerte Kondensmilch, georgischen Wein, Räuchersprotten Marke Staraja Riga. Im quietschbunten Jugendzentrum

Isy7 erklären drei Teenie-Girls ihre Sicht der Flüchtlingsfrage: bei Lebensgefahr helfen, aber nicht Wirtschaftsimmigranten. Außerdem kennen sie die Vorzüge des russischen Manns. Der liebe seine Frau und schenke ihr trotz Armut rote Rosen. Für deutsche Frauen zähle bloß das Geld.

Das ist ja schlimm! Wie heißt ihr denn?

Keines der Mädchen heißt russisch, doch für's Gedruckte nennen sie sich Jenny, Olga und Swetlana.

Zuletzt fahren wir nach Espelkamp-Frotheim. Dort hat sich der freikirchliche Pfarrer Willi Fast ein schönes Anwesen ausgebaut. Noch so eine unfaßbare Wanderungsgeschichte. Der Großvater von der Sowjetmacht als »Kulak« erschossen. Die Eltern zwangsangesiedelt in der Ukraine. Im Krieg wurden sie von der Wehrmacht westwärts verbracht, zur Aufdeutschung des neuen »Reichsgaus Wartheland«. Dann holte die Roten Armee sie siegreich »heim«: nach Sibirien. Dort kam Willi Fast 1958 zur Welt. Danach Moldawien ... Seit 1973 lebt er in der Bundesrepublik.

Einst gehörte auch Fast zur Mennonitischen Brüdergemeinde. Er verließ sie wegen der rigiden Scheidung zwischen Glaube und Welt. Solche Wagenburgen hatten ja in Rußland Sinn, sagt Fast. Aber die hiesige Gesellschaft propagiert ganz andere Werte – nicht Gehorsam und weltflüchtigen Zusammenhalt, sondern Eigenständigkeit und Initiative. Die Welt ist bunt, das will mir den Glauben nicht nehmen.

Die Bibel nennt Willi Fast seine Lebensanweisung. Frauen als Prediger lehnt er ab. Gräßlicherweise erlaube neuerdings die Rheinische Kirche homosexuelle Pfarrer-Ehen. Er sei seit 37 Jahren glücklich verheiratet; auch die vier Töchter lebten im selben Sinn. Willi Fast zeigt Familienphotos. Hübsche Frauen – und ein sensibler junger Mann. Fast sagt: Unser Sohn.

Der Sohn ging zur Bundeswehr. Er mußte nach Afghanistan. Er kam heim, völlig verstört über das Elend, die barfüßigen Kinder im Schnee ... Drei Tage nach der Rückkehr fuhr er mit dem Motorrad gegen einen Baum. Der Vater atmet tief und spricht: Es gibt einen schlimmeren Tod. Vielleicht war es von Gottes Seite eine Erlösung.

Auch Willi Fast bedauert, daß die Deutschen kaum Nationalstolz zeigen. Manchmal hißt er die Deutschlandfahne, die beim
militärischen Begräbnis den Sarg des Sohnes deckte. Er sagt: Zuerst bin ich Christ, dann Deutscher.

Die Rußlanddeutschen waren in Espelkamp nicht zu finden.
Deutschland weiß wenig von all den Heimaten, die diese »Heimgekehrten« in sich tragen. Idealerweise wären sie Vermittler zwischen Rußland und uns.

19

Ich lebe in Pankow, im Norden von Berlin. Seit langem pflege ich
ein Silvester-Ritual. Am letzten Tag des Jahres wandere ich durch
die Zingerwiesen und den Schönholzer Wald zum sowjetischen
Ehrenmal.

Der Forst scheint eine stadtentrückte Welt, doch die Idylle
trügt. Diese Erde ist blutgetränkt. Man passiert das Luna-Lager,
einst Zwangsarbeiter-Kolonie für die deutsche Rüstungsproduk-
tion, benannt nach einem früheren Vergnügungspark. Nahebei
überwuchert Efeu 350 kleine Grabsteine: Pankower Opfer des
Berliner Endkampfs 1945. Zunächst einzeln am Ort ihres Todes
begraben, wurden sie später hier versammelt. Wodan- und Wal-
hallastraße intonieren Hitlerdeutschlands Höllenfahrt. Man quert
die Germanenstraße und ist am Ziel.

Eine kurze Allee, dann ein Vorplatz. Zwei quadrische Torkapel-
len, geschmückt mit Reliefs von Kampf und Trauer. Der braune
Marmor stammt angeblich aus Hitlers Reichskanzlei. Nun trägt
er Lettern kyrillischer und deutscher Schrift: ENTBLÖSST DAS
HAUPT! HIER SIND SOWJETISCHE SOLDATEN, HELDEN
DES GROSSEN VATERLÄNDISCHEN KRIEGS 1941–1945
ZUR EWIGEN RUHE GEBETTET. SIE GABEN IHR LEBEN
FÜR EURE ZUKUNFT. Das weite Gräberfeld birgt 13 200 ge-
fallene Rotarmisten. Nur ein Fünftel der Namen verzeichnen
Bronzeplatten an den Grabkammern und der Umfriedungsmauer.
Im Zentrum der Anlage erhebt sich ein 33 Meter hoher Obelisk.

Davor wacht Mutter Heimat über ihren toten Sohn, in Schmerzen, aber unbesiegten Blicks.

Die Bildsprache der Stalinära zu rezensieren ist nicht die Absicht des Besuchers. Ich komme dankbar, aus Respekt.

Drei große sowjetische Ehrenmale hat Berlin. Die anderen beiden stehen in Treptow und Tiergarten, hinter dem Brandenburger Tor. Das in der Schönholzer Heide ist am wenigsten bekannt. Ende 1949 wurde es eingeweiht, Anfang 2011 beschädigt geschlossen. Die Restauration kostete 10 Millionen Euro, zu zahlen von der Bundesrepublik Deutschland. Sie garantierte Rußland 1994 beim Abzug der ehemals Roten Armee Ehrung und Pflege seiner Soldatenfriedhöfe. Davon gibt es, nach russischen Angaben, 3500 mit 653 499 Toten. Fast alle liegen in Deutschlands Osten.

Alles Erinnern ist Autobiographie. Wer sich mit der Wehrmacht ostwärts gemordet hatte, begegnete den »Freunden«, den sowjetischen Besatzern in der DDR, schwerlich gerecht. Wer von ihnen Gewalt erlitt, empfand anders als ein von Rotarmisten befreiter Häftling des hitlerschen Terrorstaats. Erst die Nachgeborenen sind halbwegs unbefangen.

Mein sowjetisches Gedächtnis beginnt im September 1966. Jeder Schüler in der DDR erhielt von der 5. bis zur 9. Klasse Russischunterricht. Die fröhliche Lehrerin, frisch von der Uni gekommen, fand es pädagogisch, uns Ostharzer Dorfkindern russische Vornamen zu verleihen. Ich wählte den des Kosmonauten Bykowski. Waleri, komm an die Tafel!, rief Frau Schmädig, und ich kam. Larissa, lies vor!, und Christine las. Angelika war außerstande, sich den russischen Genitiv zu merken. Frau Schmädig sang: *She loves you ...* Jetzt fiel's Angelika ein: *jei, jei, jei.*

Englisch war als Pop-Idiom beliebt. Russisch mißhagte vielen als sinnlose Pflicht, mangels Möglichkeiten zum Gebrauch. Undenkbar war in der DDR ein rotarmistischer Besatzungsstar wie Elvis Presley im hessischen Friedberg oder ein russisches Pendant zum US-Soldatensender AFN. Der ostdeutsche Jazz-Saxophonist Ernst-Ludwig Petrowsky sprach von der »großen, aber swinglosen russischen Seele«. 1967, zum 50. Jahrestag der Oktoberrevolution, erschien die Kinderzeitschrift »Frösi« mit einer Sonderausgabe. Sie enthielt meine erste Schallplatte: eine weiße Folie mit Lenins Rede »Was bedeutet Sowjetmacht?«, aufgenommen 1919. Ich hörte sie oft, in revolutionärer Lautstärke. SCHTO TAKOJE SOWJETS-KAJA WLJASTCH?, krähte Lenin durchs elterliche Pfarrhaus. SOWJETSKAJA WLJASTCH ETO WLJASTCH SOLDATOW I MATROSOW ... Vater erbat Mäßigung.

Ich erlernte den Gesang der Lieder »Immer lebe die Sonne« und »Acht Paar Fliegen auf dem Parkett«. Unverlierbar beherrsche ich ein hilfreiches Repertoire russischer Elementaraussagen: Kiew ist sehr schön, es liegt ganz im Grünen. Zum Freundschaftstreffen mit sowjetischen Soldaten trinkt man Sekt. Guten Tag, Genossin, können Sie mir bitte sagen, ob sich unweit des Lenin-Mausoleums ein Friseur befindet?

Nicht, daß ich je in Kiew gewesen wäre, unweit des Lenin-Mausoleums oder in einer Kaserne der Roten Armee. Die Garnisonen der Westgruppe der sowjetischen Streitkräfte, etwa 400 000 Mann, bildeten auf 2,7 Prozent des DDR-Territoriums einen abgeriegelten Archipel. Man stieß an die ausgedehnten Sperrgebiete. Nur von fern sah man »die Freunde«, ihre Truppen- und Waffentransporte, bei denen es immer wieder fatale Unfälle gab. Die Historiker Ilko-Sascha Kowalczuk und Stefan Wolle schreiben in ihrem Buch »Roter Stern über Deutschland«, jährlich seien in der DDR 3000 bis 4000 sowjetische Militärangehörige ums Leben gekommen. »Davon könnten bis zu einem Viertel durch Suizid ihr Leben beendet haben.« Man wußte von der erbärmlichen Existenz der »Muschkoten«, vom drakonischen Regime der Offiziere und daß Deserteure wohl gleich nach ihrer Ergreifung erschossen wurden.

»Die Russen« wurden nicht geliebt und nicht gehaßt. Man wußte ja, warum sie ins Land gekommen waren. Daß die sowjet-installierte SED-Führung moskautreu regierte, verkündete sie tagtäglich. Ihr oblag die Erziehung des Volks zu Freunden der sowjetischen Befreier, aus historischer Dankbarkeit. Schließlich hätten die

Das sowjetische Ehrenmal Berlin-Schönholz mit den Blumen zum 70. Jahrestag des Sieges (10. Mai 2015)

Sowjetvölker »die Hauptlast im Kampf gegen den Hitlerfaschismus getragen«. Gewiß, doch rechtfertigte das ein repressives System, unter dem auch »die Russen« litten? Der Abstand zwischen Staatsdoktrin und Volksgefühlen war so groß wie der zwischen Johannes R. Bechers Hymnus »Sterne unendliches Glühen« und Wolf Biermanns »Deutschland. Ein Wintermärchen«. Becher jauchzte: *Wer hat vollbracht all die Taten, / Die uns befreit von der Fron? / Es waren die Sowjetsoldaten, / Die Helden der Sowjetunion. (...) Wem dankt all das Gute und Schöne / Der deutsche Arbeitersohn? / Er dankt es dem Blute der Söhne, / Der Söhne der Revolution.* Biermann schrieb: *Wenn ich wo Rotarmisten seh / Dann blutet meine Wunde / Der Deutsche ist schon wieder fett / – Sie leben wie die Hunde.*

Nicht alles Russische war Zwang. Großer Beliebtheit erfreuten sich die opulenten Märchenfilme und Kinderbücher wie Alexander Wolkows »Der Zauberer der Smaragdenstadt« und Nikolai Nossows »Nimmerklug«. Zur schulischen Pflichtlektüre zählte Nikolai Ostrowskis 1933 vollendeter Bürgerkriegsschinken »Wie der Stahl gehärtet wurde«. Danach war ein Aufsatz zu schreiben. Thema: Mein Vorbild. Artig erwählten die meisten Klassenkameraden den Romanhelden Pawel Kortschagin. In ergebener Freiwilligkeit traten sie der Gesellschaft für Deutsch-Sowjetische Freundschaft bei. Die DSF hatte 1988 fast sechseinhalb Millionen Mitglieder (1991 dann noch 20000). Die Mitgliedschaft galt als bequemste Variante der geforderten »gesellschaftlichen Aktivität«. Schüler zahlten einen Groschen Monatsbeitrag und bezeugten hiermit, daß ihnen »der ewige Bruderbund mit dem Lande Lenins Herzenssache« sei. Unser Direktor organisierte die Partnerschaft mit einer baschkirischen Schule. Ein Schwung sowjetischer Briefe traf ein und wurde feierlich im Russischunterricht verteilt. Ich, Markensammler, ergriff ein prächtig frankiertes Großkuvert. Darin stak ein Photoalbum nebst kalligraphischen Zeilen. Vera aus Ufa schilderte ihr Leben als Leninpionier. Ich erblickte Vera, dick bezopft, mit Halstuch und Propellerschleifen. Sie weilte im Park, sie grüßte eine Fahne, sie bewachte einen Obelisken. Ich schnitt die Marken aus, entsorgte das Album, antwortete nie. Und schäme mich noch heute.

Sportlich nervte die großmächtige Sowjetunion, besonders durch den alljährlichen Gewinn der Eishockey-Weltmeisterschaft. Der berühmteste Sowjetathlet hieß Lew Jaschin und galt als bester Fußballtorwart der Welt. Sein Klub, Dynamo Moskau, traf 1971 im Halbfinale des Europapokals auf den Berliner FC Dynamo. Jaschin hatte seine grandiose Laufbahn kürzlich beendet und war nun Mannschaftsleiter. Ich schrieb an den BFC und erflehte Jaschins Autogramm. Tage nach dem Spiel kam ein Brief. Er enthielt Jaschins Porträtphoto, rückseits handsigniert. Den schönen kyrillischen Namenszug umkränzten die Unterschriften sämtlicher Moskauer Spieler.

Lew Jaschin, geboren 1929, hütete das sowjetische Tor, als am 21. August 1955 in Moskau die UdSSR den bundesdeutschen Weltmeister mit 3:2 bezwang. Unter den 80 000 Zuschauern befanden sich 1400 deutsche »Schlachtenbummler«, zumeist DDR-Bürger, die mit vier Sonderzügen angereist wurden. Ostdeutsche Medien rühmten die Partie als generöse Geste der Sowjetunion. »Die Zeit« näselte am 25. August 1955, das Spiel »zwischen der deutschen National-Elf und der sowjetischen Auslese-Mannschaft« habe »den Sowjets (...) eine propagandistische Trumpfkarte in die Hand gegeben«. Auch Westdeutsche hatten im Ost-Rundfunk »die herzliche, freundschaftliche Atmosphäre und die Fairneß der sowjetischen Sportler« gelobt. »Zeit«-Autor P-n warnte dringend vor dem politischen Urteil von Fußballfans, »die farbenfrohe Sportfeste und rauschende Empfänge, aber nicht Workuta und die Methoden des NKWD gesehen haben«.

Das Spiel diente als Präludium zum Staatsbesuch von Bundeskanzler Konrad Adenauer drei Wochen darauf. Am 12. September 1955 vereinbarten die Sowjetunion und die Bundesrepublik diplomatische Beziehungen. Danach kamen die letzten 10 000 deutschen Kriegsgefangenen frei. Weniger Politik fabrizierte jene deutsch-sowjetische Partie, die siebzehn Jahre später in München stattfand. Am 10. September 1972 kämpften dort die DDR und die UdSSR um Olympia-Bronze. Blochin und Churzilawa schossen »die Russen« in Front, Kreische und Vogel glichen aus. Ich sah das Spiel im Lehrlingsinternat. In der Verlängerung waltete Waffenbrüderschaft, denn das 2:2 bescherte beiden Mannschaften die Medaille. Nur unser sonst so linientreuer Heimleiter stürmte bis zum Schluß. Attacke!, rief er. Ran, DDR! Gebt's ihnen, haut den Freunden eins rein!

Viele Ostdeutsche öffneten sich für sowjetische Gefühle durch tiefgründig humane Kriegsfilme, in denen die kollektive Propaganda schwieg und der gepeinigte Mensch erschien. Die Tauwetterperiode nach Stalins Tod ermöglichte Meisterwerke wie Michail Kalatosows »Die Kraniche ziehen«, Grigori Tschuchrais »Ballade vom Soldaten« und Sergej Bondartschuks Scholochow-Adaption »Ein Menschenschicksal«. Grandios verfilmte Bondartschuk Tolstois »Krieg und Frieden« und zeigte den antinapoleonischen Befreiungskampf als Urbild des Großen Vaterländischen Kriegs.

Als dessen Gewinner sollten sich auch die Deutschen fühlen, gemäß Stalins Befehl, Volk und Hitlerregime zu unterscheiden. Die Großmut dieser Differenz bewundere ich bis heute. Und ich bin froh, daß mich nicht Landser-Memoiren, »Wüstenfuchs Rommel« und »So weit die Füße tragen« prägten, sondern »Iwans Kindheit« von Andrej Tarkowski, Alexander Stolpers Simonow-Adaptionen »Die Lebenden und die Toten« und »Man wird nicht als Soldat geboren«, Elem Klimows »Geh und sieh«. Und siehe, das Kinolicht ging an, man befand sich im Frieden der DDR, des geschichtsmoralisch größeren deutschen Staats.

Jeder Schüler sah die fünf Teile von Juri Oserows Monumentalfilm »Befreiung«, der die offizielle Siegergeschichte inszenierte. Sie begann im Juli 1943 mit der Panzerschlacht im Kursker Bogen und endete am Berliner Reichstag. »Befreiung« zeigt den allzeit besonnenen Stalin, die Taktierer Churchill und Roosevelt, den dämonischsten Hitler aller Zeiten, verkörpert von Fritz Diez, und einen Attentäter Stauffenberg, der vom künftigen Deutschland mit sozialistischen und kommunistischen Regierungskräften träumt. Wannsee-Konferenz und Holocaust fehlen, ebenso Stalins Stop vor dem brennenden Warschau. Der Pole ist im Film des Russen bester Kamerad. Die Rote Armee vernichtet den Faschismus, nicht das deutsche Volk. Als die sowjetischen Panzerspitzen Berlin erreichen, werden sie zum Käffchen eingeladen und von kessen Berlinerinnen beäugelt. Vergewaltigungen unterbleiben. Im Führerbunker heiratet und ermordet Hitler Eva Braun. Unfähig zum Suizid, wimmert er nach seinem Kammerdiener Linge ...

Der Abspann fragt: Was brachte der Faschismus der Welt? Dann folgen Opferzahlen, unterteilt nach Nationen: 520 000 Franzosen, 400 000 Italiener, 320 000 Engländer, 325 000 Amerikaner, 364 000 Tschechen und Slowaken, 1 600 000 Jugoslawen, 6 028 000 Polen, 9 700 000 Deutsche, 20 000 000 Sowjetmenschen. (Es waren 27 Millionen, gegenüber 6 Millionen Deutschen.) Juden werden nicht als Nation bilanziert.

Ich trat aus dem Kino, überwältigt und benommen. All dies hatte mein Volk angerichtet. Nun war 1972. Hitlers überlebende Soldaten bildeten die Leistungsgeneration. Ich stellte alle deutschen Männer über 45 unter Mordverdacht.

Von der Ostfront schwiegen die Väter. Dafür kursierten Geschichten von Flucht und Vertreibung, von russischer Notzucht und roter Terrorjustiz, von Sibirien, Workuta, Kolyma. Sie stimmten. Bitter schmeckte die Erkenntnis, daß – abzüglich Weltkrieg und Holocaust – Stalin kein minderer Mörder als Hitler war. Im Westen wurde das beizeiten freudig ausposaunt. Dort schob der Kalte Krieg einen Paravent vor die deutsche Schuld. Ein solcher Sichtschutz war aber auch der sowjetische Mythos vom Großen Vaterländischen Krieg. Er verdeckte Vorkriegsgeschichte. Wer Solschenizyn, Grossman, Schalamow liest oder Karl Schlögels »Terror und Traum. Moskau 1937«, der begreift, welch stalinistisch mißhandeltes Volk nach Hitlers Überfall zu Vaterlandshelden wurde.

Auf ihrem Weg nach Berlin sah die Rote Armee, was die Wehrmacht angerichtet hatte. Ihre Haßaufladung war unvermeidlich. Aber hätten sich »die Russen« in Deutschland aufgeführt wie Hitlers Untermenschenvernichter in der Sowjetunion, dann gäbe es heute kein deutsches Volk. Auch diese Wahrheit läßt sich in Berlin besuchen, in allen grauenhaften Kapiteln, beginnend am 22. Juni 1941. In Berlin-Karlshorst befindet sich das Deutsch-Russische Museum, in dessen Gebäude am 9. Mai 1945, eine Viertelstunde nach Mitternacht, die deutsche Kapitulation unterzeichnet wurde.

Das Schreibmaschinendokument trägt die Signaturen der Wehr-
machtskommandierenden Keitel, von Friedeburg und Stumpff.
Der britische Luftmarschall Tedder zeichnete für das westalliierte,
Marschall Schukow für das sowjetische Oberkommando. Als Zeu-
gen signierten der amerikanische Luftwaffengeneral Spaatz und
der französische General de Lattre de Tassigny. Dann wurden die
Deutschen hinausgeführt. Es begann das Gelage der Sieger.

Mit den Siegermächten entzweiten sich auch ihre Deutschlän-
der. Das Verhältnis zur Sowjetunion, nun zu Rußland, war und ist
der Inbegriff der deutschen Teilung. Die Westdeutschen hatten in
der Regel keins. Die Ostdeutschen mußten eins haben. Die Siegermächte begründeten eine doppeldeutsche Epoche, die 1990 nur
scheinbar zu Ende ging. Die Prägungen leben fort. Jetzt wächst
wieder zusammen, was zusammengehört? Nicht zusammenwachsen
kann die Unterschiedsgeschichte zwischen Kriegsende und Mauerfall. Aber man kann, man muß sie zusammenschauen.

In seinen »Erinnerungen« benannte Willy Brandt ein Unglück:
die bundesrepublikanische Trotz-Fiktion, im westdeutschen Staat
bestünde das Deutsche Reich fort. Das führte zur Bonner Allein-
vertretungsanmaßung, zur Ignoranz des »Phantoms« DDR, zur
freiheitspathetisch verbrämten Restauration, zur Ostblindheit
eines teildeutschen Staatswesens, das sich für Deutschland hielt.
In Wahrheit blieb es Mündel seiner Supermacht – wie die DDR,
wenngleich mit überlegenen Qualitäten.

Beide deutsche Staaten wurden rechtens gegründet. Die Siegermächte hatten das Deutsche Reich kassiert und einander in ihren
Besatzungszonen Schöpfungen nach eigenem System zugestanden.
Reparationsansprüche sollte jeder aus seiner Zone realisieren. Der
nachmaligen Bundesrepublik wurde wenig genommen. Sie bekam
zunächst den Marshallplan, dann die parlamentarische Demokratie. Das Wunder der westdeutschen Auferstehung sponserten
Besatzungsmächte, die fortwährend weniger als solche in Erschei-
nung traten. Rasch in die westliche Hemisphäre integriert, entwik-
kelte sich die Bundesrepublik zur stabilen Demokratie. Sie wurde
von ihren Bürgern gewünscht und legitimiert, am Wahltag wie im
tagtäglichen Leben. Prosperität, westliche Popkultur, zunehmend

liberale Werte und die Reiseziele der »freien Welt« veränderten diese Deutschen.

Wie anders erging es der DDR. Die sowjetischen Sieger demontierten in ihrer Zone mehr als 2000 Industriebetriebe. Zu keinem Zeitpunkt durften die SED-Regenten freie Wahlen wagen oder vergessen, daß sie ihren Staat der Moskauer Zentralgewalt verdankten. Millionen Ostdeutsche türmten in Adenauers Staat. Die DDR lief aus. In diktatorischer Notwehr schloß die SED-Macht 1961 die Grenzen. Im Staatsgehege DDR sollte ein neues, junges Volk erwachsen, voller Ideale für die sozialistische Zukunft. Und immerwährend dankbar der Sowjetunion.

Noch heute klagen ostdeutsche Altbürgerrechtler, die Brandt/Bahrsche Ostpolitik »Wandel durch Annäherung« habe die DDR gestützt und also per Entspannung »den Unrechtsstaat verlängert«. Das ist mindestens töricht. Niemand konnte vor 1989 damit rechnen, daß die Sowjetunion ihr Siegespfand aufgeben würde. Alle gescheiterten Ostblock-Rebellionen bewiesen den Vasallen die Macht der Zentralgewalt. Dem Leviathan Sowjetunion entkam man nicht. Er mußte besänftigt werden. Letzteres hieß Freundschaft. Ihr Ursprung lag immerfort in der deutschen Schuld.

Moskau regierte, Ostberlin willfahrte – so funktionierte der »ewige Bruderbund mit den Völkern der Sowjetunion«. Dann aber, 1985, erschien Gorbatschow und evolutionierte die Zentralmacht. Glasnost und Perestroika erschufen in beiden deutschen Völkern eine diffuse Russophilie, freilich keineswegs im SED-Politbüro. Kneipen-Dialog zweier alter Fischer, die im Sommer 1989 auf der westfernsehfreien Ostsee-Insel Usedom die großpolitische Wetterwende zu begreifen versuchten. Du, sagte der eine, der Erich Honecker, der fährt jetzt knallharten Anti-Moskau-Kurs. – Nä du, sprach Fischer zwei, dat macht der Gorbatschow selber.

1994 verließen die Besatzungsmächte das geeinte Deutschland. Schäbigerweise wurde der Roten Armee nur eine separate Zeremonie zugestanden. Nachhaltig verschwanden »die Russen« aus dem Ostgedächtnis. In dem des Westens waren sie nie richtig angekommen. Gesamtdeutsch scheint heute das Bedürfnis, aus Rußland Übles zu vernehmen. Das größte Land der Erde schrumpft zur

Dämonie des Autokraten Putin, sein Milliardärshäftling Chodor-
kowski schwoll zum Freiheitskämpfer. Immerhin läßt Rußland
sich landschaftlich loben, wenn Fritz Pleitgen über den funkeln-
den Baikalsee schippert oder Gerd Ruge inmitten naturbelassener
Sibiriaken eine Pirogge verzehrt.

Ewiger Ruhm jedoch bleibt Michail Gorbatschow. In Rußland
ist er verpönt als Zerstreuer des Leninschen Großreichs, der auch das
Siegespfand DDR verhökert habe. Wir ehren ihn als Lizenzgeber
der Deutschen Einheit. Noch immer zieht er ostdeutsche Massen
an. So geschah es auch zur Leipziger Buchmesse am 15. März 2013.
Gorbi und Genscher! Das Volk überfüllte die Peterskirche. Genscher präsentierte seine altbewährten Ohrenschmeichler und pries
Gorbatschows freiherziges Gemüt, Schewardnadses Freundschaft,
das wechselseitige Vertrauen, die Einigung im Kaukasus ... Ähnliche Erbaulichkeiten erwartete man auch von Gorbatschow, doch
der wurde zum *partycrasher*. Er erregte sich: Der Westen habe das
russische Vertrauen mißbraucht! Wider alle Absprachen dränge die
NATO immer weiter nach Osten.

Viele Ostdeutsche denken ähnlich. Sie fühlen sich vage mit
Rußland verbunden. Vielleicht sind sie dorthin gereist. Vielleicht
haben sie in der Sowjetunion studiert, oder sie erwarben als Bau-
arbeiter an der Erdgastrasse Druschba gutes Geld und einen Sensus
für dieses riesige Reich. Sie sympathisieren deshalb nicht mit dem
Autokraten Wladimir Putin, dem Oligarchen-Kapitalismus, den
russischen Truppen in der Ukraine, die dort tragischerweise gegen
ihre gewesenen Sowjetbrüder kämpften. Doch der »Siegermacht
Westen« (und ihren Medien) begegnen viele Beitrittsdeutsche mit
trotzigen Ostgefühlen und einem lebensgeschichtlich erworbenen
Sinn für Ausgleich, Versöhnung und geostrategische Balance. »Ruß-
landversteher« schimpft man solche Leute. Dabei empfinden sie nur
deutsch-sowjetische Freundschaft – vielleicht erstmals im Leben.

Es muß auch im heutigen Deutschland ein Gefühl für Rußland geben, für sein historisches Empfinden und seine Ängste. Das
meint keinerlei Verschwiemelung antidemokratischer Übelstände.
Auch »Freundschaft« tut nicht not, aber geschichtsbewußte Empathie. Der NSA-Skandal hat zweierlei offenbart: »Freundschaft«

taugt wenig zur politischen Kategorie, doch trotz US-amerikanischer Hegemonialpolitik bleiben Deutschlands Bande zum Westen fest geknüpft. Uns mangelt Verbindung nach Osten. Ich war neunmal in den USA, doch mein erster praktischer Gebrauch der russischen Sprache datiert vom baltischen Urlaubssommer 2013 – vier Jahrzehnte nach Schulschluß. In Tallinn wohnte ich bei einem estnisch-russischen Paar und radebrechte von Hausschlüssel und Straßenbahn.

Von Tallinn wanderte ich nach Pirita. Die Straße führt am Meer entlang, vorbei am ehedem sowjetischen Fährhafen. Er verfällt, ebenso der Segelhafen der Olympischen Spiele 1980. Diese Geschichte soll verrotten, weil sie sowjetisch war. Auch die eigene Kollaboration mit Hitlerdeutschland – inklusive Holocaust – läßt man in den jungen baltischen Demokratien gern verschwinden. Die Jahre 1941 bis 1945 versinken hinter den Jahrzehnten sowjetischer Herrschaft.

Ich lief weiter und fand einen unvergeßlichen Doppelort. Am Meer erhebt sich ein grüner Wall. Ihn krönt ein Obelisk. Daneben wuchtet ein Beton-Memorial für die sowjetischen Befreier, die doch hierzulande Okkupanten waren. Durch eine symbolisch gebrochene Mauer betritt man den Soldatenfriedhof: Sammelgräber, geordnet nach Waffengattungen. Grabsteine tragen deren Zeichen und Zahlen: die Menge der Beigesetzten. Zweihundert Meter landeinwärts beginnt der gegnerische Friedhof. Kreuze markieren ein weites Rasenfeld, in dessen Mitte ein Großkreuz ragt. Man liest, in Marmor, Namen über Namen. Hier liegen Wehrmachtssoldaten – Deutsche und Esten, umgekommen im Kampf gegen die Sowjetunion.

Wie gut, daß die Rote Armee nicht zu stoppen war. Wie nötig, daß sie weiterzog. Daß sie Auschwitz befreite. Daß sie über die Oder setzte. Daß sie, unter entsetzlichen Verlusten, die Seelower Höhen überwand. Und dann, fast schon am Ziel, starben nochmals 22 000 in Berlin. Diese unbekannten Ehrenbürger meiner Stadt besuche ich im letzten Licht des Jahres, bevor das neue erscheint.

20

Fast dachte man, er würde ewig leben. Dann geschah es doch. Er hatte den 90. Psalm ja selbst öffentlich vorgetragen, mit Weisheitsliebe, und ihn sich zum Begräbnistext erwählt: *Unser Leben währet siebzig Jahre, und wenn's hoch kommt, so sind's achtzig Jahre, und was daran köstlich scheint, ist doch nur vergebliche Mühe ...*

Dieses Leben währte 96 Jahre. Am vorletzten Tag ließen die Ärzte wissen, der Patient verfüge kaum noch über Lebenskräfte. Am 10. November 2015, um 15.16 Uhr, informierte seine Tochter das Büro des Altkanzlers im Hamburger Pressehaus. Es war Dienstag, Redaktionsschluß der »Zeit«, die donnerstags erscheint. Nun gab es schon am Mittwoch eine Sonderausgabe. Darin entsannen sich viele Redakteure ihres Herausgebers mit jener nüchternen Herzensbildung, die er verkörpert hatte. Als die Todesnachricht eintraf, versammelte sich die Redaktion im großen Sitzungsraum und sang den allerdeutschesten Choral eines anderen großen Hamburgers: *Der Mond ist aufgegangen, / die goldnen Sternlein prangen / am Himmel hell und klar. / Der Wald steht schwarz und schweiget, / und aus den Wiesen steiget / der weiße Nebel wunderbar.*

Es fällt hierbei nicht schwer, an den Raucher Helmut Schmidt zu denken. An den Hanseaten, den Kunstfreund, den Weltwirtschaftler, die historische Person, den Deuter der Gezeiten. All das war er gern und demonstrativ. Aber welche Wandlung hatte er durchlaufen. Der Bundeskanzler Helmut Schmidt scheiterte 1982 am Nein seiner Partei zum »NATO-Doppelbeschluß«, der Stationierung US-amerikanischer Mittelstreckenraketen auf dem Territorium der Bundesrepublik. Wer ahnte, daß diesem Spalter der SPD und unfreiwilligen Geburtshelfer der Grünen eine Zweitkarriere als Praeceptor Germaniae beschieden wäre? Wie ausgelöscht war später die schneidende Arroganz gegenüber Widersachern, die, siehe Fernseh-Archiv, Helmut Kohl fast zu Tränen quälte. Bei seinen späten Volksauftritten beendete Helmut Schmidt kaum einen Satz ohne rauschenden Applaus. Er suchte diese Rolle so, wie sie ihn fand – ähnlich Richard von Weizsäcker, der, gleichfalls hochbetagt, am 31. Januar 2015 gestorben war.

Die beiden politischen Seniorkapitäne stillten eine gesamtdeutsche Sehnsucht. Sie boten Wegweisung, Lebenskunde, Geschichtsweisheit jenseits des Parteigetümmels. Sie verkörperten deutsche Herkunft, Verirrung, Schuld, Läuterung, Leistung und – zum guten Schluß – völkerverbindende Humanität. Sie blieben deutsch, indem sie Europäer wurden, im Sinne der Abschiedsworte François Mitterrands vor dem EU-Parlament: *Le nationalisme, c'est la guerre!*, Nationalismus heißt Krieg. »Vier Zeiten« nannte von Weizsäcker seine Autobiographie. Als Vermächtnis notierte er: »Es gibt keine andere Ebene als die europäische, um uns in der Welt zu behaupten. Nach wie vor gibt es aber auch keine andere Ebene als die Nation, um unsere Demokratie zu garantieren.« Solch skeptisch zuversichtliche Rationalität war auch Schmidts Ideal. Er weckte in vielen Hörern und Lesern den Wunsch, ihm vernünftig zu folgen.

Hamburgs 23. November 2015 ist ein kalter Sonnentag. Drei Stunden lang überträgt die ARD den Abschied von Helmut Schmidt. Viele »Zeit«-Kollegen sind in St. Michaelis dabei. Die Stallwache des Hauptstadtbüros sitzt vor dem Fernsehschirm, bei Kaffee und Hamburger Butterkuchen. Royal-Reporter Seelmann-Eggebert kommentiert das Farewell für diesen Monarchen der deutschen Demokratie. 1200 Polizisten seien im Einsatz, Scharfschützen stünden auf den Dächern. Der »Michel« hat sich lückenlos gefüllt: weißgoldener Barock, schwarz besetzt. Im Altarraum steht, flaggengedeckt, der Sarg. Davor lehnt ein einziger Kranz, wie ein Wagenrad aus Sonnenblumen. Man erblickt Schmidts späte Gefährtin Ruth Loah, die Staatsspitzen Angela Merkel und Joachim Gauck, die Pensionäre Schröder, Herzog, Köhler, Wulff nebst Gattinen, etliche Bundesminister, die Obereuropäer Jean-Claude Juncker und Martin Schulz. Ach, und dort sitzen Schmidts greise Weggefährten Valéry Giscard d'Estaing und Henry Kissinger, nun 89 und 92 Jahre alt.

Die Orgel spielt Bachs Präludium e-Moll. Hauptpastor Alexander Röder liest »Jegliches hat seine Zeit ...«, die Weltbetrachtung des Predigers Salomo. Der Chor singt Bachs Motette »Der Geist hilft unsrer Schwachheit« auf. Nun predigt Pastor Röder über den

90. Psalm. Nach dem Vaterunser wird Helmut Schmidt abermals Matthias Claudius' »Mond« gesungen. Dann betritt die Empore ein schlichter Mann mit Wanderklampfe. Das ist Jochen Wiegandt, einst Gründer der Folkgruppe Liederjan. Er zupft Moll-Akkorde und singt ein plattdeutsches Lied aus dem 19. Jahrhundert: »Mien Jehann« heißt es, geschrieben von Klaus Groth für seinen Bruder. *Ick wull, wi weern noch kleen, Jehann, / do weer de Welt so grot! / Wi seten op den Steen, Jehann, / weest noch, bi Nawers Sot. / Am Himmel zog der stille Mond, / wir sahen, wie er lief, / und sprachen, was der Himmel hoch / und was der Brunn wohl tief.*

Aber Johann ist tot.

Nun wandelt sich der Gottesdienst zum Staatsakt. Kent Nagano dirigiert, das Philharmonische Staatsorchester spielt Pachelbel. Es spricht Hamburgs Erster Bürgermeister Olaf Scholz. Hamburg, Deutschland, Europa, ja die ganze Welt trauere um diesen aufgeklärten Europäer, aus dessen lebensklugem Pragmatismus scheinbar unbegrenzte moralische Autorität erwachsen sei. Seiner SPD habe Schmidt aufgegeben, sich um das in der Menschheitsgeschichte einzigartige Projekt der Europäischen Union zu kümmern. Dazu brauche es den Schulterschluß mit Frankreich, die transatlantische Zusammenarbeit, den schwierigen Dialog mit Rußland und mit China.

Scholz verschweigt nicht, daß Helmut Schmidt den Tod für endgültig hielt. Er war kein gläubiger Christ, eher Kulturprotestant. Nichts, glaubte er, gehe wirklich verloren. Seine Moleküle lebten fort; vielleicht werde er zum Unkraut auf der Wiese.

Nun stapft, geführt, Henry Kissinger in die Kanzel. Leer sei ihm die Welt ohne seinen Freund, den er leider überleben müsse. Schmidt habe die beiden wichtigsten Qualitäten des Staatsmanns besessen: Visionen wider die Stagnation und Mut, um das Staatsschiff durch unbekannte Gewässer zu steuern. (Freilich schnodderte Schmidt, wenn er Visionen habe, gehe er zum Arzt.) Kissinger, 1938 aus Fürth emigriert, spricht ausnahmsweise deutsch, mit rollendem R. Helmut Schmidt nennt er Weltgewissen – ein Titel, der dem Außenminister der Nixon-Administration kaum zuteil werden dürfte, eingedenk des Vietnam-Kriegs und des mörderischen Putsches gegen Chiles sozialistischen Präsidenten Salvador Allende.

Vor Jahren bat ich Helmut Schmidt, ihm eine Christenfrage stellen zu dürfen: Hatten Sie Bedenken, blutige Hände zu schütteln? – Nein, sagte Schmidt und sprach von Kulturkreisen mit differierenden Werten. Später erzählte mir eine polnische Kollegin, Helmut Schmidt habe sie gefragt, ob an den Händen seines Freundes Edward Gierek, der von 1970 bis 1980 Polens KP-Chef war, Blut klebe. Sie verneinte. Da habe sich Schmidt bedankt und außerordentlich gefreut.

Wieder erklingt sein geliebter Bach, das »Allegro« aus dem fünften Brandenburgischen Konzert. Dann spricht die Kanzlerin, immerhin in Hamburg geboren, über Verantwortung und ihr jugendliches DDR-Vertrauen zur Schmidtschen Kanzlerpolitik. Bachs »Air«, sodann die Nationalhymne. Es nahen acht Männer in schwarzen Knietalaren, weißbestrumpft, mit Dreispitzen und weiten weißen Schulterkragen. Das sind die Sargträger von St. Michaelis. Sie erheben Helmut Schmidt und geleiten ihn durchs Nordportal. Militär in der Kirche hat sich der Verstorbene verbeten. Draußen übernimmt ihn die Bundeswehr, mit Gebrüll: EHRENFORMATION STILLSTANN! DAS GEEWÄRR ÜBRR! AUGEN GERADEE-AUSSS! DAS GEWÄRR AB! Rumms. Militärkapelle: »Jesus meine Zuversicht«. ACHTUNG! PRÄSENTIERT DAS GEEWÄRRR! Abermals die Hymne, nun verteidigungsbereit. 200 Soldaten stehen stramm, als der geschulterte Sarg zum Bestattungswagen schwankt. Finale: »Ich hatt' einen Kameraden ...«, wie zu Preußenzeiten. Langsam rollt der Wagen, gefolgt von Marschtritt und Tschingderassabumm. Entlang des Wegs zum Ohlsdorfer Friedhof bilden Hamburger Spalier und werfen Rosen.

Auch Klaus Groth, der niederdeutsche Dichter, hatte einen Kameraden. Sein Bruder Johann starb im deutsch-französischen Krieg 1870/71. *Mitunter in der Dämmerung, / dann wird mir so zu Mut, / dann läuft's mir heiß den Rücken lang / wie damals bei dem Brunn. / Denn dreih ik mi so hasti um, as weer ik nich alleen; / doch allens, wat ik finn, Jehann / Dat is – ik stahn un ween. / Ik stahn, Jehann, un ween.*

Abschied von Korsika, am 22. August 2001. Tagsüber liefen wir durch Ajaccio. Wir bummelten über den Boulevard Cardinal Fesch und zum Löwenbrunnen. Wir besuchten die Maison Bonaparte und erblickten das gelbe Sofa, auf dem 1769 Letizia Buonaparte ihren Sohn Nabulione, Europas Verderber, gebar. Drei Denkmäler für das Problemkind fanden sich in der Stadt. Den reitenden Kaiser an der Place de Gaulle krönte ein roter Motorradhelm; auch war ihm ein Schnäuzer angepinselt und dem Sockel ein Hochruf auf die arabische Nation. Ein früheres Standbild hatten die Korsen 1814, gleich nach Napoleons Sturz, ins Hafenbecken gekippt.

Dort lag am Abend unser Schiff. »Danielle Casanova« hieß es, benannt nach einer Kämpferin der Résistance, 1909 gleichfalls in Ajaccio geboren, 1943 in Auschwitz umgebracht. Am Nachmittag sahen wir das schwimmende Hochhaus kommen. Nun leuchtete es am Quai. Ich rief: Wer da mitfahren könnte! – Wir!, lachte der Kleine. Wir gingen an Bord und bezogen unsere Kajüte. Dann stiegen wir an Deck. Kurz vor zehn legte die Kolossin leise zitternd ab. Mengen von Passagieren standen an der Reeling und schauten auf die hinterbliebene Stadt und die schimmernde Bucht des Abendlands. Viele winkten, als wünschten sie, daß man von ihnen Abschied nähme. Doch von Land winkten wenige zurück.

Zwei Stunden vergingen, bis das letzte Fünkchen Korsika in der Schwärze ertrank. Ich brachte den Kleinen zu Bett und las ihm noch einige Seiten aus Wilhelm Hauffs »Gespensterschiff« mit der nächtlichen Geisterbeschwörung: *Kommt ihr herab aus der Luft, / Steigt ihr aus tiefem Meer, / Schlieft ihr in dunkler Gruft, / Stammt ihr vom Feuer her: / Allah ist euer Herr und Meister, / Ihm sind gehorsam alle Geister.* Der Kleine gruselte sich wohlig. Mond!, rief er, und wir sangen, wie zu jeder Nacht, »Der Mond ist aufgegangen«. Ich legte mich zu ihm, bis er schlief.

Zu meinem Erstaunen fand ich mich wieder an Land. Ich wanderte bei sengender Sonne durch eine Pinienallee. Unversehens verfolgte mich ein Motorrad mit Seitenwagen. Flucht war sinnlos. Zwei Wehrmachtsoldaten sprangen vom Gefährt, nahmen mich gefangen und brachten mich in ein von Hitze zerbackenes Dorf. In der Schenke residierte die Kommandantur. Dort erfuhr ich von einem Offizier, daß ich zum Tode verurteilt sei. Warum? Es gebe keinen Grund, den man mir mitzuteilen hätte. Die gleichmütige Unerbittlichkeit des Kommandanten bestürzte mich. Ich erwirkte die Erlaubnis, noch eine Stunde Rad zu fahren. Ich erhielt ein Fahrrad und trat, so stark ich konnte. Ich sauste durch die grelle Welt aus Sand und Fels. Und wußte, daß ich nichts zu hoffen hätte.

Ich erwachte in grenzenloser Trauer. Allmählich kehrte ich zurück. Der Kleine und die Liebste schliefen. Leise verließ ich die Kajüte. An Deck wachten ein paar Sternsüchtige. Sie genossen den warmen Nachtwind oder meditierten abwärts, ins schwarzgrün schäumende Wasser hinterm Heck. Die Tiefe sog wie ein offenes Grab. Ein Junge streichelte seine Träumerin, ein anderer schrieb, vom Halbmond erleuchtet, in ein Heft. Zwei Mädchen saßen Rücken an Rücken und besannen ihr Leben, denn dazu fährt man Schiff. In etlicher Entfernung flimmerten die Lichter eines Schwesterschiffs, wohl gleichfalls unterwegs nach Marseille.

Stunden vergehen. Ein Leuchtturm meldet, daß die Küste naht. Fahler Schein weist Osten. Graue Rötung tönt den Horizont. Wir sehen die blinkende Stadt. Sie lagert am Meer, sie erklimmt einen Berg. Dessen Gipfel glänzt in Gold: Notre-Dame de la Garde, auf dem Turm Maria mit dem Kind.

Niemand spricht. Still stehen wir beieinander, Europas Internationale des Sommers, behütet, weltbeseelt und morgenfroh. Es tagt. Die Möwen verkünden den Hafen. Wir werden leben, heute wie für immer. Und den Krieg nicht kennen.

Drei Wochen später rasten Flugzeuge in die Zwillingstürme von New York.

22

Hier geschah es, an der Lateinerbrücke. Dieses schwarze Pistölchen, ausgestellt im Attentatsmuseum von Sarajevo, setzte vor einem Jahrhundert Europa in Brand. Am 28. Juni 1914 visitierte der österreichische Thronfolger Franz Ferdinand samt Gemahlin Habsburgs bosnische Untertanen. Vom Rathaus kommend, stoppte der erzherzogliche Wagen vor einem Eck-Café. Drinnen saß Gavrilo Princip, Student, Mitglied des Geheimbunds Junges Bosnien. Er eilte hinaus und schoß zweimal. Man ergriff ihn. Er gestand sein Mordmotiv: völkische Liebe. Er habe die südslawische Nation gerächt. Daß auch die Herzogin Sophie umkam, tat ihm leid. Eine Mutter wollte er nicht töten.

Europas verheerendes 20. Jahrhundert endete, wie und wo es begann. Fassungslos verfolgte der Kontinent, soeben vom Kalten Krieg befreit, den blutigen Zerfall Jugoslawiens. Der Vielvölkerstaat verkam zum Schlachtfeld eines animalischen Nationalismus, den man längst vergangen glaubte. Sarajevo, Srebrenica, Mostar, Vukovar wurden Schädelstätten der Bosniaken, Serben und Kroaten, die zuvor schlicht Jugoslawen waren und, so schien es, einträchtig zusammengelebt hatten. Laut Angaben des Research and Documentation Center in Sarajevo waren 66 Prozent der etwa 100 000 Opfer des Bosnienkriegs Bosniaken, 26 Prozent Serben, 8 Prozent Kroaten.

Zwei Dutzend Veteranen der Friedlichen Revolution reisen im Juni 2016 durch Titos zerfallenes Reich. Die Bundesstiftung Aufarbeitung der SED-Diktatur hat zur postkommunistischen Inspektion geladen. In Belgrad startet die Exkursion. Serbiens Hauptstadt am Zusammenfluß von Donau und Save ist von ruppigem Reiz. Neubauten grenzen an Kriegsruinen. Kioske bieten T-Shirts von Tito, Putin und dem Schlächter-General Mladić. Jugend bewimmelt Gründerzeit-Boulevards. Im Park spielen Senioren Schach, Großmütter singen zum Akkordeon. Vor der Kathedrale trötet Hochzeitsblech. Das Brautpaar glänzt, der orthodoxe Priester segnet Blumenkinder, weiße Tauben steigen auf. Dahinter ragt ein Baukadaver nebst einem Gedenkstein mit Namen und der Frage: *SA SCHTO?* Für was?

27 Menschen starben am 23. April 1999, als NATO-Bomber das serbische Fernsehzentrum zerstörten. Die NATO hatte den Angriff annonciert, der Sendeleiter unterschlug die Warnung, um Märtyrer zu produzieren. Zehn Jahre mußte er dafür in Haft, nachdem

Landschaft bei Srebrenica (31. Mai 2016)

im Jahr 2000 das Milošević-Regime durch Massenproteste endlich gefallen war. Milošević wurde verhaßt, weil er seine großserbischen Versprechen nicht erfüllen konnte. Heute spannt vor dem Parlament ein riesiger Bilderfries. Vielhundert Porträts zeigen serbische Kosovo-Tote, *VICTIMS OF UCK TERRORISM AND NATO AGGRESSION 1998–2000.* Serbien erkennt die Unabhängigkeit des Kosovo nicht an. Nach deren Proklamation ging Belgrads einzige Moschee in Flammen auf. Die Polizei sah zu.

Die Moschee steht wieder, dank Spenden. Man sieht nur, was man weiß, deshalb begleiten die Reise Aktivisten vom Center for Nonviolent Action aus Sarajevo. Nenad Vukosavljević ist Serbe, Davorka Turk Kroatin, Nedžad Horozović und Adnan Hasanbegović sind Bosniaken. Ihre kleine nichtstaatliche Institution leistet Sisyphosarbeit: die Konstruktion von Frieden. Bücher, Filme, Seminare sollen schaffen, was Postjugoslawien am meisten fehlt: Entfeindung, transnationale Perspektiven, historische Polyphonie. Jede ethnische Gruppe pflegt ihr Opfer-Narrativ, sagt Nenad. Keiner fühlt mit der anderen Seite. Alle haben in Notwehr gehandelt. Jeder beansprucht die größte Opferzahl, die schmerzlichere Geschichte. Reichen die jüngsten Kriege nicht aus, geht man weiter zurück, bis in die Mythologie. Die nationale Geschichtsinterpretation wird gesetzlich fixiert, damit auch der Haß. Und dies, sagt Nenad, betreiben Menschen, die noch gemeinsam in Jugoslawien lebten. Die nachwachsenden Generationen haben nie eine Relativierung des Nationalismus erfahren.

Wir reisen nach Vukovar. Das ist bereits Kroatien, gleich hinter der Grenze. Aber der bosnische Bus muß erst von Serbien nach Bosnien fahren. Erst von dort darf er auf kroatischen Boden, via Brcko und die neue Donau-Brücke. Die frühere wurde 1991 im serbisch-kroatischen Krieg gesprengt. Etwa 3000 Einwohner von Brcko starben bei »ethnischen Säuberungen« der Serben.

Slawonische Bukolik fliegt vorbei: grüner Weizen, Mohn- und Kirschenrot, gefüllte Storchennester. Heudiemen, Rundgiebel in einst donauschwäbischen Dörfern. Friedhöfe, Friedhöfe. Siebfassaden und kaputte Häuser nahe Vukovar. Die Barockstadt, vor dem Krieg multiethnisch bewohnt, wurde seit dem 15. August 1991 drei Monate von der serbo-jugoslawischen Volksarmee belagert, beschossen und fast völlig zertrümmert. Paramilitärische Serbenverbände assistierten. Am 18. November fiel Vukovar – nicht der titanische Wasserturm, den die Serben vergeblich umzulegen suchten. Als schwerverwundeter Trutzdom überragt er die Stadt.

Der Memorial-Parcours beginnt im Bunkerkeller des Krankenhauses, auf das täglich bis zu 70 Granaten niedergingen. Nach dem Waffenstillstand verschleppten serbische Tschetniks 267 Patienten und Mitarbeiter. Die Sieger quälten ihre Beute in der Schweinefarm Ovcara, knallten sie ab und vergruben die Leichen. Im Gedenk-Stall läuft man über Patronen und Heu. Man sieht die Gesichter der Opfer. Die Namen kreisen als Lichtspirale hinab in einen schwarzen Schlund. Ewig wiederkehrend, erklingen sie in der Spiegelkapelle des Krankenhauses. Ein Dokumentarfilm zeigt Vukovars Martyrium, unterlegt mit »Carmina Burana«. Der Heimatkrieg, wie er offiziell zu heißen hat, symbolisiere Kroatiens Stärke und tausendjährige Nationalgeschichte. Der Souvenirshop bietet Tassen mit dem schneidigen Antlitz des Kroaten-Generals Ante Gotovina. Diesen »ethnischen Säuberer« der Krajina hatte der Internationale Gerichtshof Den Haag zu 24 Jahren Haft verurteilt. Die Berufung befreite ihn 2012, mit 3:2 Richterstimmen.

Ich hasse niemanden, ich habe für ein Leben genug Krieg gesehen, sagt Hauptmann Ivanović. Bis 1991 war er Agraringenieur. Nun führt er Schulklassen durch die Gedenkstätte Heimatkrieg. Nein, nach Serbien und Bosnien werde er nie mehr reisen, vorsichtshalber. Heldenwaffen bedecken die Wände. Martialischer als die Reliquien der Abwehrschlacht sprechen die Mannschaftsphotos der Krieger: fröhliche Kameraden in den Trümmern ihrer Heimatstadt. Jeder zweite kam um, doch Waffenbruderschaft scheint ein unsterbliches Männerglück.

Im Konferenzraum des Hotels wartet ein würdiger Senior. Dragan Pjevac, Jurist, leitet den Dachverband der serbischen Opfervereine. Mit formvollendeter Verachtung kredenzt ihm der Kellner den Saft. Pjevac bezeugt den Opfern von Vukovar sein Mitgefühl. Auch er sei Opfer. Exkommunisten in kroatischer Uniform hätten seine Mutter ermordet und ihn samt Familie außer Landes getrieben. Unbildung, Mangel an demokratischer Erfahrung, das begünstige den Krieg. Hinzu komme die Konkurrenz dreier Religionen, deren Einpeitscher geschehene Verbrechen als Alibi für künftige mißbrauchten. Wahrhaft Gläubige sind das nicht, sagt Pjevac. Jeder sollte die Taten der eigenen Seite für die schlimmsten halten.

Gemeinhin gilt Serbien als Hauptaggressor der jugoslawischen Katastrophe. Formal nur eine von sechs Teilrepubliken, bildete Serbien die Trägermasse von Titos sozialistischem Vielvölkerstaat. Josip Broz Tito, selbst Kroate, hatte erfolgreich zwischen Ost und West laviert und der weltweiten Bewegung blockfreier Staaten vorgestanden. Sein Land prosperierte, auch dank des titoistischen Gründungsmythos: Die Nation gebar der Partisanenkampf. Vom faschistischen Joch erlöste eine wahre Volksarmee, die keine ethnischen Barrieren kannte. Nationalismus unterband der Autokrat mit eiserner Faust. Titos Widersacher landeten auf der KZ-Insel Goli Otok.

Gen Bosnien, durchs Dinarische Gebirge. In Jablanica ist das kriegszerstörte Partisanen-Museum originalgetreu erstanden. Ein lichter Kubus konserviert die verstorbene Staatsidee. In Marmor geschrieben steht Titos Menschlichkeit: *RANJENIKE NE SMIJEMO OSTAVITI*, Verletzte dürfen nicht zurückgelassen werden. Lebensgroße Puppen inszenieren den opfervollen Treck durch Schneestürme, Flüsse, Karst, Urwald und die dreifache Phalanx der Feinde. Titos Partisanen besiegten die Wehrmacht, die fascho-kroatischen Ustaschi, die königstreuen Cetnik-Serben. Vor dem Museum steht eine Film-Eisenbahn, stürzt eine Brücke in die Schlucht, denn hier entstand 1969 das monumentalfilmische Helden-Epos »Die Schlacht an der Neretva«, mit Sergej Bondartschuk, Yul Brunner, Curd Jürgens, Hardy Krüger, Orson Welles, Franco Nero ...

Die Rache-Massaker der Partisanen unterschlägt das Museum. Ein Seitenflügel würdigt bosnische Gefallene des jüngsten Kriegs. Stimmt es, daß im Keller kroatische Gefangene umgebracht wurden?

Noch gebe es diesbezüglich kein Gerichtsurteil, sagt die Führerin. Doch es sei wohl wahr. Im Krieg geschähen Verbrechen, auf allen Seiten.

1980 starb Tito, hochbetagt. Sein Staatsbegräbnis war das größte des 20. Jahrhunderts. Die Mächtigen der Welt pilgerten nach Belgrad. Einen Thronfolger hinterließ der Halbgott nicht. Seine Schöpfung zerfiel in nationale Egoismen; die serbischen dominierten. Staatsapparat und Volksarmee wurden stetig serbisiert. 1991 erklärten die slowenische und die kroatische Teilrepublik ihren Austritt aus der Föderation. Fatalerweise erkannte der deutsche Außenminister Hans-Dietrich Genscher die Separationen unverzüglich an und überzeugte »den Westen«. Das Unheil nahm seinen Lauf. Serbisch-Jugoslawien attackierte die Abtrünnigen nach dem Prinzip: Serbien ist, wo Serben wohnen.

Am schlimmsten traf es Bosnien. Seit Osmanenzeiten *punching ball* der europäischen Geschichte, bildete es ein Jugoslawien im Kleinen. Serben, Kroaten, Bosniaken lebten unentwirrbar miteinander, bis Serben auch hier mit der »Säuberung« begannen. Zum Inbegriff von Verbrechen und Ohnmacht wurde Srebrenica. Hier hatte die UNO 1993 eine »Schutzzone« installiert und flüchtenden Bosniaken versprochen, was sie nicht halten konnte. 20 000 eilten in die kleine Bergarbeiterstadt und auf das Areal der Batteriefabrik Potocari. Im Juli 1995 eroberte die Armee der bosnischen Serben Srebrenica; die kleine UNPROFOR-Truppe leistete keinen Widerstand. General Ratko Mladić proklamierte, er schenke die Stadt dem serbischen Volk. Die Stunde der Rache an den Türken sei endlich gekommen. Ein Photo ging um die Welt: Mladić und der niederländische Blauhelm-Kommandant Thomas Karremans, der, voll panischer Angst, mit dem Massenmörder Sekt trinken muß. Mladić trennte Männer und Frauen und karrte sie in Bussen fort. Alles Männliche von 12 bis 77 Jahren wurde erschossen und verscharrt – in Zvornik, Brahunac, Bijeljina, Foca, Rogatica, Sokolac, Sbrenik, Ugljevik, Visegrad ... Eine Topographie der Massengräber.

Unfaßbar: Man sitzt in Srebrenica und ißt Suppe. Kein Besucher wird diesem Ort gerecht. Ort und Geschehnis klaffen unendlich auseinander, wenn man das Böse nicht erfuhr. Die Landschaft höhnt der Geschichte: Gebirgsidylle, doch die Waldwelt ist vermint. Im Tal das Städtchen und die vakante Batteriefabrik. Gegenüber ein grüner Hain, aus dem 8372 weiße Stelen wachsen. Alljährlich werden es mehr, zum 11. Juli, dem Tag der Commemoration. Noch immer findet man Leichen, noch tausend Menschen blieben verschwunden. Musik wabert, getragene Gesänge an Allah. Zwischen den Gräbern wiegen sich sechs rotverschleierte Maiden im Trauertanz vor einer Kamera. Ein Video entsteht. Wird es zum Frieden reizen?

Eine Bäuerin erscheint: Hatidza Mehmedović, Sprecherin der Mütter von Srebrenica. Bei der Vertreibung 1995 verlor sie zwei Söhne, ihren Mann, Bruder und Schwester. Sie kehrte zurück und wohnt nun allein im alten Haus, im Garten drei Bäume, die ihr Söhnchen pflanzte. Kein Mensch in Bosnien lebe ohne Granatsplitter im Herzen, doch die Welt sei blind und taub für diesen strategischen Völkermord. Den Haag entlasse die Schuldigen, die daheim Orden und Ämter bekämen. Ihr könne man sämtliche Serben zur Tötung vor die Füße legen, das brächte ihr keinen Frieden. Sie wünsche nur Gerechtigkeit. Und daß nie wieder eine Frau erlebe, wie Mann und Söhne in Erschießungsreihen stehen.

Deutsche Frage: Erhielten Sie psychologische Betreuung?

Frau Mehmedović, fassungslos: Das hilft hier nicht.

Nach kurviger Gebirgsfahrt ist Sarajevo erreicht. Man atmet auf: eine intakte Stadt. Man stromert durch den Basar und am Miljacka-Fluß. Man erblickt die Stätte der Begegnung von Franz Ferdinand und Gavrilo Princip, dem Urjugoslawen. Glocken läuten, der Muezzin ruft, die Synagoge ist nahebei. Man findet die Kathedrale zur Abendmesse überfüllt und in der Ferhadija-Moschee späten Frieden. Architektonisch dominiert Habsburg, modisch mitteleuropäische Normalität. Kopftuch und Tschador sind Minderheiten. Vucko, das Wölfchen, erinnert an die Winterolympiade 1984. Vor der Ewigen Flamme der Befreiung am 6. April 1945 knipsen sich Teens, als herrschten auch heute *bratstvo i jedinstvo,* Brüderlichkeit und Einheit, wie Väterchen Tito gebot.

Doch bei der Kathedrale, vor dem Bäckerladen, auf dem Markt leuchten Sarajevo-Rosen: Granatenkrater, rot ausgemalt. Hier starben Dutzende Menschen während der Belagerung von 1992 bis 1995. Von den Bergen ringsum schossen die Serben auf alles, was sich bewegte. Man sieht die *Sniper Alley* und den Einstieg zum Versorgungstunnel in die Stadt. Deren 360 000 Bewohnern gebrach es am Nötigsten, obwohl die UNO den Flughafen über dem Tunnel zeitweilig offenhielt. 329 Granaten gingen pro Tag hernieder; am 22. Juli 1993 waren es 3777. Es starben 11 145 Menschen, darunter 1601 Kinder. Ihrer gedenkt ein gesondertes Mahnmal am Park. Leider schließt es die serbischen Kinder aus, als hätten die vertierten Schützen gewußt, wen sie mordeten. Ein Scharfschütze nahm sich 2006 das Leben. Er hatte ein serbisches Mädchen erschossen, weil er es lachen sah. Das wurde er nie wieder los.

Sarajevo ist der Hauptort der Reise. Und die Metropole eines Staats, der ohne internationale Stützung nicht überleben kann. Bosnien-Herzegowina teilt sich in zwei Subkonstrukte: die zentralistische Republik Srpska mit der Hauptstadt Banja Luka und die bosnisch-herzegowinische Föderation. Deren kroatische Minderheit fordert eine eigene »Entität« und schlösse sich wohl am liebsten Kroatien an. Der Staat ist das Verhandlungsprodukt von Dayton / Ohio 1995, erzwungen durch Bill Clintons USA, mühsam antiethnisch fundiert. Der Vertrag von Dayton stoppte immerhin das Morden. Er erschuf ein bürokratisches Ungetüm mit 150 Ministerien, Paritätsdogmatik, irrwitzigen Parallelstrukturen, horrender Arbeitslosigkeit und blühender Korruption.

Wir treffen drei Veteranen des Kriegs. Der Serbe Spasoje Kulaga, der Bosnier Avdija Banda und der Kroate Mirko Zecević-Tadic, der im Krieg ein Bein verlor, sind zu Verstand gekommen und möchten diese postjugoslawische Rarität zur Versöhnung nutzen. Zu dritt besuchen sie Veteranentreffen und Opfertage. Triethnisch trotzen sie der nationalistischen Glorifizierung des Kriegs. Wie kann ich hassen, wen ich nicht kenne?, sagt Spasoje. Ich ging nicht in den Krieg, er kam mit den Kroaten nach Derventa, in meine Stadt. Ich suchte Schutz. Ich schloß mich meinen Nachbarn an, also den Truppen der Republika Srpska. Das Fernsehen redete von Großserbien. Ich bin unpolitisch, ich wollte nur überleben. Schreckliches passiert im Krieg. Ein Menschenleben kostet 50 Cents, soviel wie ein Schuß. Man kann töten, man ist Gott. Krank.

Mirko: Ich bekam Angst vor mir selbst. Ich war bereit, im nächsten Moment jeden Menschen grundlos zu erschießen.

Avdija: Ich hatte unbemerkt eine Serbenpatrouille vor der Waffe. Ich dachte: Wärst du glücklicher, wenn du sie tötest? Ich schoß in die Luft, zur Warnung.

Mirko: Es kann nicht wieder werden wie vor dem Krieg, aber so normal, daß wir einander als Menschen betrachten. Wer keine Nachbarschaft erträgt, kann ja in die Antarktis. Großserbien, Großkroatien? Versucht's auf dem Mars. Wer von Krieg redet – gleich abholen, Knast.

Spasoje: Wer mein Haus betritt, ist einfach Mensch. Dafür werde ich angefeindet. Mein Status als serbischer Held ist weg.

Avdija: Wir dürfen unseren Kindern nicht Haß und das Gift des Nationalismus hinterlassen.

Spasoje: Bosnien-Herzegowina muß schnellstmöglich in die EU, um hier europäische Standards einzuführen. Sonst vergeuden wir noch eine Jugend.

Unser Begleiter Adnan, einst Verteidiger von Sarajevo, moderiert. Er hält Opferverbände für problematischer als Veteranen. Bei denen gebe es wenigstens ein Gefühl für eigene Schuld. Verbrechen müßten öffentlich anerkannt werden. Das verordnete Schweigen über die Greuel im Zweiten Weltkrieg sei das Krebsgeschwür der jugoslawischen Geschichte.

Nenad sagt: 90 Prozent der Menschen wollen den Friedensprozeß. Sie wissen bloß nicht, wie.

Sarajevo-Radio, bei Nacht. *Frekvencije bez konkurencije.* Blues, Klassik, schmachtender Balkan-Pop, archaische Sevdah-Elegien. Ein Nighttalker besänftigt einen Wüterich. Ein Imam sendet Allahs Frieden. Schwebend singt ein Tenor seine fromme Litanei. Alle Stimmen eint diese Stadt.

Und alle Orte sind kontaminiert vom Krieg. Die Reise wird noch ins Herz der Teilung führen. Großartige Panoramen durchrollt der Bus, entlang des grünen Wassers der Neretva-Fjorde, zwischen wolkenbemützten Felswänden. Wo Menschen wohnen, erscheinen neben neuen Häusern auch zerstörte. Dann Mostar. Die Hauptstadt der Herzegowina erweist sich als Qualkommune »reinrassiger« Separation. Die Kroaten leben westlich der Neretva, die Muslime im Osten. Beide Seiten bezichtigen einander mit spektakulären Ruinen. Wohl ist die weltberühmte Türkenbrücke von 1566, am 9. November 1993 durch kroatischen Beschuß zerstört, 2004 erneuert worden. Wohl sausen die Brückenspringer wie einst für Gaffergeld zwanzig Meter hinab. Wohl wimmelt der Basar von Touristen, die sogar Granathülsen-Vasen und Patronen-Kugelschreiber kaufen. Doch früher verband die Brücke beide Hälften der Stadt. Heute, sagt unser Führer, trenne sie rigoroser als die Berliner Mauer.

1992 erwehrten sich Mostars Kroaten und Muslime gemeinsam der Serben. Nach deren Abzug fielen sie übereinander her. Die Kroaten kesselten die Bosniaken ein. Der Urbizit begann. Zur Hauptkampflinie wurde die Straße der Brüderlichkeit und Einheit. Das MG-Feuer zersägte komplette Häuser. Im Osten, kurz hinter dem Fluß, liegt ein neuer Friedhof. Alle Grabsteine tragen das Todesjahr 1993, alle Porzellan-Porträts zeigen junge Männer. Jeden, sagt der Führer, habe er gekannt. Dieser Ort sei früher ein Spielplatz gewesen, davor schon einmal Friedhof. Hoffentlich

Der christliche Kanonenberg, gesehen vom muslimischem Friedhof (Mostar, 3. Juni 2016)

bleibe er das nun für immer, zur stetigen Erinnerung: Niemals wieder vergessen, wie nahe der Feind ist!

Die Kroaten haben auf den Berg, von dem sie Ostmostar beschossen, ein riesiges Kreuz gepflanzt, auf daß der Moslem begreife, wessen Gott triumphiert. Weit über alle Minarette ragt, gleichfalls sieghaft bekreuzt, der neue Glockenturm der Franziskanerkirche. Das völlig verwahrloste Ehrenmal der Partisanen in Westmostar dürfen wir nur mit Polizeischutz betreten. Hier verkommen die Gräber von 730 Partisanen. Überall Hakenkreuze und Ustascha-Runen. TITO VAMPIR! BOSNISCHE SCHWEINE INS GAS!

Westmostar hat ein Dokumentationszentrum des Heimatkriegs. Es sucht Versöhnung – mit der Ustascha-Vergangenheit und dem Kroatenstaat von Hitlers Gnaden. Hier heißt der Opfermythos Bleiburg. 1945, nach Deutschlands Kapitulation, ergab sich die kroatische Armee in Kärnten den Engländern. Die überstellten die Gefangenen an die Volksbefreiungsarmee ihres Alliierten Tito. Die Partisanen trieben die Besiegten auf Todesmärsche und ermordeten Tausende. Jahrzehntelang lagen die toten Ustaschi und Wehrmachtssoldaten verscharrt und verstreut. Nun sollen sie versammelt werden. Außerdem treffe Tito die Blutschuld an 66 ermordeten Franziskanern. Ein monumentaler Friedensfriedhof werde entstehen, mit vorerst 90 000 Kreuzen. Die katholische Kirche möge ihren Segen spenden und die Märtyrer des Jugo-Kommunismus heiligsprechen.

Wir blicken in ein Massengrab. Im Hintergrund läuft der Film einer Exhumierung. Reiseleiter Rainer Eppelmann, 1990 Abrüstungsminister der finalen DDR, erhebt sich, dankt und mahnt mit Bertolt Brecht. Der notierte 1951:»Das große Carthago führte drei Kriege. Es war noch mächtig nach dem ersten, noch bewohnbar nach dem zweiten. Es war nicht mehr auffindbar nach dem dritten.«

Dieses Orakel beschloß die Reise ins jugoslawische Erbe. Der Kommunismus wich der Demokratie. Die Demokratisierten hatten repressive, reaktionäre, retrospektive Ideale. Sie krümmten die Linie des Fortschritts zum Kreis und erwählten den Nationalismus. Die Balkan-Nationalismen hat nicht die Globalisierung verschuldet, sondern allseitige Hirn- und Herzensschwäche. Ethnische, politische und kulturelle Identität wurden deckungsgleich gestanzt. Jede Nation bewaffnet sich mit exklusiver Kollektivgeschichte. Wer ausschert, heißt Verräter. Überall hörten wir Erstaunen, daß »der Westen« den Balkan für befriedet halte. Der Krieg sei nicht vorbei, nur die Waffen schwiegen momentan.

»Massaker werden bei uns immer verziehen und nie vergessen.« Das schrieb Miljenko Jergović in seinem Roman »Das Walnußhaus«, einer Familienchronik des südslawischen 20. Jahrhunderts. »Auf jedem Verzeihen aber steht ein Verfallsdatum. Man verzeiht für zehn, fünfzig oder hundert Jahre, doch nichts wird auf alle Zeit verziehen, kein einziges Verbrechen, ob es nun tatsächlich stattgefunden hat oder erfunden ist.«

Besuchten wir Europas Vergangenheit? Oder die Zukunft?

23

Am 26. August 2016 betrat ich endlich das christlichste Abendland. Kurz vor Mitternacht startete das Flugzeug in Berlin-Schönefeld. Nach drei Stunden erschien unten in der Meeresschwärze ein funkelndes Atoll. Sanft setzten wir auf. In der Halle hielt ein Mann ein Schild mit meinem Namen. Wir fuhren durch funzelig beleuchtete Neubauquartiere, dann unterhalb von Festungsmauern. Der Fahrer wies auf Pfützen, begeistert. Am Abend sei ein Wunder geschehen: Regen, im Sommer!

Ich erwachte früh und öffnete das Fenster. Links lag das morgengraue Meer. Die Altstadt drängte sich auf einer Zunge Land. Hinter den Häusern stieg die Blutapfelsine empor. Zum Greifen nah schien die Basilika Unserer Jungfrau vom Berg Karmel. Auf der Kuppel leuchtete ein Neonkreuz, daneben spitzte der Turm von Sankt Paul.

Das christlichste Abendland erwies sich als recht klein. Dafür gehören neun Zehntel der Malteser zur Römisch-katholischen Kirche. Über Jahrhunderte galt Malta als Südbastion der Christenheit. Laut abendländischer Heldensage retteten die Johanniter, die Malteser Kreuzritter, 1565 Europa vor den Türken. Hätten die allesverschlingenden Sultanshorden den Brückenkopf Malta erobert, wären sie bis Rom, Wien, Dresden vorgedrungen, dann gäbe es heute weder Pegida noch den Papst. Wir wären Moslems, *in'ch Allah*!

Betrüblicherweise enthüllt die Nahsicht manch unwillkommenes Detail. Die Johanniter waren Kriegsmönche, also Perverteure der Friedensbotschaft Jesu. Ihre Ordensregel »Tapferkeit, Freiheit, Glaube« vergewaltigte den Pazifisten aus Nazareth. Der Orden rekrutierte unversorgte Sprößlinge europäischer Adelshäuser. Ursprünglich bewohnten die Johanniter Rhodos, wurden aber dort 1522 von den Osmanen vertrieben. Danach gastierten sie jahrelang an diversen Höfen. Ihre Vision von der Heimkehr ins Paradies Rhodos blieb illusionär. Stattdessen besetzten sie 1530 Malta. Das karstige Eiland erhielten sie formell als »ewiges Lehen« von Kaiser Karl V. Jährlicher Tribut: ein Falke.

Die Johanniter betrieben Piraterie. Der türkische Großangriff von 1565 war auch eine Strafaktion. Erstaunlicherweise hielten die Belagerten stand, bis Philipp II. von Spanien Entsatz schickte. Die Türken zogen ab, die Kunde vom ritterlichen Sieg durcheilte die Christenheit. Von Rückkehr nach Rhodos war danach nicht mehr die Rede. Der Großmeister Jean Parisot De La Valette verlegte die Ordenszentrale von Birgu auf die andere Seite der Meeresbucht und ließ dort jene Festungsstadt errichten, die seinen Namen trägt.

Vallettas Zentralheiligtum ist die Johannes-Kathedrale. Von außen wirkt sie unscheinbar. Drinnen gehen die Augen über. Jede Fläche dieses Doms ist definiert, belegt von Gold und schwarzem Stein, gefüllt mit Gemälden, Epitaphen, Kreuzeskunst. Der Marmorboden deckt 375 Johannitergräber. Die bunten Intarsien der Platten zeigen Wappen und vermelden glaubensritterliche Taten, in Latein. Ein weltberühmtes Gemälde an der Stirnwand des Oratoriums zeigt die Hinrichtung des Ordensheiligen. Aus dem Blut des Geköpften läuft die Signatur des Malers. Caravaggio schuf »Die Enthauptung Johannes des Täufers« aus Dank. Als er 1607 nach Malta kam, war er auf der Flucht. In Rom hatte er beim Ballspiel einen Mann erschlagen. Die Johanniter nahmen den Flammkopf auf – und verstießen ihn nach wenigen Monaten, denn auch hier geriet er in Streit. Nahe Rom wurde er verhaftet und starb 1610, keine 39 Jahre alt.

Die Kathedrale füllt sich. Es ist Samstagabend. Der Priester predigt in der schmiegsamen Landessprache; wenige Kernsätze wiederholt er auf Englisch: Je mehr wir von uns absehen, desto mehr sieht uns Jesus an. Kümmert euch um jene, die im Nebel leben. – Malta liegt abseits der Flüchtlingsrouten übers Mittelmeer, doch am Sonntagmorgen zeigen sich hinter der Auberge de Castille Scharen ärmlich gekleideter schwarzer Menschen, die man im Alltag von Valletta nicht sieht. Sie überfüllen eine bescheidene Kirche bis an die Treppenstufen, auf denen ihre Schuhe stehen. Sie feiern Gottesdienst, versunken, wie entrückt, mit einer rätselhaft schamanischen Liturgie.

Woher seid ihr?

Eritrea.

Erstmals hörte ich von Malta im Christenlehre-Unterricht. Im Jahre 58 reiste der Apostel Paulus, von Kreta kommend, gen Rom. Sein Schiff geriet in einen Sturm. Die Besatzung gewahrte Land und steuerte in eine Bucht. Auf einer Sandbank zerbrach das Schiff, doch niemand kam um. »Und als wir gerettet waren, erfuhren wir, daß die Insel Malta hieß.« So beginnt das Schlußkapitel der Apostelgeschichte des Lukas.

Der erste Malteser, von dem ich erfuhr, hieß Luciano Camilleri. Er erlitt nicht Schiff-, sondern einen Beinbruch, in Wolfen. 1969 beherbergte die DDR die Fußball-Junioren-Europameisterschaft und schlug Malta sportlich fair 10:0. Die Engländer züchtigten ihre abtrünnige Kronkolonie mit 6:0 und brachen Camilleri Schien- und Wadenbein. »Vom Krankenbett einer Leipziger Klinik aus mußte er das weitere Turniergeschehen verfolgen«, so berichtete am 28. Mai 1969 die »Neue Fußballwoche«, mit Photo. »Wie strahlte er, als (...) DDR-Mannschaftskapitän Lothar Kurbjuweit und Betreuer Karl-Heinz Spickenagel (...) zu Besuch kamen und ihm einige Aufmerksamkeiten überreichten. ›Daß es so etwas gibt, hätte ich nicht für möglich gehalten‹, betonte Maltas Delegationsleiter Joseph Gaucki.«

Jahre später, als die DDR-Nationalelf in Valletta spielte, genoß der Reporter Heinz Florian Oertel maltesische Gastfreundschaft. Unleidliche Devisenforderungen hatten seine Akkreditierung verhindert. Oertel pirschte strategisch um das Gzirah-Stadion und klingelte an einem hohen Haus bei den Obermietern. Von deren Balkon erhoffte er sich Sicht aufs Spiel. Es erging ihm wie Paulus in der Apostelgeschichte (Kapitel 28, Vers 2): »Die Leute aber erzeigten uns nicht geringe Freundschaft, zündeten ein Feuer an und nahmen uns alle auf um des Regens, der über uns gekommen war, und um der Kälte willen.« Bei Kaffee und Kuchen reportierte Oertel per Telefon einen knappen Sieg. Camilleri konnte wieder laufen.

Warum entsinne ich mich dieser Mikropartikel der Weltgeschichte? Weil ich sie nicht vergaß – aus Fernweh. Meine Biographie hat zwei Teile. Der erste handelt von Sehnsucht nach der Welt, der zweite von Erfüllung. Zeitlich trennt die Teile der Epochengraben 1989, räumlich die Grenze. Ich mochte die DDR nicht verlassen. Aber mit jedem Jahr der erzwungenen Seßhaftigkeit wuchs das schmerzliche Bewußtsein ungelebten Lebens und provinzieller Egomanie. Ich stagnierte wie mein Land, das meinesgleichen nicht zu integrieren, geschweige denn zu fördern wußte.

Die DDR hieß »Staat der Arbeiter und Bauern«. Sie trug diesen Namen zu Recht. Günter Gaus sprach mit Sympathie vom »Land der kleinen Leute«, aber Freigeister hatten es in der »Nischengesellschaft« schwer. Mich erstaunt noch heute, wie fahrlässig, mit welch ideologischem Dünkel der Staat seine Antriebskräfte lähmte. Systematisch wurde entbürgerlicht. Welch Aufsehen, als der Dichter Stephan Hermlin sich als »spätbürgerlichen Schriftsteller« bezeichnete. Kollegin Ruth Werner erklärte, falls jemand sie so nenne, würde sie ihn ohrfeigen.

1979 erschien Hermlins »Abendlicht«. Den Umschlag des schmalen Bands schmückte Caspar David Friedrichs Sonnenuntergangsgemälde »Das Große Gehege bei Dresden«. In elegischem Deutsch erzählte Hermlin von antifaschistischer Selbstbehauptung unter dem NS-Regime. Die vielgelesene Novelle wurde für autobiographisch gehalten, ohne daß Hermlin widersprochen hätte. Ja, »Abendlicht« war spätbürgerliche Literatur, ein Abgesang auf jene liberale Welt, die in der Nazibarbarei verdarb. Zugleich empfand ich den Text als melancholischen Verzicht auf Zukunft. Er ermutigte zu keinem Aufbruch. Hermlin, 1915 geboren, hatte seine Ernte in der Scheuer. Er setzte ein Motto von Robert Walser voran: »Man sah den Wegen am Abendlicht an, daß es Heimwege waren.«

Aber ich wollte hinaus!

Abendlicht beleuchtet Abendland. Kurz vor Ultimo der DDR las ich in »Sinn und Form« eine Rede Hermlins, deren geschichtsversunkene Schönheit mich erschütterte. Gehalten wurde sie in den Münchner Kammerspielen, am 30. November 1986, im Rahmen der Reihe »Nachdenken über das eigene Land«. Hermlin fragte: »Was soll das Gerede von einer Wiedervereinigung, an die im Grunde niemand glaubt und die niemand im Grunde seines Herzens für nötig hält? Was soll das tiefsinnige Raunen von deutscher

Identität und einer offenen deutschen Frage?« Doch gemeinsam geblieben sei uns Kunst, »für die wir so hoch bezahlt haben mit mißlungener Geschichte«.

Staatsgrenzen überfliegend, wies Hermlin auf »das fahle gemarterte Fleisch in Colmar, die Krone im Stefansdom, die Dörfer mit ihren Silbermannorgeln, die Fürsten von den Kreuzzügen nicht heimgekehrt, die Horizonte Altdorfers in furchtbarer zerreißender Bläue, die wahnwitzigen bayrischen Schlösser mit den Schmerzen des Amfortas, (...) Tübkes Bauernkrieg dort wo der Kaiser schläft, der Dresdner Zwinger, die Harnische an den Wänden, die Gräber in Tübingen und Zürich und auf dem Montmartre, die Judensau im Salzburger Rathaus, die Thomaskirche, die Tendenz zur kleinen Septime. *Hier muß ich das Elend bauen, aber dort, dort werd ich schauen*, Fürstengruft und Dorotheenstadt, die Asche ohne Gräber, die verbrannten roten Fahnen, die Regimentsfahnen vor dem Lenin-Mausoleum, *bin ich der deine schon, oft zürnt ich*, und siehe vierzig Jahre waren wie ein Tag und er ward geschlagen mit Vergangenheit. Du kaltes schönes Vaterland, in sich erstarrt, scheinbar blühend zwischen verpesteten Flüssen, von undurchdringlicher Gleichgültigkeit, nicht Vater- noch Mutterschoß, *das hier ist es.*«

Am 1. Oktober 1988 stand ich unter Tausenden in der Ostberliner Werner-Seelenbinder-Halle. Rio Reiser sang: »Der Traum ist aus«: *Gibt es ein Land auf Erden / Wo der Traum Wirklichkeit wird / Ich weiß es wirklich nicht, ich weiß nur eins ...* Und Tausende brüllten glücksverzweifelt: *DIESES LAND IST ES NICHT!*

Ich fand das Land, nach 1989. Es war, es wurde meine Heimat. Die Jahre nach der Wende machten mich zum Freigänger meiner angestammten Lebenswelt. Ich erzählte den West-Lesern der »Zeit« von Neufünfland. Ich reiste durch Europa und die USA, ich verliebte mich gen Asien, ich entließ meine Kinder in die Welt. Ich kehre immer wieder heim und sortiere neu Geschautes ins Vertraute, wie in Diakästen. Was ich erlebe, wird mein eigen. Fortan interessiert mich, wie es in den besuchten Ländern weitergeht. Ostdeutsch bleibe ich nebst vielen anderen Zutaten meiner multiplen Identität.

Dieses Buch hat einen vollmundigen Titel. Abendland – welch

hochtönender, tiefgesunkener Begriff. Historisch meinte er West-Rom, das lateinische Europa, den »okzidentalen« Kulturraum der hellenisch-jüdisch-christlichen Geistesgeschichte. Die wird oft so unbedacht zitiert, als wäre »Europa« philosemitisch geprägt, als vergäßen wir den deutschen Beitrag zur Vernichtung jenes Abendlands, für dessen Retter sich Adolf Hitler hielt. Den ideologischen Ruin der Abendländerei erhellt hinreichend ein Satz, den der nationalsozialistisch befruchtete Seins-Denker Martin Heidegger seinem Bruder Fritz schrieb, am 29. Januar 1943: Entscheidend sei jetzt, »die große Bedrohung zu sehen, daß sich der Bolschewismus und der Amerikanismus zu einer einzigen Wesensgestalt vereinigen und das Deutschtum aus dieser Einheit heraus als Mitte des Abendlandes *selbst* zerstören«.

Und das »christliche Abendland«? Wer in der DDR erwuchs, kommt aus einer atheisierten Welt. Ich erlebte den Übergang von der Volks- zur Minderheitenkirche und zu säkularer Normalität. Unreligiöse Menschen empfinde ich als meinesgleichen, Fundamentalisten nicht. Die europäischen Werte sind christlich fundiert, doch die universalen Menschenrechte bedürfen keiner Religion. Das vereinigte Europa hat eine polyphone Geschichte und viele, oft widerstreitende Perspektiven der Erinnerung. Sie gelten alle, wie gelebtes Leben. Ich verbürge, was ich erfuhr. Ich erzähle von meiner Weltprovinz und ihrer Geschichte. Global ist die Kunst.

Wie fern liegen die Kinderjahre, als ich Katholiken für mittelalterliche Geister hielt. Nach römischer Doktrin sind Protestanten vom katholischen Abendmahl ausgeschlossen. Dieser Torheit füge ich mich längst nicht mehr. Auch im Johanniterdom von Valletta empfing ich die Oblate. Nach Malta reise ich zudem mit einem langgehegten Wunsch. Ich wollte ein Patronatsfest erleben, eine Heiligen-Prozession, also unprotestantischen Götzenkult. Der Zufall half. Ich fuhr mit der Fähre von Valletta hinüber ins archaische Vittoriosa, das bei den Maltesern wieder Birgu heißt. Auf Türmen und Zinnen flatterten kunterbunte Fahnen mit phantastischen Wappen. Tore aus gelbrotem Tuch, leuchtend ornamentiert, überspannten die Gassen. Auf goldumrankten Theatersäulen posierten dramatisch verrenkte Barockfiguren – Heilige, dem nördlichen

Sankt Dominik, vom Himmel hoch (Birgu/Vittoriosa, 27. August 2016)

Nüchterling unbekannt, doch eine Augenweide. Ich erfuhr, Birgu präpariere Sankt Dominiks Fest. Am Sonntagabend steige die große Prozession. Ich müsse wiederkommen.

Wahrhaftig. Himmel und Menschen strömten herbei, füllten die Plätze, fluteten die Gassen. Kinder flitzten, Mütter brüllten, die Väter palaverten und rauchten. Mir war, als befände ich mich im Venedig des Jahres 1284 und feierte mit allem Volk den Turniersieg des Ritters Runkel von Rübenstein über den Cavaliere Carlo di Carotti (»Mosaik« Nr. 91, Juni 1964). Es trommelte die Sliema Band, das Blasorchester Prince of Wales Own tutete ins Blech. Erwartungsfroh drängte die Menge vom Markt bergan. Oben leuchtete die Dominikanerkirche, illuminiert von tausend bunten Lämpchen wie ein Pfefferkuchenhaus. Schlag sieben öffnete sich das Portal. Chorknaben und Meßdiener schritten heraus, Priester, Prälaten, Kardinäle, Päpste ... Sie präsentierten Kruzifixe, Monstranzen, mannshohe Kerzen, sie schwenkten Gold, Weihrauch, Myrrhe. Mein Protestantenherz hüpfte in vergnügtem Graus. Dann der Ersehnte: Sankt Dominik erschien. Volksjubel! Konfetti! Feuerwerk! Die Spielmannszüge schmetterten einen schmissigen Hit: Dominiks Hymne. Allgemeines Glück. Ich brüllte einer jungen Frau ins Ohr: Ist das nur Folklore oder auch Religion?

Entrüsteter Blick: Nur Religion!

Sankt Dominik lauschte seiner Hymne und tanzte ein wenig. Dies besorgten seine acht Träger durch leichtes Schaukeln. Der Heilige wog schwer mit seinem wuchtigen Silbersockel, den man in der Kirche demontiert und auf Holme geschraubt hatte. Schon jetzt brach den Kraftkerlen der Schweiß aus, dabei mußten sie Dominik noch Stunden schleppen. Zwei Trägern verrutschte der weiße Talar. Ich sah, mit Schrecken, riesige Nackenwülste, die über Jahre im dominikanischen Dienst gewachsen waren. Ich fürchtete, die Buckel könnten platzen, doch Dominik und seine Recken schwankten weiter. Ich ergab mich dem süffigen Blue-Label-Bier und betrank mich an der Bilderflut des Volkstheaters.

Plötzlich war Sankt Dominik verschwunden. Wohin? Der kommt zurück, sagte der Wirt, der muß Mitternacht wieder in der Kirche sein. Aber was tat er jetzt? Ich eilte durch die Gassen. Fast hätte ich nach Dominik gerufen. Ich fand ihn in der Triq Hilda Tabone. Nur weniges Volk lief noch mit. In einer engen Kurve pausierten die Träger. Dominik rastete auf stützenden Stelzen, ganz nahe einem Fenster. Daraus lehnte, schwarz gewandet, eine Greisin. Sie faltete die Hände, ihre Lippen sprachen stumm. Sie war glücklich. Der Heilige besuchte sie. Heute kam er zu ihr, so wie sie zu ihm ging an all den anderen Tagen des Jahrs. Ich wollte photographieren, doch ließ ich die Kamera sinken und das Paar allein. Dies war nicht meine Begegnung, nicht mein Glaube, nicht mein Leben. Aber meine Freude und mein Abendland.

Berlin-Pankow, Sommer / Herbst 2016

PS. zu Kapitel 4: Helmut Schmidts Biograph und langjähriger Lektor Thomas Karlauf schilderte kürzlich, wie sich Schmidts Erinnerung an die NS-Vergangenheit allmählich gewandelt habe. Karlauf zufolge erfuhr Schmidt erst nach dem Krieg von seinem jüdischen Großvater, integrierte ihn jedoch in eine Entlastungslegende. Die Schuldfrage habe Schmidt umgetrieben (»Er wollte nichts wissen«, »Die Zeit« Nr. 41/2016).

Kapitel 5: Der Streit um die Garnisonkirche geht weiter. Die Befürworter erwarben nicht einmal die für den Turm erforderlichen Spenden und möchten Kirchen- und Staatsgeld. Die Linke beantragte im Bundestag die Streichung von in Aussicht gestellten 12 Millionen Euro. Die Garnisonkirchstiftung fordert die Widersacher auf, »gemeinsam eine Kultur des Friedens zu bauen«. Bischof Markus Dröge findet: »Ein neuer Geist braucht auch ein erkennbar neues Haus.« Fortsetzung siehe www.christen-brauchen-keine-garnisonkirche.de, www.garnisonkirche-potsdam.de. und www.ohnegarnisonkirche.wordpress.com.

Kapitel 9 beruht auf meiner Laudatio für die Europapokal-Helden des FC Carl Zeiss Jena am 13. Mai 2016 im alten Jenaer Rathaus.

Kapitel 14: Frank Richter beendete mit dem Jahr 2016 seine Leitung der sächsischen Landeszentrale für politische Bildung. Er wurde Leiter der Stiftung Dresdner Frauenkirche.

Luthers Satan, Gottes Knecht

Eine Suche nach dem endzeitlichen Propheten
Thomas Müntzer

Stammt, wer am Südharz erwuchs, aus Luther- oder Müntzerland? Je nach Erziehung. Vater war Pfarrer in Sangerhausen. Ringsum lagen Lutherstätten: Eisleben, Mansfeld, Wittenberg, Erfurt und die Wartburg, wo der protestantische Sankt Martin 1521 das Neue Testament verlutherdeutschte.

Staatlicherseits hieß Luther »Fürstenknecht«. Die DDR erhob seinen Widersacher, den »Bauernführer« Thomas Müntzer, zu ihrem ideologischen Ahn. Nach ihm war die Schule benannt, das Kreiskulturhaus, der Kupferschacht. Kolchosen ackerten in Müntzers Namen. Die sozialistischen Errungenschaften hütete das 22. Motorisierte NVA-Schützenregiment »Thomas Müntzer«. Man lernte, daß Müntzer 1489 in Stolberg am Harz geboren wurde. Daß er wider die »großen Hänse« predige, für das Volk. Daß er kommunistisch forderte: Alles allen! Zum Revolutionär gereift, führte er im Bauernkrieg am 15. Mai 1525 achttausend Aufständische in die Schlacht von Frankenhausen. Dort unterlag sein landwirtschaftlich bewaffneter Haufe einem Fürstenheer, das Luther zum Gemetzel angefeuert hatte. Müntzer wurde hingerichtet. Nun aber war er auferstanden. Seine Saat trug Frucht im ersten deutschen Staat der Arbeiter und Bauern. Dessen Fünf-Mark-Schein zeigte Müntzers Konterfei: einen wachen Jüngling mit Barrett und Ohrenklappen.

In Wahrheit existiert kein authentisches Porträt. Auch Müntzers Leben ist spärlich dokumentiert, bis auf die letzten Jahre. Wahrscheinlich kam er, wie Luther, aus begütertem Haus, denn er studierte zumindest in Leipzig und Frankfurt an der Oder. Volksromantische Erfindung ist, was Müntzers Hagiograph Ernst Bloch fabuliert: »Es war trübe um ihn von vorn an. Fast verlassen wuchs der junge düstere Mensch auf (...) als einziger Sohn kleiner Leute (...) Der Vater soll, ein Opfer gräflicher Willkür, am Galgen geendet haben.« Blochs heilsgeschichtlich durchglühtes Buch von 1921 heißt »Thomas Münzer als Theologe der Revolution«. Der Titel verrät, was die marxistische Forschung wußte und die Propaganda möglichst unterschlug: Thomas Müntzer war vor allem Priester der römisch-katholischen Kirche.

Wo läßt sich Müntzer finden? In Zwickau, als dramatische Skulptur vor der Katharinenkirche. Zu Beginn des 16. Jahrhunderts war Zwickau mit 7500 Einwohnern neben Leipzig Kursachsens größte Stadt. Sie profitierte vom »Bergsegen« der erzgebirgschen Silbergruben. Die Reformation griff hier beizeiten Raum. Im Frühjahr 1520 begehrte der St. Marien-Pfarrer Johannes Wildenauer alias Egranus Bildungsurlaub. Er fragte Luther nach geeigneter Vertretung. Der Oberreformator empfahl Thomas Müntzer. Den kannte er seit dessen Wittenberger Studienaufenthalten zwischen 1517 und 1519 und hielt ihn für gleichen Sinnes. Dem war auch so – anfangs.

Im Gemeindehaus treffen wir Pfarrer Frank Bliesener. Er braucht eine helfende Hand. Die Erntedankfest-Früchte müssen in die Katharinenkirche. Unterwegs, bei St. Marien, setzen wir die Stiege ab. Bliesener weist auf ein Renaissance-Ensemble: die Priesterhäuser. Darin wohnten die Altaristen, sozusagen Akkordarbeiter der römischen Sakralwirtschaft. Unablässig zelebrierten sie Dank- und Opfermessen, deren Stifter für sich oder verstorbene Verwandte Sündenablaß zu erkauften meinten. Eine Versicherungsindustrie, sagt Bliesener. Die Leute waren damals unendlich religiöser als heute. Man hatte Höllenangst. Man bangte ums ewige Leben.

Wie kriege ich einen gnädigen Gott? Martin Luthers quälende Mönchsfrage ist die Grundsorge des mittelalterlichen Menschen. Luther findet sich erlöst, als ihm aus dem Römerbrief des Paulus die *iustificatio Dei* erscheint: Gottes Gerechtigkeit als Geschenk, ohne menschliches Verdienst. Diese Erkenntnis wird zum Urmeter von Luthers Reformation. Ablaßgeschacher, »Winkelmessen« ohne Gemeinde – solche Fiskalisierung des Glaubens verwirft auch Thomas Müntzer. Fremd ist ihm Luthers pädagogische Geduld mit den »Schwachen«, die noch Halt in Traditionen brauchen. Übergangsphasen räumt Müntzer nicht ein. Sein Ungestüm ist radikal.

Am 13. Juli 1520 schreibt Müntzer an Luther: Schwere Zwikkauer Kämpfe stünden ihm bevor. »Was du auch immer raten wirst, das werde ich tun.« Gehalten hat er sich nicht daran, sagt Frank Bliesener. Müntzer provozierte, er suchte die Konfrontation, hier wie an allen Orten seines Wirkens. Er sammelte eine Gemeinde der Auserwählten. Als Sozialanwalt der Unterschicht trat er nicht auf.

In Zwickau begegnet Müntzer den täuferischen »Propheten« Niklas Storch und Markus Stübner. Die beiden kommen 1521 auch nach Wittenberg. Sie behaupten den weltlichen Gleichrang aller Menschen und daß Gott direkt zu ihnen spreche, in Träumen und Visionen, ohne Umweg über die Bibel. Als Luther das hörte, sagt Bliesener, da fiel ihm die Kinnlade runter.

Für Luther gilt: *sola gratia, sola scriptura, solus Christus*. Gott offenbart sich allein aus Gnade, mittels der Schrift, in Christus. Vermeintliche Eingebungen des Heiligen Geistes sind biblisch zu prüfen. Müntzer kennt die Bibel auswendig, doch für ihn ist sie ein Kompendium von Glaubenszeugnissen. Er lehrt einen Dualismus von Buchstabe und Geist. »Thomas Muntzer wil keynen stümmen, sunder eynen redenden Goth anbethen.« Gottes Reich entstehe von innen her. Wer wahrhaft glaube, werde leer von Kreaturenfurcht und vom lebendigen Gott erfüllt. Eigenes Leiden mache christusförmig, notfalls bis zum Märtyrertod.

Seine Kreuzesmystik predigt Müntzer mit antiklerikalem Furor, der bald auch den Wittenbergern gilt: Schriftgelehrte haben Gottes Wort gestohlen! »Närrisch hodensäckische Doktoren« legen es behaglich aus, ohne Wagnis und Ergreifung ihrer Existenz! Am 5. September 1520 kehrt Egranus nach Zwickau zurück. Sein Urlaubsvertreter wechselt von St. Marien an die Katharinenkirche. Unverzüglich beginnt ein Kanzelstreit. Müntzer zeiht Egranus philologisch vertrockneter Intellektualität und papiernen Glaubens. Zwickau spaltet sich in Egraner und Thomaner. Schmähgedichte

Thomas Müntzer am Ort seiner Folter (Denkmal von Hans-Hermann Richter und Johann-Peter Hinz, Wasserburg Heldrungen, 6. Oktober 2016)

werden publiziert, die Anhänger bedrohen einander. Der Rat schreitet ein und schaßt Müntzer. Der verläßt fluchtartig die Stadt.

Herr Bliesener, was blieb von Thomas Müntzer?

Mutig und geradlinig war er, aber er stürzte sich selbst. Man kann nicht unfriedlich Menschen gewinnen. Bleibendes baut nicht, wer im Wahn eines göttlichen Auftrags »Ungläubige« ausrotten will.

Taugt er zum Stachel im »sanftlebenden Fleisch zu Wittenberg«?

Ich bin kein Lutherfan, sagt Bliesener. Ich schätze Luther als Theologen, doch auch er polarisierte. Er verfolgte Abweichler, er überwarf sich mit den Humanisten. Und seine Bauern- und Judenhetze – hätte er da doch den Mund gehalten!

Das Reformationsjubiläum beleuchtet auch das.

Es heißt doch immer nur »Lutherdekade«. Heiligenkult. Devotionalienhandel. Luther als Chip, Mousepad, Tasse, Bier, Bonbon und Pilgerweg. Ein riesiges Geschäft, aber wir Kirchgemeinden sollen mit immer weniger Geld auskommen.

Luther lebte lange, Müntzer kurz. Luther publizierte üppig, weit verbreitet. Müntzers hinderlich gedrucktes Werk ist schmal. Luther residierte unter kurfürstlichem Schutz. Müntzer blieb unstet, wurde überall verjagt und empfand wohl das »elende meyns vortreibens« als Christusnachfolge. Auch in Prag, wohin ihn Jan Hus' Lebensspuren zogen, faßte er nicht Fuß, schrieb dort aber Ende 1521 seinen »Prager Sendbrief«: »Oho, wie reif sind die faulen Äpfel! Oho, wie mürbe sind die Auserwählten geworden! Die Zeit der Ernte ist da! Darum hat mich Gott selbst in seine Ernte gemietet. Ich habe meine Sichel scharf gemacht, denn meine Gedanken sind heftig zur Wahrheit und meine Lippen, Haut, Hände, Haar, Seele, Leib, Leben verfluchen die Ungläubigen.«

»Dye zceyt der ernde ist do!« Müntzer verkehrt Jesu Gleichnis vom Unkraut unter dem Weizen (Matthäus 13, 24–30): Die Feldarbeiter finden die sprießende Saat von Unkraut durchsetzt. Sie fragen den Herrn, ob sie es jäten sollen. Der Herr spricht: »Nein, auf daß ihr nicht zugleich den Weizen mit ausraufet (...) Laßt beides miteinander wachsen bis zur Ernte.« Dann erst mögen die Schnitter das Unkraut verbrennen und den Weizen in die Scheune sammeln. Das Gleichnis instruiert die Gläubigen in der unerlösten Welt. Deren Ende glaubt Müntzer aber schon gekommen. Also verfügt er: Christus naht, da muß die Welt verchristlicht werden wie einst die Urgemeinde, »auff das sich das yrdische Leben schwencke in den himmel«.

Endzeiterwartungen sind damals verbreitet. Auch Luther teilt sie, doch er macht daraus kein politisches Programm. Die Apokalypse des Johannes, von Müntzer alarmisch beschworen, hält er für »aller Rottenmeister Gaukelsack«. Der Realist zu Wittenberg formuliert seine Lehre von Gottes zwiefachem Regiment: *In spiritu* regiert Gott durch das Evangelium, ohne Gewalt. Die weltliche Ordnung zu wahren gebietet er der Obrigkeit; in die gottgegebene Ständeordnung hat sich jedermann zu fügen. Durchaus ermahnt Luther die Fürsten zur Gerechtigkeit. Falls sie nicht hören, bleiben sie dennoch Herrscher, denen niemand widerstreiten darf.

Luther reformierte den Glauben, die Kirche, das individuelle Gewissen, aber nicht den Staat. Was »ausz der tauff krochen ist«, sei »schon priester Bischoff vnd Bapst geweyhet«, doch nicht zum Fürsten gekrönt. Gott habe, schrieb Luther, die Obrigkeit als Fels in die Welt gesetzt. Seine Kurfürsten schützten ihn, da seine Freiheit kein Umsturz war. Die aufgelassenen Klöster und Liegenschaften der Papstkirche kassierte man gern. Der katholische Kaiser mochte bemerken, daß Kursachsen auch protestantisch funktionierte.

Aber tief unter allen Reichsständen bebte die ausgebeutete Bodenmasse der Nation. Die Bauern standen auf, erweckt durch Luthers Schrift »Von der Freiheit eines Christenmenschen«.

Allstedt liegt nahe Sangerhausen, an der Straße der Romanik. 1523 waren beide Orte einander Ausland. Altgläubig-albertinisches Sachsen umgab die kursächsisch-ernestinische Exklave Allstedt. Dort fand Thomas Müntzer Pfarr-Anstellung. Der Ruf des »Seelwarters« von St. Johannis verbreitete sich wie Donnerhall. Grenzüberschreitend strömten ihm Hörer zu, trotz albertinischen Verbots. Glaubensflüchtlinge suchten in Allstedt Asyl. Nach Müntzers lodernder Predigt wider den Bilderkult brandschatzte ein frommer Mob die Mallerbacher Wallfahrtskapelle des Nonnenklosters Naundorf. Allstedt deckte die Täter, doch Müntzer wurde als Aufwiegler bekannt.

Auf der mittelalterlichen Kaiserpfalz erwarten uns zwei junge Herren. Pfarrer Martin Weber wirkt wie ein Rocker oder Biker, Museumschef Adrian Hartke scheint Poet. Theologisch-historisch flankiert erkunden wir das Schloß und die neue Dauerausstellung »Thomas Müntzer 1523 – ein Knecht Gottes«. Unten im Ackerstädtchen gründete Müntzer den Allstedter Bund, eine Schutz- und Trutzgemeinschaft der Gottgerechten. Er heiratete die entlaufene Nonne Ottilie von Gersen. Er verdeutschte die Messe, schuf eine neue Liturgie und wandte sich am Altar der Gemeinde zu.

Jetzt führt Burgherr Hartke in den romanischen Palas. Hier in der Hofstube habe Müntzer die berühmte Fürstenpredigt gehalten. 1524 bittet Kurfürst Friedrich der Weise seinen mitregierenden Bruder Johann, den Schwarmgeist zu beäugen. Am 12. Juli nächtigen Johann und sein kurprinzlicher Sohn im Allstedter Schloß. Zum Frühstück gibt es Müntzer. Wohl über eine Stunde bewirtet der Entflammte die »thewren regenten von Sachssen« mit dem Buch Daniel (Kapitel 2) und verkündet die Zerschmetterung gotteslästerlicher Macht. Fürsten mögen Fürsten bleiben, solange sie ihr Schwert gottgewollt gebrauchen. Christus habe (Lukas 19,27) befohlen: »Nemet meyne feynde und wuerget mir sie vor meynen augen.« Oder 1. Könige 18: die Tötung der Baalspfaffen. »Dann die gottlosen haben kein recht zcu leben!« Der säumigen Obrigkeit jedoch werde das Schwert genommen; es falle an das gemeine Volk »zum untergange der gotlosen«. Müntzer bewirbt sich als neuer Daniel. Er, nicht »bruder mastschwein« zu Wittenberg, sei der wahre Prophet.

Die Fürstenpredigt bildet eine Prachtpassage in Martin Hellbergs DEFA-Film »Thomas Müntzer« von 1956. Das pathetische Lichtspiel schönt Müntzer, doch gewiß nicht die Mienen seiner »allerliebsten« Hörer. Die sind bedient. Und längst für Luther entschieden. Der eilfertigt noch im selben Monat seinen »Brief an die Fürsten wider den aufrührerischen Geist« und denunziert den »Satan zu Alstett«. Und mahnt: »Man lasse die geyster auff eynander platzen vnd treffen. (...) Aber die faust halltet stille«.

Fortan tilgt Müntzer die Fürsten aus der Schar der Erwählten. Sein städtischer Rückhalt schwindet. Er flieht abermals, am 8. August 1524, nachts, über die Mauer, nach Mühlhausen. Sein letztes Kapitel beginnt.

Wie schön ist Mühlhausen. Thüringens alte Reichsstadt prunkt mit gotischem Getürm. Vor der Kirche Divi Blasii erklimmt der junge Bach, einst hier Kantor, seinen Denkmalsockel. Drinnen posiert Luther – blind. Die Augen bedeckt eine gelbe Binde, wegen seiner säuischen Epistel »Von den Jüden und ihren Lügen«. In St. Marien wird ausführlich des hiesigen Predigers Müntzer gedacht. Er wacht an der Stadtmauer, vor dem Frauentor, mit Bibel und zerbrochenem Schwert.

Die Kornmarktkirche ist Bauernkriegsmuseum. Die Ausstellung »Luthers ungeliebte Brüder« läßt begreifen, wie Luther die Reformation beherrschte. Wer ihm widersprach, wer anders lehrte, wurde weggebissen, verleumdet, verjagt, allererst sein Wittenberger Amtsgefährte Andreas Bodenstein, genannt Karlstadt.

Mühlhausens Reformationspionier war Heinrich Pfeiffer, ehedem Zisterzienser. Vermutlich rief er Müntzer. Dessen Mühlhäuser Wirken schildert uns ein Katholik. Thomas T. Müller leitet die städtischen Museen und die 2001 gegründete wissenschaftliche Thomas-Müntzer-Gesellschaft. Natürlich hat er auch entsprechend promoviert. Seine Dissertation erklärt: »Thomas Müntzer war nicht der Urheber des Bauernkriegs, auch nicht sein spiritus rector und schon gar nicht der militärische Führer desselben. Er fand zum Aufstand, weil er in den Aufständischen die von Gott erwählten Werkzeuge für die endzeitliche Scheidung der Menschheit in Auserwählte und Gottlose sah.«

In Mühlhausen, erzählt Müller, verbanden sich reformatorische Tendenzen mit innerstädtischen Unruhen. Die nicht ratsfähige Oberschicht drängte zur Macht und erzwang den Rücktritt der Stadtregierung. Ein Ewiger Rat wurde installiert. Reichsstädtisch selbstbewußt legte er sich mit den Schutzfürsten an, rekrutierte

Truppen und erhörte zwecks Revolutionsexport Ende April 1525 einen aufständischen Hilferuf aus Langensalza. Dort angelangt, fanden die Mühlhäuser den Umsturz abgeblasen. Ersatzweise plünderten sie auf dem Heimweg das Kloster Volkenroda. Anfang Mai marodierten sie fünf Tage lang durch das Eichsfeld und suchten die dortigen Klöster heim. Müntzer war dabei, mit klammen Gefühlen: »Warum konnt ichs nicht verhindern, daß die Auserwählten zu Räubern werden?«

Gemordet wurde nicht, doch Mühlhausen schlitterte in den Bauernkrieg. »Der Aufruhr«, so Ernst Bloch, »ist die Berufsethik des chiliastischen Christen.« Müntzer erfährt von der Sammlung eines Bauernheers bei Frankenhausen. Er glaubt: Dies wird der Endkampf. »Thomas Müntzer mit dem Schwerte Gideonis« zieht gen Frankenhausen, mit 300 Mühlhäusern, gleich Gottes alttestamentlichem Streiter Gideon (Buch der Richter, Kapitel 7). Er orgelt, laut Bloch, »das leidvollste, rasendste Revolutionsmanifest aller Zeiten«: »Dran, dran, weyl das Feuer heis ist! Lasst ewr schwerd nicht kalt werden von blut. Schmidet pinckepanck auf den anboss Nymrod, werfft yhn den torm zu boden! Es ist nit mügelich, weil sie leben, das yhr der menschlichen furcht solt los werden! Dran, dran, dieweyl yhr tag habt. Gott gehet euch fur, folgt!«

Oberhalb von Frankenhausen campieren 8000 Insurgenten in einer Wagenburg. Das nahende hessisch-braunschweigische Fürstenheer ist übermächtig gerüstet. Auch die Albertiner rücken an. Emissäre verhandeln. Die Fürsten bieten freien Abzug, falls Müntzer ausgeliefert werde. Abgelehnt. Müntzer predigt gewaltig vom kommenden Gottesreich. Christus werde auf dem Schlachtfeld erscheinen. Am Himmel erstrahlt ein Regenbogen: Gottes Bundessymbol, das auch die revolutionäre Fahne schmückt. Welch Zeichen! Sieg!

Da schlagen die ersten Kanonenkugeln ein. Das Fürstenheer greift an, die Aufständischen rennen. Die Blutorgie beginnt. Die Überlieferung meldet sechstausend geschlachtete Bauern. Und sechs tote Landsknechte.

Dieses Zahlenverhältnis ist Geschichtsschreibung der Sieger, sagt Thomas T. Müller. Aber die Niederlage der Bauern war total.

Müntzer entkam zunächst, verbarg sich in Frankenhausen und wurde dort gefaßt. Ernst von Mansfeld, sein alter Widersacher, erhielt ihn als Beutepfennig. In der Wasserburg Heldrungen ließ er Müntzer foltern. Der bereute nicht, bat aber um ein Ende des Blutvergießens. Die Niederlage erklärte er mit Glaubensschwäche, da »eyn yder sein seyn eygen nutz mehr gesucht dan dye rechtferti-gung der christenheyt«. Das wirkliche Volk war doch nicht Gottes erwählte Schar.

Am 27. Mai 1525 wurden Thomas Müntzer und Heinrich Pfeiffer im Feldlager der Fürsten bei Mühlhausen enthauptet. Ihre Köpfe spießte man auf Pfähle, zur Schau. Luther stellte noch dem toten Müntzer nach, dem »lügenhaften Mördergeist und beschissenen Prophet«. Dieser Haß prägte das protestantische Müntzer-Bild bis in unsere Zeit, jedoch in späten Lebensnächten bedrückte den Staatsvergötzer Luther sein sadistisches Nun-haut-und-schlaget-alles-tot »Wider die räuberischen und mörderischen Rotten der Bauern«. »All ihr Blut ist auf meinem Hals, aber ich schiebe es auf unsern Herrgott; der hat mir befohlen, solches zu reden.«

Die Rache der Fürsten war entsetzlich. Wohl 100 000 Bauern verloren im Aufstand des gemeinen Manns ihr Leben. Vom Franken-kenhäuser Schlachtberg hinunter zur Stadt führt ein Pfad mit Straßenschild: Blutrinne. Auf der Höhe thront die »Sixtina des Nordens«. Das runde Haus birgt Werner Tübkes 1989 eröffnetes Riesenpanorama »Die frühbürgerliche Revolution in Deutschland«. Den Titel bestimmte der Mäzen, die DDR. Doch Tübke erschuf binnen zehn Jahren ein kaum ermeßliches Theatrum mundi à la Brueghel und Bosch mit dreitausend Gestalten. Man sieht auch Thomas Müntzer, traurig, mit gesenkter Freiheitsfahne. Wer Augen hat, erblickt die heutige Welt.

Oktober 2016

Gottes Raubtier
*Schwedens König Gustav II. Adolf, die »Lichtgestalt«
des Dreißigjährigen Kriegs*

Die protestantische Heiligenlegende umfaßt drei Zeilen, geschrieben in Stein. Der Stein steht an einem sächsischen Acker nahe Leipzig. Eisern umzäunt, bewacht von vier Linden, verkündet ein efeugebetteter Quader: *Glaubens-Freiheit für die Welt / rettete bei Breitenfeld / Gustav Adolph Christ und Held.* Diesen epochalen Kindervers erschuf der Leipziger Stadtgerichtsrat Heimbach zum 200. Jubiläum der Wende-Schlacht des Dreißigjährigen Kriegs. Am 7. September 1631 hatte hier Schwedens König Gustav II. Adolf, »der Löwe aus Mitternacht«, den kaiserlichen Generalissimus Tilly besiegt. Deshalb überlebte, laut Legende, der Protestantismus. Die Statistik meldet 13 000 Tote.

Vierzehn Monate nach Breitenfeld war auch der Löwe tot. Am 16. November 1632 starb Gustav Adolf in der Schlacht von Lützen. Als Kind sah ich ihn fallen, auf einem Fleißbildchen für emsigen Kirchgang. Ein katholischer Reitersmann durchbohrte Gustav Adolf mit dem Degen, ein anderer erschoß ihn hinterrücks. Gottvoll sank der Glaubensretter vom Roß. Seine frommen Soldaten waren darob so erschüttert, daß sie es die Katholiken büßen ließen. Sie vertrieben Wallensteins Heer und kämpften in ganz Deutschland für das Evangelium. Leider litt dabei wohl die Zucht. Man hörte vom Schwedentrunk und betrüblichen Missionsmethoden, die Gustav Adolf gewiß verboten hätte.

Doch was erlaubte Gott? War der Dreißigjährige Krieg überhaupt ein Religionskampf? Wer fing ihn an? Wo verliefen die Fronten? Europas erster Kontinental-Konflikt erscheint als wirre Sammlung vieler kleiner, mit ständig wechselnden Kontrahenten. Eindeutig figurieren die berühmten Hauptkampfhähne: Lichtgestalt Gustav Adolf versus schwarzer Ritter Wallenstein, so die protestantische Romantik. Daß man damals um den wahren Glauben rang, galt beiden Konfessionen noch in jüngerer Vergangenheit als

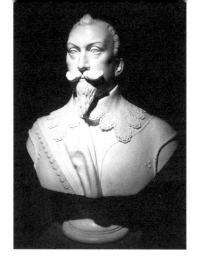

Gustav II. Adolf am Ort seines Todes (Kapelle Lützen, 5. April 2016)

unbestreitbar und gerecht. Heute wirkt solch gotteskämpferischer Idealismus naiv, wenn nicht pervers. Der Krieg schändete jegliches Christentum, des Söldners Bekenntnis war ohnehin egal. Wenigstens scheint klar, wie, wann und wo die Katastrophe begann: 1618 mit dem Prager Fenstersturz.

Das war der Anlaß, nicht der Grund. Zwei Kriegsursachen hießen Luther und Calvin. Deren Reformationen hatten hundert Jahre zuvor die katholische Reichseinheit beendet. Nur kurz dominierte die Theologie. Sehr bald bedienten sich die deutschen Landesfürsten des neuen oder alten Glaubens zur Stärkung ihrer Machtinteressen gegenüber dem Kaiser.

Der Kaiser verkörperte keine Territorialgewalt, sondern die Reichsidee: das Heilige Römische Reich deutscher Nation. Dessen Bestand hing bis dato am katholischen Bekenntnis. Es kam zum ersten Konfessionskampf, dem Schmalkaldischen Krieg. 1547 siegten Kaiser Karl V. und die katholischen Fürsten. Im Augsburger Religionsfrieden von 1555 formulierten die Streitparteien ein Gleichgewicht der Kräfte, »daß hinfüro niemands, was Würden, Stands oder Wesen der sey, um keinerlei Ursachen willen (…) den andern bevehden, bekriegen, berauben, fahen, überziehen, belägern (…), sondern ein jeder den anderen mit rechter Freundschafft und christlicher Lieb meynen« solle. Ein Kernpunkt des Vertrags war das Prinzip *cuius regio eius religio*: Wes das Land, des das Bekenntnis. Andersgläubige hätten auszuwandern. Das *Reservatum ecclesiasticum*, der geistige Vorbehalt, garantierte der katholischen Kirche ihren Besitzstand für den Fall, daß ein bischöflicher Landesherr konvertieren sollte.

Tückischer Friede. Beide Seiten mißbrauchen den Kompromiß nach Kräften. Ausnahmen und Sonderfälle werden zur mutwilligen Regel, territoriale Streitigkeiten nehmen zu. Unfriede schaukelt sich auf zum Krieg. Er beginnt im protestantischen Böhmen. Als König herrscht dort seit 1617 Erzherzog Ferdinand von Steiermark, ein fanatischer Gegenreformator und Schikaneur der Protestanten. Am 23. Mai 1618 stürmen böhmische Adlige die Prager Burg und werfen die kaiserlichen Beamten Martinic, Slavata und Fabricius aus dem Fenster. Die drei Glücklichen überleben. Die Aufständischen entthronen König Ferdinand II. und erwählen dafür den ranghöchsten Protestanten, Kurfürst Friedrich V. von der Pfalz.

Prunkend residiert Friedrich zu Prag – nicht lange. Der eitle Pfälzer geht als »Winterkönig« in die Geschichte ein. Die Kurfürsten erheben den gestürzten Ferdinand zum Kaiser. Am 8. November 1620 unterliegt das Heer der böhmischen Stände der kaiserlichen Streitmacht in der Schlacht am Weißen Berg bei Prag. Friedrich flieht. 1623 verliert er auch seine Pfalz und die Kurwürde, die der Kaiser erblich Maximilian von Bayern überträgt. Diese Willkür reizt die Protestanten aufs Blut. Der Krieg geht weiter, doch am Ende des Jahrzehnts wähnt sich Ferdinand am Ziel. Sein Heeresunternehmer Wallenstein steht an der Ostsee. Der triumphierende Kaiser zu Wien verfügt sein Restitutionsedikt: Alle seit 1555 protestantisch gewordenen Besitztümer müßten zurückerstattet werden. Dies scheint der katholische Endsieg.

Da landet am 4. Juli 1630 der Schwedenkönig mit 13 000 Mann auf der Ostsee-Insel Usedom. Protestantische Propaganda bewillkommnet ihn als gottgesandten Erfüller der alttestamentlichen Prophetie (Daniel 11). *Das ist der Löw von Mitternacht / von dem man so lang hat gesagt / daß er plötzlich einbrechen werd / wenn die Kirch ist am meisten beschwert / daß er die Unbarmherzigkeit / und unerhörte Grawsamkeit / der Feinde Christi mögte straffn / mit Gott und ritterlichen Waffn ...* Als Gustav Adolf sein Schiff verläßt und deutsches Land betritt, stolpert er und verletzt sich am Knie. Erschrocken deutet sein Gefolge das Mißgeschick als Demutsgeste und Gebet.

Ferdinand II. spricht das Narrenwort: »Da haben wir halt noch ein kleines Feinderl mehr.« Den Schweden gelingt ein unerhörtes *roll back* der kaiserlichen Macht. Welch Mann führt sie, welch Schwert. Mag auch der Kaiser nun die »schwedische canaglia« bezetern – die Protestanten preisen Gustav Adolf als neuen Gideon, ja als Messias. Erst 36 Jahre zählt dieser charismatische Heißsporn, der sich bis München siegt. Will er selbst Kaiser werden? 28 Monate lang erregt er Deutschland, trägt ihn sein Glück – bis Lützen.

Sein Ende ist Sage. Kein Überlebender der Schlacht sah Gustav Adolfs Tod. Das Schlimmste war zu fürchten, als Streiff, des Königs Pferd, mit leerem Sattel von der Walstatt floh. Die Seinen erkannten ihn später in einem Leichenhaufen, ausgeplündert, bloß in Hemd und Strümpfen. Kugeln im Ellenbogen, im Kopf, im Rücken, in der Seite. Degenstoß im Oberkörper, den kein Küraß schützte, nur ein Koller aus Elchleder. Warnungen zur Vorsicht hatte er verlacht: Was nütze denn ein König in der Schachtel?

War der kurzsichtige Reiter zu weit vorgeprescht? Hinderte ihn Novembernebel, der in Schweden sprichwörtliche *dimman i Lützen*? Seit 1632 ist die Kleinstadt bei Weißenfels eine Metropole der schwedischen Geschichte und Gustav Adolfs Todesort ein nationales Heiligtum.

Im Lande Sachsen-Anhalt lebt ein Enzyklopädist des Dreißigjährigen Kriegs. Bereits als Kind bestaunte Maik Reichel die Historitäten im Lützener Schloß. Später wurde er Museumschef und Bürgermeister. Heute heißen Lützener Straßen nach Gustav Adolf, Wallenstein und dessen hier verbluteter Kriegsgurgel Pappenheim. Reichel saß für die SPD im Bundestag und leitet nun die Landeszentrale für politische Bildung. Und reitet, kaum gebeten, ungesäumt von Magdeburg herbei, um den Kosmos Lützen zu erklären.

Die Schlacht kam unerwartet. Anfang November war die Kampfsaison eigentlich vorüber. Wallenstein hatte sein Heer nach Sachsen geführt, um dort zu überwintern. Gustav Adolf war ihm gefolgt, schien aber nicht zur Schlacht geneigt. Wallenstein schickte Pappenheim samt seinen Kürassieren nach Halle, Quartier zu erobern. Den so geteilten Gegner attackierte Gustav Adolf am Morgen des 16. November 1632 im Verbund mit Bernhard von Sachsen-Weimar. Eilends befahl Wallenstein seine Reiterei zurück …

Die Order ist erhalten, ein mit Pappenheims Blut durchtränktes Papier. Auch Wallensteins und Gustav Adolfs Pferd überdauerten, ausgestopft. Wallensteins Stiefel und Gustav Adolfs durchbohrtes Koller sah man unlängst im halleschen Landesmuseum für Frühgeschichte, in der Ausstellung »Krieg«. Deren Zentrum bildete ein kaum erträgliches Exponat. Im Lützener Gemetzel drangen 36 000 Menschen aufeinander ein. 6500 starben. Sie hinterließen riesige Mengen Müll: sich selbst. 2013 entdeckte man ein Grab mit 47 Opfern der Schlacht. Es wurde ausgestochen und museal präpariert. Die Toten sprechen. Radiologische Untersuchungen geben Aufschluß, wer wie alt war, woher er kam, an welcher Wunde er zugrunde ging.

Wir möchten das Grab in die Lützener Gedenkstätte integrieren, sagt Maik Reichel. – Dorthin fahren wir nun. Auf dem Schlachtfeld sproßt Raps. Eine kleine Senke weist den Ort, wo die 47 lagen. Rasch erreichen wir Gustav Adolfs Todesstätte. Das Areal untersteht der schwedischen Lützen-Stiftung Göteborg. Schinkels Baldachin von 1837 überwölbt den berühmten Stein mit den Insignien GA 1632 und verkündet schmiedeeisern: »Er führte des Herrn Kriege« (1. Samuel 25,28). Der Stein war einst größer, doch zahlreiche Gustav-Adolf-Spechte pickten ihr Bröcklein Gedenken heraus. Schwedische Völkerscharen, auch gekrönte Häupter, besuchten den geweihten Ort und die 1907 errichtete Memorial-Kapelle. Deren Altargemälde zeigt Luther, Gustav Adolf und zwölf weinende Engel über dem vernebelten Schlachtfeld. Darunter liest man jenen Choral des Hof- und Feldpredigers Jakob Fabricius, den der König vor der Blutorgie singen ließ: *Förfäras ej du lilla hop … – Verzage nicht, du Häuflein klein, / obschon die Feinde willens sein, / dich gänzlich zu verstören, / und suchen deinen Untergang, / davon dir wird recht angst und bang, / es wird nicht lange währen.*

Es währte noch 16 Jahre, nur für Gustav Adolf war mittags alles vorbei. Nach dem Gemetzel brachte man ihn ins nahe Kirchlein von Meuchen. Das Gotteshaus – heute Gustav-Adolf-Gedächtniskirche – trägt an der Westfront die riesige Luther-Zeile DAS WORT SIE SOLLEN LASSEN STAHN, darüber ein Kreuz mit güldener Krone. Statt INRI liest man GASR: Gustav Adolf Sueciae Rex. Der Kriegskönig als Christus. Welche Blasphemie.

Ein Senior schließt auf, Joachim Schröder, geboren 1934. Er führt hinter den Altar, zu einer antiken Holzplatte. Eine Plakette erklärt: »Der Leichnam des Königs Gustav Adolf ist nach Ortsüberlieferung am Abend nach der Schlacht bei Lützen auf diesem Tische balsamiert worden.« Blut, Laub, Schlamm wusch man vom Kadaver und vergrub sie im Kirchenschiff. Schröder hebt den Teppich. Ein Kreuz, ein Schild: »Überreste des königlichen Leichnams ruhen unter diesem Stein«.

Vor der Kirchentür nennt eine schwarze Marmortafel Meuchens Wehrmacht-Tote. Schröder zeigt auf den Namen seines Vaters Fritz. Kriech is immer ganz schlimm, erklärt der alte Herr. Egal wie, was und wo – wer einmal im Kriech war, der will nischt mehr davon hörn. Und warum machense immer widder Kriech? Da vergehn fuffzch Jahre, da wächst 'ne andere Generation 'nan, die hat's noch nich knalln jehört, die wolln nu welche totschießen.

Des toten Königs nächste Station war Weißenfels. Im dortigen Geleitshaus wurde er obduziert und konserviert. Man sieht's auf pathetischen Historienschinken im Museum oberhalb des Irish Pub. Wirt Uwe Brückner erzählt, wie Gustav Adolf via Leipzig, Wittenberg, Bernau an die Küste reiste. In Wolgast mußte er überwintern; die Ostsee war schon zugefroren. Im Frühjahr schiffte man den Leichnam nach Stockholm. Wohl ein Jahr verblieb er in den Gemächern der untröstlichen Witwe Maria Eleonora, die das Gattenherz in einer Kapsel bei sich trug.

Erst am 3. Juli 1634 wurden sämtliche königlichen Rudimente in der Riddarholms-Kirche bestattet. Im selben Jahr ließ Kaiser Ferdinand in Eger seinen allzu mächtig gewordenen Feldherrn Wallenstein ermorden. Den Krieg focht das nicht an. Jetzt intervenierte Frankreich. Ausgerechnet Kardinal Richelieu wurde zum neuen Schutzpatron der deutschen Protestanten. Die Schweden unterlagen den Kaiserlichen am 6. September 1634 in der Schlacht von Nördlingen desaströs. 1635 schloß der Kaiser den Frieden von Prag, vor allem mit dem bis dato schwedisch verbündeten Kursachsen. Die Schweden kämpften fort, auch Spanien und Frankreich duellierten sich auf deutschem Boden ... Erst nach allseits völliger Erschöpfung kam es 1648 zum Westfälischen Frieden. Der Pakt erneuerte konfessionell den Augsburger Kompromiß von 1555. Er fixierte kein göttliches Gebot, sondern profane Politik.

Die religiöse Phase des Dreißigjährigen Kriegs endete mit Gustav Adolf, resümiert Maik Reichel. Knallhart gesagt: Er hat den Krieg verlängert. Ohne ihn hätte schon 1629 Schluß sein können. Und warum hörte er 1631 nach Breitenfeld nicht auf? Er hatte den Kaiser haushoch geschlagen und eine prima Verhandlungsposition. Aber wer stoppt schon im Sieg. Nach Breitenfeld zeigte Gustav Adolf, wohin er wollte: nicht in den Himmel.

Herr Reichel, mir scheint Gustav Adolf eine Napoleon-Natur: ein unersättlicher Okkupant mit Heilsideologie.

Daheim war er absoluter Regent, sagt Reichel. Er verstand nicht die föderale Reichsidee und warum die deutschen Fürsten letztlich zum Kaiser gehörten. Napoleon hat übrigens die Nacht zum 2. Mai 1813 in Lützen verbracht. Am Morgen ritt er zu Gustav Adolfs Todesort. Die folgende Schlacht von Großgörschen nannte er demonstrativ *la bataille de Lutzen*. Deshalb steht Lützen am Pariser Arc de Triomphe.

All dies ist Herrscher-Historie, Krieg der Dynastien, Geschichte von oben. Nur »Zuglüftchen vom großen Sturm strichen durch die Fenster der Fürstenpaläste«, schrieb Cicely Veronica Wedgwood 1938 in ihrem Klassiker »Der Dreißigjährige Krieg«. »Kein deutscher Fürst kam, seines Heimes beraubt, in der Winterkälte um oder wurde mit Gras im Mund tot aufgefunden oder mußte es erleben, wie seine Frau und seine Töchter geschändet wurden, und wenige, bezeichnend wenige, wurden von der Pest befallen. Ihre Lebensbedürfnisse sicher, an vollen Tafeln, konnten sie es sich leisten, unberührt von den Leiden ihrer Mitmenschen politischen Träumen nachzuhängen.«

Gott wurde allseits degradiert zum Feldmarschall der Geopolitik. Ihren Glauben mißbrauchten die Protagonisten als Gewalt-Ideologie, Gustav Adolf nicht minder als sein kaiserlicher Widerpart. Der Schwede hielt auf Disziplin und ließ beten, ansonsten folgte er sendungsbewußt der Logik des Kriegs. Gegnerische Lande wurden geplündert und verwüstet, um dem Feind zu schaden. Hüben wie drüben galt: *Bellum se ipse alet*, der Krieg ernährt den Krieg und erzeugt seine eigene Ökonomie. Ferdinands bigotter Schlachtmeister Tilly massakrierte 1631 von Magdeburgs 30 000 Bewohnern 25 000. Hernach feierte er im Dom ein Te Deum und weihte die ermordete Stadt der Heiligen Jungfrau als Marienburg. Sein Spießgeselle Pappenheim frohlockte, »seyd der Zerstörung Jerusalem« sei »kein grewlicher Werck und Straff Gottes gesehen worden. All unser Soldaten seind reich geworden. Gott mit uns.«

Es gibt volksnahe Quellen. Maurus Friesenegger, Abt des bayerischen Benediktinerklosters Andechs, verzeichnet die Katastrophe Jahr für Jahr in einem Almanach. Wohl hält er zum Kaiser, zu seinem Schutzfürsten Maximilian, zum katholischen Reiterführer Johann von Werth. Aber wie, wenn die eigenen Truppen grausamer marodieren als die feindlichen Schweden? Gott möge Frieden geben, das wird ersehnenswerter als der Sieg. Die Kriegsfurien beschreibt unübertrefflich Hans Jacob Christoffel von Grimmelshausen in seinem »Simplicissimus Teutsch«, einem Albtraum von Roman. Niemand, schon gar nicht des Autors Ich-Erzähler, bleibt ohne Schuld. Alles mordet, schändet, giert. Jeder, Kriegsherr oder -knecht, ist unendlich fern des christlichen Gebots und Gott auf keiner Seite.

In Wittstock in Nordbrandenburg befindet sich Deutschlands einziges Museum des Dreißigjährigen Kriegs. Es residiert auf sieben Turmetagen der Alten Bischofsburg. Drei Stunden lang führt Direktorin Antje Zeiger und erklärt, wie es dem Volk erging, gepeinigt durch sadistisches Militär, Seuchen, Hexenwahn, Hungersnöte bis zum Kannibalismus. Deutschlands Bevölkerung sank von 16 auf 10 Millionen. Auch Armeen waren Völker; im Troß führten sie Handwerker, Marketender, Huren, Familien, Vieh. Soldat galt als lukrativer Erwerbsberuf. Wohl ist in Wittstock auch die

Großgeschichte dokumentiert, doch vor allem erfährt man die entsetzlichen Verheerungen des »Heiligen Kriegs«. Gustav Adolf, sagt Antje Zeiger, verteidigte angeblich seine Interessen im Ostseeraum. Aber spätestens in München müßte ihm aufgegangen sein, daß dort nicht mehr die Ostsee war.

Vom obersten Turmgeschoß schaut man zum Scharfenberg. Dort besiegte am 4. Oktober 1636 der schwedische Feldherr Banér die ehedem verbündeten Sachsen unter Kurfürst Johann Georg. 6000 Menschen starben. Die Schweden, zuvor am Boden, waren wieder obenauf. Auch in Wittstock fand man 2007 ein Massengrab, mit 125 Individuen. Das Schlachtfeld-Museum dokumentiert auch die Isotopenanalyse der Skelette. An Hörstationen schildern die Gewesenen ihr kurzes, verworfenes Leben und ihren Tod. Weiteres liest man im »Simplicissimus«, Zweites Buch, XXVII. Kapitel: »Köpff lagen dorten / welche ihre natürlichen Herren verloren hatten / und hingegen Leiber / die ihrer Köpff mangelten; etliche hatten grausam- und jämmerlicher Weis das Ingeweis herauß / und andern war der Kopff zerschmettert / und das Hirn zerspritzt (...) abgeschossene Aerm / an welchen sich die Finger noch regten / gleichsam als ob sie wieder mit in das Gedräng wolten«.

Weiter, immer weiter. »Der Schwede lebet noch«, verkündete die Flugschrift-Propaganda nach Gustav Adolfs Tod, auf daß Gottes Schwert nicht roste. Der Ruhm glänzt bis heute. Als Prunkfenster der Leipziger Thomaskirche erstrahlt der König zwischen dem Gekreuzigten und Bach. Sächsischen Zechern begegnet sein behelmtes Haupt auf dem Etikett des Ur-Krostitzer Biers. Im Jahre 1631 kam Gustav Adolf lobesam durch Groß-Crostewitz gezogen. Ein Bauer reichte ihm einen Krug Eigenbräu. Der Gelabte pries das Produkt und ließ einen Gulden springen. Der glückstrunkene Bauer fand seinen Brunnen geheiligt und nannte ihn Schwedenquell.

April 2016

Immer waldeinwärts
Auf den Spuren der Brüder Grimm

Im Sommer 2012 erlitt der Reporter einen deutschnationalen An-fall. Das geschah im Herzen Frankreichs, auf einer Reise zu den Schlössern an der Loire. Amboise, Chenonceau, Blois sind historisch verbürgte Kulissen französischer Königsdramen. In Ussé hingegen mußte man erfahren, dies sei das Dornröschenschloß. Hier, hinter rosenumwucherten Mauern, habe der Dichter Charles Perrault sein Märchen »La Belle au Bois dormant« (»Die schlafende Schöne im Walde«) poetisch empfangen. Lebensgroße Märchen-puppen bevölkerten das Schloß, und im Turmstübchen näherte sich ein flotter Prinz La Belles Bett in erlöserischer Absicht.

Das war zuviel! Frankreich sei die Gotik zugestanden, der Im-pressionismus, auch Elsaß-Lothringen. Aber Dornröschen bleibt deutsch! So grimmte der Reporter. Leider erschien Perraults ironi-sche Dichtung bereits 1697, also 115 Jahre vor der ersten Märchen-sammlung der Brüder Grimm. Deren Dornröschen wird wachge-küßt, La Belle erwacht von selbst und betrachtet den Prinzen »mit weit zärtlicheren Augen, als dies eine erste Begegnung gestatten soll-te«. Zwar trägt die Langschläferin Mode »wie zu Großmutters Zei-ten«, doch werden die Entflammten unverzüglich Weib und Gatte. Kein biedermeierliches Happy End: La Belles Schwiegermama entpuppt sich als Menschenfresserin, die nach den Enkeln gelüstet.

Rasch zurück ins Grimmsche Märchenreich. Durch Hessen und Niedersachsen führt, sechshundert Kilometer lang, die Deut-sche Märchenstraße, gesäumt von Orten, die sich ein Märchen zuschreiben. Die Route beginnt in Hanau, wo die Brüder Grimm geboren wurden – Jacob 1785, Wilhelm im Jahr darauf. Hier steht ihr Denkmal, nicht mehr ihr Geburtshaus, das 1945 im Bomben-krieg verbrannte.

Prächtig erhalten und heute Museum ist das Kindheitshaus im nahen Steinau. Dort residierte der Vater Philipp Wilhelm Grimm als Amtmann, von 1791 bis zu seinem frühen Tode 1796. Am Brunnen vor dem Tore sitzen der Frosch und die Prinzessin, die ihre goldene Kugel ins Wasser plumpsen ließ. Der Frosch rettete die Kugel. Sein bescheidener Dankeswunsch: Tisch- und Bettgenossenschaft. Die Prinzessin versprach es ihm, und brach's. Nein, liebe Erinnerung, sie küßte den Frosch keineswegs, sondern klatschte ihn an die Wand. Da ward der Lurch ein Traumprinz und die wortbrüchige Schnepfe für ihren Mord belohnt. So amoralisch beginnt Grimms Märchensammlung. Fast hatte man vergessen, welches Maß an Willkür und Grausamkeit diesen lebenskundigen Phantasien innewohnt. Kindsraub und Narrenglück, Sterben und Verderben, die mitleidlos exekutierten Todesurteile, der lustige Mord am »Juden im Dorn«, der schaurig feige Vater von Hänsel und Gretel – alles verniedlicht sich im erwachsenen Gedächtnis, eingeschreint in Kindheitsmemoiren, domestiziert zur Gute-Nacht-Geschichte und zum Brettspiel »Sagaland«.

Die Deutsche Märchenstraße »schlängelt sich« laut Werbung »durch bewaldete Hügellandschaften und liebliche Flußtäler, mit malerischen Fachwerkorten, Burgen und Schlössern«. Das garantiert »zauberhafte Momente. Lassen Sie sich vom lieblichen Gesang einsamer Prinzessinnen auf trutzige Burgruinen locken und folgen Sie blanken Kieselsteinen im Mondlicht bis in dichte Märchenwälder hinein.« Die magische Route kurvt bis hinter Bremen, wo Gerhard Marcks' Standbild der Stadtmusikanten vertuscht, daß die animalischen *Fab Four* niemals hierhergelangten. In Buxtehude, wo die ehelichen Sportbetrüger Swinegel den armen Hasen zu Tode hetzten, endet das Reich der Brüder Grimm. Wir aber reisen in dessen Mitte: das Kasseler Land.

Bereits am Bahnhof Kassel treffen wir Rotkäppchen. Es wirbt mit seinem Korb für den verkaufsoffenen Sonntag in Nordhessen. Hinter Rengershausen wandern wir über Land. Uns begegnet Schneewittchens Biertransporter. Sieben Frischgezapfte umringen

»Andacht vor dem Unbedeutenden«: Die Brüder Grimm, 1985 geformt von Erika Maria Wiegand (Kassel, 3. September 2015)

eine Flasche: »Hütt – einfach märchenhaft!« Ja, das Genie der Werbung! Bald erreichen wir das Braugasthaus Knallhütte. Der Name rührt vom Peitschenknall der Fuhrleute, die am Brauereiberg signalisierten, daß sie Vorspann brauchten.

Der Volksglaube hält Jacob und Wilhelm Grimm für wandernde Feldforscher, die das Hessische durchstreiften und in Schenken und Bauernkaten Märchen erlauschten. In Wahrheit annoncierten die Quellenforscher ihr Interesse und ließen das Feld zu sich nach Kassel kommen. 1813 machten sie die Bekanntschaft der Gastwirtstochter Dorothea Viehmann, die 1755 in der Knallhütte zur Welt gekommen war. In der elterlichen Schenke hörte sie wohl viele der drei Dutzend Märchen, die sie den Grimms zutrug. Die Vorrede zur zweiten Ausgabe der »Kinder- und Hausmärchen« von 1815 rühmt die Gewährsfrau: »Sie bewahrt diese alten Sagen fest in dem Gedächtniß, welche Gabe, wie sie sagt, nicht jedem verliehen sey und mancher gar nichts behalten könne; dabei erzählt sie bedächtig, sicher und ungemein lebendig mit eigenem Wohlgefallen daran, (...) so daß man ihr mit einiger Uebung nachschreiben kann.« Fast jede Woche kam »die Frau Viehmännin« für drei, vier Stunden und öffnete ihr Gedächtnis, für moderates Honorar. »Die Frau kriegt jedes Mal ihren Kaffee, ein Glas Wein und Geld obendrein, sie weiß es aber auch nicht genug zu rühmen (...), was ihr all für ihre Ehre widerfahren sey, und sie habe ihr silbern Löffelchen beim Cafee gehabt so gut wie einer (...).«

Es ist Samstagnachmittag. Die Knallhütte füllt sich mit Ausflugsgästen. Wirt Karsten Schmidt muß wirbeln. Die Japaner drehen hier durch, sagt er, die sind verrückt nach Grimms Märchen. Schon erscheint, wiewohl 1815 gestorben, auch Dorothea Viehmann, im historischen Gewand. Sie erzählt Märchen, jeden Samstag um halb sechs. Heute gibt's »Dornröschen«. Frau Viehmann heißt eigentlich Petra Glahn und ist eine lachlustige Kasseler Sozialpädagogin. Ihr Publikum? Vor allem Kinder und kindheitssehnsüchtige Rentner. Die Harry-Potter-Generation, die Handy-Dauerfummler empfänden Grimms karge Geschichten wohl als altbackenen Kram. Aber die Märchen vergingen nicht. Typen wie Hans im Glück und das tapfere Schneiderlein begegneten ihr jeden Tag.

Was ist denn Ihr Lieblingsmärchen?

Kein Grimmsches. Exklusiv erzählt uns die Viehmännin »Die dummen Leute«. Wirt Schmidt spendiert Schweinebraten, Festbräu schäumt, und die dummen Leute finden zu ihrem Glück immer noch dümmere. Ei, denkt der Reporter, so läßt sich's leben.

Das Zentrum der Grimm-Topologie ist Kassel. Der Vater starb, die Mutter schickte die unzertrennlichen Brüder 1798 von Steinau ans Lyceum Friedricianum. In Kassel lebten sie, mit Unterbrechungen, mehr als drei Jahrzehnte an sechs verschiedenen Adressen. Hier waren sie Hofbibliothekare, hier legten sie die Fundamente ihres Germanistenruhms, bis sie, der feindseligen Ignoranz des Kurfürsten überdrüssig, 1829 nach Göttingen übersiedelten. Von dort vertrieb sie 1837 der Verfassungsbruch des absolutistischen Königs von Hannover, gegen den sie als zwei der »Göttinger Sieben« protestierten. Vorerst zogen die Brüder Grimm zurück nach Kassel. 1840 berief sie der Preußenkönig Friedrich Wilhelm IV. nach Berlin.

All das wird sinnfällig in der Grimmwelt auf dem Kasseler Weinberg. 2015 eröffnet, bietet diese literarhistorische Akropolis einen schönen Kompromiß aus Literaturmuseum und Erlebnispark. Der Besucher wandelt zwischen Hochkultur, Biedermeier und Allotria. Zwei Ebenen hat das Haus. Treppen und Schrägen führen in Seitengänge, Nischen und Kavernen. Vor den Märchensammlern begegnet man den Germanisten Grimm. Zartsinnig beschriften die Spaziergänger ein Lindenblatt mit Fundort und Datum: »Andacht vor dem Unbedeutenden«. Man sieht Wilhelms Schreibzeug und Geburtstagstasse, Jacobs Schere und Lupe. Man liest Jacobs – abgelehnten – Verfassungsantrag aus dem Paulskirchen-Parlament von 1848: »Das deutsche Volk ist ein Volk von Freien und deutscher Boden duldet keine Knechtschaft. Fremde Unfreie, die auf ihm verweilen macht er frei.«

Vor allem findet man das Deutsche Wörterbuch. Jedem Buchstaben des Alphabets gehört ein Raum, jeder Raum versinnlicht einen Begriff, von »Ärschlein« bis »Zettel«. 600 000 etymologische Belegzettel erstellten die Grimms und ihre Exzerptoren-Helfer. 1838 begann das Titanenwerk. Wilhelm schaffte bis zu seinem

165

Tode 1858 den Buchstaben D. Jacob war bis »Froteufel« – Dämon –
gekommen, als er 1863 starb. Erst 1961 erschien die 380. und letzte
Teillieferung des Deutschen Wörterbuchs, das nun 330 000 Stich-
wörter umfaßte. Endgültig abzuschließen ist es sowenig wie die
Sprache selbst.

Bestimmt haben die Grimms die Arbeit am Deutschen Wörterbuch unterschätzt, sagt Grimmwelt-Direktorin Susanne Völker.
Sie glaubten, sie könnten es vollenden, und das wär's dann.

Frau Völker, man denkt an ein anderes Riesenwerk des 19. Jahrhunderts: den Kölner Dom. Er wurde fertiggestellt, hat aber ständig Reparaturbedarf. Auch der Dom diente der einheitsdeutschen
Ideologie. Waren die Grimms vorstaatliche Nationalisten?

Sie suchten deutsche Volksidentität in der Verwurzelung. Sie
betrieben ihre Sprach- und Kulturforschung vor dem Hintergrund
der Romantik. Deren Grundgedanke ist, bei aller Abgrenzung, der
Allzusammenhang der Dinge.

Aber ist das noch deutsch zu vermitteln? Der landläufige Wort-
schatz schrumpft drastisch, die Sprache versimpelt. Die Welt wird
zwangsvisualisiert, doch Frau Völker meint, Grimms Märchen
überstünden den Medienwechsel. Ihre Grundkonflikte seien universal: Gut und Böse, Faulheit oder Fleiß, Glücksverlangen, Kampf
gegen Übermächte, Sieg der kindlich klaren Moral.

Nation wuchs den Brüdern Grimm von unten, aus volkspoe-
tischer Überlieferung, und einte sich in Sprache. Ursprung sollte
Zukunft stiften. Verlustangst trieb die Sammler an. Das Grimmsche Mahnwort lautete: NOCH. Manisch verschrifteten sie *oral
history*, die, so empfanden sie, demnächst vom Zeitenstrudel ver-
schlungen würde. Das Märchensammeln war nur ein Projekt der
unermüdlichen Sprach-Archäologen, wenngleich ihr populärstes –
dank Wilhelm Grimm. Jakob forschte gleichsam mit dem Rücken
zum Publikum und wünschte die tradierten Märchentexte schroff
und pur zu dokumentieren. Der Grimmsche Märchenton ist Wilhelms Werk. Unermüdlich komponierte er seinen Sound und
suchte »Reinheit in der Wahrheit«. Von der ersten Ausgabe 1812
bis zur letzten 1857 hat er die Texte geschliffen und stilisiert, auch
verkindlicht und entsext. Wir kennen Rapunzel als keusche Turm-

sängerin, die ihre Entführerin fragt: »Wie kommt es nur, sie wird mir viel schwerer heraufzuziehen als der junge Königssohn.« Aber laut Erstfassung vergnügten sich Rapunzel und Prinz im Turm »lustig und in Freuden eine geraume Zeit«. Der Herrenbesuch hatte Folgen und flog auf, als die naive Maid bemerkte: »Sag' sie mir doch, Frau Gothel, meine Kleiderchen werden mir zu eng und wollen nicht mehr passen.« Skandal! Frau Gothel griff zur Schere, Wilhelm Grimm zur Feder.

Der Gral ruht, matt beschienen, hinter Panzerglas: fünf Märchen-Handexemplare, von Jacob und Wilhelm revisionär beschriftet. Unesco-Welterbe, seit 2005. Prunkstück ist die Erstausgabe von 1812, das Korrekturexemplar der Grimms mit breitem Weißrand und vielen handschriftlichen Vermerken – vorerst unbebildert, denn Bilder interpretieren und verengen die Imagination. Erst der zweite Band von 1815 enthielt zwei Stiche von Ludwig Emil Grimm: »Brüderchen und Schwesterchen« und Dorothea Viehmanns Porträt. 1825 steuerte der malende Bruder schon sieben Illustrationen bei. Zum Grimmschen Bilderkönig wurde der Jugendstilmaler Otto Ubbelohde (1867–1922). In Marburg geboren, schuf er Hunderte Illustrationen, die manchen glauben ließen, die Märchen spielten an bestimmten Orten. Hessisch Heimatkundige können Ubbelohdes Szenen lokalisieren. Faladas Pferdehaupt hängt am unteren Marburger Schloßtor, Rapunzels Zopf aus dem Turmhäuslein Amönau. Dornröschen schlummert zu Weilburg, der Knabe in »Der Teufel mit den drei goldenen Haaren« wird an der Cölber Alten Mühle ausgesetzt. Die einzelnen Motive verschmelzen zum romantischen Altdeutschland. Ubbelohde handelte wie jeder Leser oder Hörer: Er imaginierte die Geschichten in der ihm vertrauten Welt, gemäß dem Grimmschen Diktum, Märchen seien »überall zu Hause«. Jeder Kulturraum kann sie adaptieren. Wohlweislich nannten die Grimms ihre Märchen nicht »deutsch«.

Die Deutsche Märchenstraße ist ein Tourismus-Projekt. Die Idee hatte 1973 der Kasseler Landrat Herbert Günther. In einer Leningrader Bibliothek sah er eine völlig zerlesene kyrillische Ausgabe von Grimms Märchen. Er dachte: Wenn sogar die Russen wild danach sind, warum machen wir nichts draus?

Also entstand die Deutsche Märchenstraße e.V. Grimms ortlose Geister wurden seßhaft eingebürgert. Rotkäppchen geriet nach Schwalmstadt, Büderchen und Schwesterchen siedelten in Homberg/Efze, Immenhausen griff sich Hans im Glück ... Figurenbrunnen entstanden, Grimm-Festivitäten, Theatertage, Puppenspiel und Mummenschanz. Auch Streit kam auf. In Bad Wildungen konstruierte ein Heimatforscher aus verkrüppelten Bergknappen und einem vergifteten Adelsfräulein Schneewittchens authentischen Ort. Selbigen reklamiert auch Polle, wo man sieben kleine Spitzhacken ein- und wieder ausgrub: das Werkzeug der sieben Zwerge!

»Schneewittchen« ist das deutsche Premium-Märchen. Das hören wir beim Frühstück mit Pierre Schlosser vom Marketingverband Grimm-Heimat Nordhessen. Die Märchen, sagt Schlosser, sind eine tolle Marke für diese schöne Region, die sonst kaum ein Image hat. Aber es gibt auch Blöd-Branding: überall Grimm draufschreiben und damit Bier verkaufen. Und man kann nicht sagen: Hier hat Rotkäppchen die Omma besucht.

Günther Koseck würde nie behaupten, daß Dornröschen bei ihm übernachtet habe. Koseck ist der Hotelier des Dornröschenschlosses Sababurg. Das Schloß liegt malerisch am Reinhardswald, inmitten eines Tierparks, hoch ummauert, welsch behaubt. Rehe äsen, Rosen ranken. Koseck empfängt mit Schwung und Eloquenz. Er kredenzt Rosentee, er parliert über Perraults höfische Dichtung, er schwärmt von Brad Pitts kürzlichem Besuch; demnächst soll Angelina Jolie Dornröschen spielen. Dann zeigt Koseck das romantische Gehäuse, vom Kellergewölbe bis zum Turm. Weiter Blick, heimelige Zimmer, nicht billig. Die 100jährige Schläferin hätte hier gut drei Millionen Euro verschlummert.

Bei Führungen, sagt Koseck, kündige ich immer die Enttäuschung an: Märchen sind ortlos.

Und wie trösten Sie die Enttäuschten?

Mit Sagen. Ich erkläre: Märchen sind Geschichten, die zu keiner Zeit an keinem Ort gespielt haben. Sagen sind Geschichten, die zu keiner Zeit an einem bestimmten Ort nicht gespielt haben.

Kosecks Knaller ist das Wunder vom Reinhardswald. Im Jahre 1330 entdeckten die Nonnen des Klosters Lippoldsberg allhier den unverwesten Leichnam Jesu Christi – mit Wundmalen. Sensation! Pilgerboom! Unglaubliche Einnahmen! Am Fundort beim Dörflein Hundesburen entsteht eine mächtige Wallfahrtskirche. Hundesburen wird Gottsbüren.

Tolle Tourismus-Idee, sagt Koseck. In Wahrheit waren die frommen Schwestern verarmt und verzweifelt. Sie hatten sich wohl gar schon der käuflichen Liebe hingegeben.

Wer war der Tote?

Ein fremder Wandersmann.

Und wer hat ihn umgebracht? Etwa ...

Koseck nickt bekümmert. Die Nonnen. Der Schmied fügte der Leiche die Wundmale Christi zu. Der Erzbischof war eingeweiht.

Nach diesen reizenden Enthüllungen wollen auch wir durch den Reinhardswald wandern, zur Rapunzels Trendelburg. Die ist heute gleichfalls Hotel. Koseck fragt: Kennen Sie den Weg?

Ich hab eine Internet-Beschreibung.

Koseck schüttelt den Kopf und schenkt uns eine Wanderkarte. Anfangs geht alles gut. Wir erreichen den Urwald Sababurg, einen Dschungel ohne Forstfürsorge. Titanische Eichen wachsen, stürzen, grünen noch im Tode. Hölzerne Naturskulpturen, überwuchert von Farn. Herbstliche Moderfrische. Goldene Strahlenfächer brechen durch das Dach des Buchendoms. Dann Tann, dann freies Feld. Im Tal das malerische Fachwerkdorf Gottsbüren. Kein Laden, kein Brunnen zur Labung, doch die Wallfahrtskirche ist geöffnet. Mittelalterliche Fresken. An der Nonnenempore Christus, die Wundmale zeigend. Wir lesen: »Nach Abschluß des Kirchenbaues wurden die zu weltlich gewordenen Nonnen zurück ins Mutterkloster nach Lippoldsberg beordert.«

Wie weiter? Ein Hiesiger weist uns die Chaussee nach Trendelburg.

Ich möchte aber durch den Wald.

Seltsames Lächeln: Wollen Sie was erleben? Da durch die Wiesen bis zum Bach, links durchs Ufergebüsch, bis zur bemoosten Planke. Dort über die Holzape, in den Wald, steil aufwärts, wo kein Weg ist, irgendwann rechts, später weg vom Wasser. Immer waldeinwärts. Ist nicht zu verfehlen.

Immer waldeinwärts, das gelingt. Aber wie hindurch? Koseeks Karte unterliegt den ortlosen Tücken des Märchenwalds. Pfade und Zeichen verwirren sich. Wir laufen Stunde um Stunde, ebenso läuft die Uhr. Die Sonne sinkt. Es dunkelt. Die Vögelein schweigen im Walde. Warte nur, balde ... Wir lernen das Gruseln. Wir denken an den Wandersmann von 1330. Jüngst hat die »Hofgeismarer Allgemeine« über Wildschwein-Kriminalität berichtet.

Horch! Fernes Traktorengeblaff. Wir eilen ihm nach. Wir finden den Waldsaum und keuchen übers Feld wie der Buxtehuder Hase im vorletzten Lauf. Der späte Bauer staunt. Der Waldpfad sei längst zugewachsen. Hier über den Acker, dann rechts am Feldrain gehe es nach Trendelburg.

Gerettet. Die Burg erscheint und überragt den Ort. Wir erreichen sie im letzten Licht. Wir machen Quartier in Rapunzels Kemenate. Auf dem Bett liegt das Märchen, bestreut mit Rosenblättern. Wieder bei Kräften, erkunden wir das urige Kastell. An den Wänden Säbel und Kürasse, goldene Spiegel, Uhren mit silbernem Gong, heraldische Schilde, Historienschinken. Andreas Hofer rückt aus, Luther trutzt zu Worms. Im Speisesaal diniert bei Kerzenlicht ein deutsch-asiatisches Paar. Schade, daß du noch nicht Deutsch kannst, spricht, auf Deutsch, der reife Herr zur jungen Frau. Hier hat mal ein herrliches Mädel gelitten und geliebt.

Rapunzel schweigt.

Hat denn kein Grimmsches Märchenwesen einen angestammten Ort? Doch, Frau Holle. Sie durchwaltet das gesamte Bergmassiv des Meißner, deshalb nennt sich ihr Patenstädtchen Hessisch Lichtenau »Tor zum Frau-Holle-Land«. Auf dem figürlichen Frau-Holle-Rundweg begegnet man nicht nur der Grimmschen Bettenschüttlerin, sondern auch der germanischen Göttin Freya, mit Wildkatze und Schwert. Im Alten Rathaus zeigt das »Holleum« (leider nur sonntags von 14 bis 17 Uhr) die Ambivalenz dieser vorchristlichen Gestalt.

Frau Holle hat viele Namen und Lande. Perchta, die Prächtige, heißt sie in Oberdeutschland, im Friesischen Ver Helle, wendisch Murawa, in England Mare, in Rußland Baba Jaga. Sie ist Erdmutter, Erntegöttin, Schützerin der Armen, Weiße Frau. Sie lohnt und straft, sie heilt und hext, sie wechselt Weichbild und Wesensart, sie betört als blonde Maid, sie verbreitet Angst und Schrecken als Generalin der Wilden Jagd. Man bete, man schließe Türen und Fenster, wenn zur Wintersonnenwende der wüste Zug friedloser Seelen die Nacht durchheult. Wehe dem fürwitzigen Späher! Er muß mit.

Wie harmlos wirkt dagegen das Märchen mit Goldmarie und Pechmarie. Wir erkunden den Meißner, geleitet vom Forstamtsrat Marco Lenarduzzi und der Hollistin Hanna Wallbraun. Sie zeigen uns den mystischen Frau-Holle-Teich, aus dem im Meißner-Land die Kinder kommen. Das schilfumstandene Waldgewässer hat keinen Grund. Durch bodenlose Schwärze sänke man in Frau Holles Anderwelt. Sonntagskindern läutet es bisweilen fern von dort herauf. Häufiger kommen Spiritisten, urmütterliche Naturanbeter, Erdkraftgläubige in Wallekleidern. Der Teich gilt ihnen als Tempel. In Witzenhausen gibt es ein Frau-Holle-Konsulat.

Frau Holle ist eine Gestalt des germanischen Heidentums. Die Kirche verbannte sie in den Aberglauben. In Luthers Epistel-Auslegung von 1522 »tritt fraw Hulde herfür mit der potznasen«, als Vegetationsdämon in Lumpen und Stroh. Überhaupt fällt auf, wie gottfern die Grimmschen Märchen sind. Wo Gott, Christkind, Kirche erscheinen, wirken sie angepappt. Als heidnische Kultgestalt, erklärt Hanna Wallbraun, wurde Frau Holle unterdrückt. Der Beiname »unsere liebe Frau« ging auf Maria über. Hier im Kloster Germerode baute man Anna und Walpurga als christliche Gegenfiguren auf. Der Holle-Mythos hat sich ins Märchen gerettet.

In Wilhelm Grimms Tagebuch steht unter dem 22. Juli 1821: »Am Nachmittag zwischen prächtigen Buchen zu dem Frau-Hollen-Teich.« Am Vormittag inspizierte er Kohlestollen bei Schwalbenthal. Jahrhundertelang wurde am Meißner Bergbau betrieben. Man riecht es. Bei der Stinksteinwand treten Schwefelgase aus. Der Berg brennt innerlich. Unlöschbar glühen die Flöze. Die Zaubersteine, die Frau Holle dem armen Holzfäller schenkte, waren Kohle.

Viele Sagenorte entbirgt der Berg – Frau Holles Stuhl und Badestube, Kitzkammer und Kalbe. Die Hollsteine: Felsen, aus Frau

Holles Schuh geschüttelt. Der Meißner ist ein Universum mythisierter Natur. Wir stehen an seinem schönsten Punkt, 754 Meter hoch. Weithin breitet sich das Werratal, das holde, idealisch geschwungene Deutschland. Am Horizont schimmert Luthers Wartburg. Ein Stück bergabwärts erstreckt sich die Wiese, auf der 1913, hundert Jahre nach der Völkerschlacht, die freideutschen Jugendbünde Einigkeit und eine neue Zeit gelobten. Hochgemut ernannten sie den gastgebenden Berg zum Hohen Meißner.

Kein Jahr danach lagen sie im Schützengraben. Drei Jahrzehnte später war Deutschland dahin und Kassel ein Trümmermeer. Bewahrt blieb am Brüder-Grimm-Platz die nördliche Torwache, in der Jacob und Wilhelm von 1814 bis 1822 lebten. Davor steht ihr Denkmal, rührend klein. Erika Maria Wiegand schuf es 1985. Wilhelm schaut ins Buch, Jacob ins Weite. Schützend legt er dem Jüngeren die Hand auf den Rücken. Wilhelm kränkelte ständig. Beide spazierten gern – Jacob im Sturmschritt, Wilhelm bedächtig; deshalb liefen sie verschiedene Wege. Jacob notierte, ihm sei vor Freude das Herz gehüpft, wenn er den Bruder kommen sah. Dabei arbeiteten sie doch ständig in benachbarten Stuben. »Lieber Wilhelm, wir wollen uns einmal nie trennen«, das schrieb Jacob dem Bruder schon am 12. Juli 1805. »Wir sind nun diese Gemeinschaft so gewohnt, daß mich schon das Vereinzeln zum Tode betrüben könnte (...).« Dabei blieb es, bis zum Tode. Dieser Lebensbund ist das wahre Märchen der Brüder Grimm.

Oktober 2012 / September 2015

Deutschlands Erwachen
Dreimal scheiterte 1848/49 die Revolution in Baden

Der Mörder reitet heute noch auf hohem Roß, in der Karlsruher Kaiserstraße. Den Opfern wurde gar das Grab verwehrt. Vom badischen Aufstand 1849 weiß man dessen Scheitern und daß Prinz Wilhelm von Preußen, nachmals deutscher Kaiser, die letzten Revolutionäre in Rastatt erschießen ließ. Den Ruhm des »Kartätschenprinzen« besingt das »Badische Wiegenlied«: *Schlaf, mein Kind, schlaf leis, / Dort draußen geht der Preuß! / Deinen Vater hat er umgebracht, / Deine Mutter hat er arm gemacht, / Und wer nicht schläft in stiller Ruh, / dem drückt der Preuß die Augen zu.*

Sieger schreiben und hinterlassen Geschichte. Deutschland ist voll fürstlicher Weihestätten. Der republikanische Geist neigt zur Heimatlosigkeit. Dem abzuhelfen, entstand 2007 die Straße der Demokratie: eine freiheitshistorische Route durch Deutschlands Südwesten. Sie beginnt, wegen der Paulskirche, in Frankfurt am Main. Sodann kurvt der bildungsbeflissene Pfad über Mainz, Mannheim, Heidelberg empor zum Hambacher Schloß. An dieser »Wiege der Demokatie« demonstrierten 1832 wohl 30 000 Freigesinnte für Volksrechte und »Deutschlands Wiedergeburt« im »conföderirten republikanischen Europa«. Weiter geht's, via Landau, Bruchsal, Karlsruhe, Offenburg und Freiburg bis zur Schweizer Grenze.

Dorthin reisen wir.

In Lörrach steht ein Mann am Rathausfenster. Hochtönend, wenngleich etwas stockend spricht er zum Volk. Das ist Gustav Struve, Jurist, Journalist, Parlamentarier, derzeit Führer einer Rebellenschar. Was hat er auszurufen an diesem 21. September 1848? Nicht Geringeres als die Deutsche Republik, dazu sich selbst als provisorischen Regenten. Im Eifer haut er sich den Kopf am Fensterrahmen. Das Volk lacht, doch nicht lange. Zu den Waffen!, schreit Struve. Nur das Schwert kann das deutsche Volk noch retten! Wohlstand, Bildung, Freiheit für alle!

Nüchtern betrachtet, spricht nicht Struve. Der Schauspieler Wolf Jürgens reproduziert Lörrachs größte Stunde. Auch das Rathaus ist Replik, von 1869. Originale bietet das Dreiländermuseum, vor allem Hansjörg Noe. Der jungherzige Senior präsentiert Revolutionsreliquien, zuerst eine rote Planke, bemalt mit goldener Frakturschrift: »Deutsche Republik«. Dieses Brett, weiß Noe, hat der Struve am Amtshaus angebracht. Hier steht der Spazierstock vom Hecker, die blaue Bluse ist das Hecker-Hemd. Dort das Gemälde zeigt, wie der Weißhaar mit seinen Aufständischen nach Lörrach kam. Und der radikale Neff ...

Erbarmen! Bitte langsam! Schändlicherweise gebricht es dem Berliner Reporter an genauer Kenntnis des badischen Revolutionspersonals. Noe erklärt: Beim ersten Aufstand am 20. April 1848 zog der Konstanzer Gastwirt Joseph Weißhaar mit 800 Freischärlern in Lörrach ein und warb um Zulauf. Ganze vier Bürger schlossen sich Weißhaar an. Der Hauptheld der Erhebung hieß Friedrich Hecker. Gemeinsam mit Struve hatte er bei der Offenburger Versammlung vom 12. September 1847 die dreizehn »Forderungen des Volkes« proklamiert. Als Abgeordneter des Vorparlaments der Frankfurter Paulskirche scheiterte Hecker mit seinem Drängen auf revolutionäre Exekutive. Er rief zur Tat: »Es gilt in Baden loszuschlagen.« Aus Konstanz sollten vier Menschenzüge, stetig wachsend, gen Karlsruhe ziehen und den Großherzog stürzen – ein Pars-pro-toto-Fanal für das ganze deutsche Volk, wider seine Potentaten.

Bürger Hecker war militärisch völlig unbeleckt. Er setzte auf sein Charisma als Volkstribun, überlaufende Streitkräfte und den revolutionären Sog. Aber der Zustrom blieb dünn. Tausend dürftig bewehrte Amateure rasteten im Südschwarzwald, als württembergische Truppen nahten. Hecker hatte nicht kalkuliert, wie die Staatsmacht das neue Militärtransportmittel Eisenbahn nutzte.

An der Brücke bei Kandern begegnen sich Hecker und General Friedrich von Gagern. Der fordert Kapitulation. Hecker lehnt ab. Und dann, sagt Hansjörg Noe, spielt einer von Heckers Leuten an seinem Gewehr rum und schießt den Gagern tot.

Es folgt die »Schlacht bei Kandern«. Neben dem General stirbt ein Grenadier. Zehn Rebellen verlieren ihr Leben. Ein bemooster Gedenkort auf der Scheideck nennt die Namen. Das Museum in Kandern birgt rührende Memorabilia der geschlagenen Erhebung. Am Schopfheimer Markt verfällt sie dem Spott. Peter Lenks Großplastik »Badische Revolution« von 2004 zeigt Hecker, umkläfft von einem Köter, den er, nebst zwei Bürgern, hier hat werben können. Die Regierungstruppen visagieren uniform wie Exministerpräsident Erwin Teufel. Auch der 68er Kommunarde Fritz Teufel juxt herum. Ärschlings auf der Kanone posiert Emma Herwegh nebst Georg, ihrem Dichtergatten. Der hatte 1841 blutsüffig georgelt: *Reißt die Kreuze aus der Erden! / Alle sollen Schwerter werden, / Gott im Himmel wird's verzeihn. / Gen Tyrannen und Philister! / Auch das Schwert hat seine Priester, / Und wir wollen Priester sein!*

Revolutionstrunken war Herwegh 1848 mit einer Truppschaft deutscher Emigranten aus Paris an die Badener Grenze geeilt. Hecker verschmähte diese Hilfe. Er fürchtete den Vorwurf französischer Einmischung. Herwegh drang trotzdem aus dem Elsaß herüber. Bei Dossenbach unterlag seine 900köpfige Legion den Württembergern desasträs. 30 Tote.

Herr Noe, mir scheint der ganze Hecker-und-Herwegh-Aufstand grotesk naiv.

Maximal illusionär, sagt Noe. Komplette Verkennung der Kräfteverhältnisse, total unkoordiniert, keinerlei strategisches Denken. Das gilt ebenso für Struves Putsch.

Heckers Zug zerstiebt, er selbst türmt in die Schweiz. Im liberalen Kanton Basel-Land bleiben deutsche Revolutionäre unbehelligt. Dort bereiten dann Gustav Struve & Genossen den zweiten badischen Aufstand vor. Struve, eigentlich von Adel, ist Sozialist. Er spricht auch die Arbeiter an, er setzt auf Gewalt. In Lörrach einmarschiert, inhaftiert er den Gemeinderat und beschlagnahmt die Stadtkasse. Er verkündet das Kriegsrecht und rekrutiert eine Volkswehr aus allen waffenfähigen Männern zwischen 18 und 40. Er erträumt eine Streitmacht von 10 000 Mann. Aber viele desertieren, sobald sie auf Regierungstruppen stoßen. Nach einem anarchischen Gefecht in Staufen wird Struve am 25. September 1848

Deutsche Revolutionäre, 2004 geehrt von Peter Lenk. Von links: Friedrich Hecker mit Hund, Georg und Emma Herwegh mit Artillerie, Fritz Teufel mit Namensvetter Erwins Kopf auf der Pistole (Schopfheim, 16. Juli 2016)

von der Schopfheimer Bürgerwehr verhaftet. Der Todesstrafe entgeht er; das Standrecht gilt erst tags darauf. Später emigriert Struve in die Vereinigten Staaten, wie Friedrich Hecker bereits am 5. September 1848. Beide beteiligen sich am amerikanischen Bürgerkrieg, auf Seiten von Lincolns Union.

Die erste deutsche Republik währte vier Tage. Seit dem 25. September 1848 ist Lörrach nicht mehr als Deutschlands Hauptstadt anzusehen. Was bleibt, ist wandelbare Erinnerung. Lange schämten sich die Lörracher ihrer aufsässigen Episode, sagt Museumsdirektor Markus Moehring. In der Weimarer Republik gab es von sozialdemokratischer Seite die erste positive Rezeption. Nach 1968 erreichte sie das bürgerliche Lager. Zum 150. Jahrestag war der Stolz im Volk angekommen. Heute feiert Lörrach jährlich am 21. September den Tag der Demokratie.

Kennen Sie das Heckerlied?, fragt Hansjörg Noe. *Wenn die Leute fragen, / Lebt der Hecker noch, / So sollt ihr ihnen sagen, / Ja er lebet noch. / Er hängt an keinem Baume, / Er hängt an keinem Strick, / Sondern an dem Traume / der freien Republik.*

Wer singt das heutzutage? Die AfD?

Noe ruft: Das sind Faschisten!

Warum Baden? Ganz Europa wurde 1848 von Revolution erschüttert. Der Grund: dramatischer Reformstau, insbesondere in Duodez-Deutschland. Nach dem Untergang Napoleons hatte der Wiener Kongreß 1815 die dynastischen Fürstherrschaften und die Privilegien des Adels restauriert. Die Volksrendite der Befreiungskriege blieb aus. Deutschlands Erlösung vom korsischen Leviathan brachte weder die nationale Einheit noch jene Liberalität, die Napoleons Code Civil immerhin gewährte.

Baden war ein junger Staat, 1806 gefügt von Napoleons Gnaden. Seit 1818 besaß er eine vergleichsweise liberale »landesständische Verfassung«, ein Zwei-Kammer-Parlament und mit dem Karlsruher Ständehaus das erste deutsche Parlamentsgebäude. Die gewählte Zweite Kammer hatte das Recht zur Gesetzesinitiative. Großherzog Leopold, ein huldiger Champagnersüffler, gewährte 1832 sogar Pressefreiheit. Die allerdings wurde wieder kassiert, auf Geheiß des Deutschen Bunds, dessen Karlsbader Beschlüsse solche Extravaganzen untersagten. Presse, Versammlungen, Bürgervereine bedeuteten ja Öffentlichkeit, kommunikative Vernetzung des Volks. Untertanen wurden zu Gesellschaft.

Anfang 1848 kräht der gallische Hahn, zum dritten Mal nach 1789 und 1830. Die Pariser Februarrevolution stürzt den autoritären »Bürgerkönig« Louis Philippe. Ein europäischer Weckruf! Baden liegt Frankreich am nächsten, die Volksdemokratie wird hier vehement verlangt. Deutschlands gemäßigte Liberale hingegen wollen Wandel ohne Umsturz und bevorzugen die konstitutionelle Monarchie mit Erbkaisertum. Am 3. April 1849 offeriert das Paulskirchen-Parlament dem mächtigsten deutschen Monarchen, Preußens König, die Kaiserkrone. Friedrich Wilhelm IV. verhöhnt den »imaginären Reif, aus Dreck und Letten gebacken« mit »dem Ludergeruch der Revolution von 1848«. Der Narr zu Berlin idealisiert das Mittelalter. Von Gottes, nicht von Volkes Gnaden wähnt und wünscht er zu herrschen. Liberalismus hält er »für eine Krankheit, gerade wie die Rückenmarksdürre«.

Die Paulskirche scheitert, die meisten Fürstenhäuser lehnen deren Reichsverfassung ab. Der dritte badische Aufstand sucht die republikanische Reichsform doch noch zu erzwingen. Am 13. Mai 1849 beschließt die Offenburger Volksversammlung ein 16-Punkte-Programm, das auf der Paulskirchen-Verfassung fußt. Großherzog Leopold flieht aus Karlsruhe nach Konstanz. Der Liberale Lorenz Brentano wird Chef einer Revolutionsregierung. Die Republikaner rekrutieren Militär unter Führung des polnischen Generals Ludwig Mieroslawski. Der Großherzog fordert Truppenhilfe vom Deutschen Bund; nach dessen Recht tobt in seinem Land ein Bürgerkrieg. Der Bündnisfall ist eingetreten. Es kommt »der Preuß«: Prinz Wilhelms Heeresmacht.

In Baden begann Deutschlands bürgerliche Revolution, in Baden ging sie zu Ende. Ihr Grab sind die Kasematten von Rastatt.

Um vier am Karlsruher Tor, so hatte Irmgard Stamm gesagt. Bis dahin bleibt noch Zeit. Rastatt ist schön. Das Residenzlein an der trödeligen Murg charmiert barock. Am Markt prunken Rathaus und Alexanderkirche. Unfaßbar ferkelfarben strahlt das Schloß, mit rosa Säulen, Simsen und Skulpturen. Ein Portal zeigt Schwarzrotgold, denn im linken Seitenflügel wohnt seit 1974 die »Erinnerungsstätte für die Freiheitsbewegungen in der deutschen Geschichte«. Die weitläufige Schau, ein Vermächtnis des Bundespräsidenten Gustav Heinemann, inszeniert die Historie der bürgerlichen Emanzipation. Die Widerspruchsgeschichte von Freiheit und Nation erzählt sie kaum.

Untertänig heißt es im »Badnerlied«: *In Rastatt ist die Festung, und das ist Badens Glück.* Beides falsch. Die Bundesfestung wurde seit 1842 erbaut, aber schon Ende des 19. Jahrhunderts wieder geschleift. Militärisch rasch antiquiert, lag sie nach der Okkupation von Elsaß-Lothringen auch fern der französischen Grenze. Ein rares Rudiment ist das neogotische Karlsruher Tor, an dem uns nun die Volkskundlerin Irmgard Stamm erwartet. Wir laufen über den Ludwigring. Halt, sagt Frau Stamm. In der kahlen Wand eines

Wohnblocks erschließt sie eine Eisentür: Achtung, es geht abwärts! Vorsicht mit dem Kopf!

Stufen, eine Rampe, Dunkelheit. Dann gilbes Lampenlicht, Moderluft, tropfnasse Wände. Ein enger Kasemattengang. Die Ludwigsfeste, Bastion 27, sagt Frau Stamm. Stellen Sie sich vor, Sie werden hier mit Hunderten reingetrieben. Hinter Ihnen drückt man die Tür gewaltsam zu. Da stehen Sie gepreßt wie die Ölsardinen, und nichts passiert. So ging es den Aufständischen nach der Kapitulation.

Am 9. Mai 1849 hatte Rastatts Besatzung gemeutert. Die Soldaten, schimpflich gehalten, miserabel besoldet und ernährt, verbrüderten sich mit der Rastatter Bürgerwehr und bekannten sich zur Revolution. Die Kommandantschaft floh. Rastatt wurde zum Inbegriff der republikanischen Machtübernahme – auch für die Interventionstruppen des Deutschen Bunds. Gefecht um Gefecht zerschlugen sie die badische Revolutionsarmee. Seit dem 30. Juni wurde Rastatt preußisch zerniert. Mangels Botschaft von draußen hofften die Belagerten unverdrossen auf Entsatz. Endlich erreichte sie die Kunde von der Niederlage. Ihr Generalstabschef und Parlamentär Otto von Corvin fürchtete die Massakrierung der Festung und der Stadt mit 7000 Bewohnern, sei es durch preußischen Sturm oder kollektiven Selbstmord. Viele der Rastatter Artilleristen waren entschlossen zur Höllenfahrt. Der preußische General Graf Karl von der Groeben versicherte Corvin, es werde, falls die Festung kapituliere, keine »Füsiladen« geben. Am 23. Juli ergaben sich 5600 Mann »auf Gnade und Ungnade«.

Wir steigen ans Licht. Umweit des Schloßparks liegt der Alte Friedhof. Dort erhebt sich seit 1899 ein mächtiger Findling. Darauf steht: »Ruhestätte für die im Jahre 1849 zu Rastatt standrechtlich erschossenen.« Dem Punkt folgt eine Lücke. Erst 1924 durfte das Wort »Freiheitskämpfer« angefügt werden. Man liest neunzehn Namen. Zuerst starb am 7. August 1849 Ernst Elsenhans, Literat aus Feuerbach, Herausgeber des Blatts »Der Festungsbote«. Nicht einen Schuß gab er ab, sagt Irmgard Stamm. Hier, Gustav Tiedemann, der Kommandant. Hier, Konrad Heilig, der hatte eine Lafette abgeschwenkt und sich geweigert, in die meuternde Menge zu kanonieren. Sieben Kinder hinterließ er und eine bettelarme Frau, die für Prozeß und Hinrichtung zahlen mußte.

Zuletzt starben Karl Bernigau, Josef Jansen und Friedrich Wilhelm Schrader. Die hatte man zum Gnadengesuch überredet. Sie stellten es. Abgelehnt. Man erschoß sie am 20. Oktober wie die anderen: acht Kugeln ins Herz, vier in den Kopf. Erst 1897 wurden die neunzehn Verscharrten exhumiert und gemeinsam am Findling beigesetzt.

Irmgard Stamm sagt: Die Stadt entblödet sich nicht, in den Kasematten Halloween-Umzüge zu veranstalten. Als Gegenbewegung macht unser historischer Verein Fackelführungen zum Erschießungsort.

Ein Name steht nicht auf dem Stein. Otto von Corvin, der Unterhändler, kam haaresbreit mit fünf Jahren Zuchthaus davon. Deshalb galt er lange als Verräter von Rastatt. Irmgard Stamm hat diesem eitlen, vielbegabten Glücksritter der Freiheit eine packende Biographie gewidmet.

Frau Stamm, was fasziniert Sie an der badischen Revolution?

Der Ansatz dieser Leute, ihre uneigennützigen Motive. Die Idee, daß das Volk seine Regierung selbst wählen sollte. Die Fürsten sahen ihre Kleinstaaten samt Landeskindern als ihren Besitz und in der deutschen Einheit ihre Enteignung. Natürlich gab es auch Mitläufer, die Freiheit mit Freibier verwechselten. Und die Anstifter, der Terrorist Hecker, der Salondemokrat Herwegh, die hatten sich ja längst in Sicherheit gebracht. Aber andere gingen für ihre Ideale ins Gefängnis und ins Grab. Die Schwarzwaldbauernbuben, die hier auf dem Markt dem Großherzog ab- und auf die Verfassung schworen, die wußten, daß sie ihr Leben verwirkten.

Im Schloßpark spielen Flüchtlingskinder unbehelligt Fußball. Frau Stamm winkt einigen zu. Werden die zu Stützen der demokratischen Leitkultur?

Wir atmen die Freiheit so selbstverständlich, wie ein gesunder Mensch seinen Körper nicht spürt, sagt Irmgard Stamm. Dann muß sie fort, zum Sprachunterricht für Migranten.

Juli 2016

Hundert Jahre nach dem Tod
Zwei winterliche Reisen nach Verdun

I

Am Anfang war das Wort: Verdun. Es prangte auf einem feldgrauen Buch, im hintersten Regal der väterlichen Bibliothek. Mit heißen Ohren verschlang ich Josef Magnus Wehners »Sieben vor Verdun«. Erregt und angewidert las ich 1966 vom deutschen Opfergang des Jahres 1916, in orgelnder Sprache, voller Glut und Blut. Singend ziehen die deutschen Soldaten in die Schicksalsschlacht. Gott ist mit ihnen, muß es sein. Hat Er nicht sein Volk gewaltig gemacht, daß es sich Lebensraum erkriege? Wie eine blonde Flamme lodert Germanien wider die unreinen Franzosen, die sich mit »übelriechenden Horden« gurgelschlitzender »Wollköpfe« verstärken.

Am Ende steht vorerst kein Sieg, doch Ruhm, »die Jahrtausende hinauf«. »Der Sieg, das ist der Zweck des Krieges, nicht sein Sinn. (…) Der Krieg stellt eine Frage an die Völker: Bist du bereit und geweiht, der Welt Ordnung und Gesetz zu geben? Willst du dich opfern um des kommenden Gesetzes willen, das höher ist als du selbst?« Die Tapfersten fallen, so lautet das Gesetz.

Wohl 143 000 Deutsche und 162 000 Franzosen starben vor Verdun, in der ersten »Materialschlacht« der Menschheitsgeschichte. Josef Magnus Wehner überlebte, schwer verletzt. Sein Buch, 1930 erschienen, war ein völkischer Sturmangriff auf Erich Maria Remarques pazifistischen Welterfolg »Im Westen nichts Neues«. Später gelobte er Hitler treueste Gefolgschaft, Goebbels erhob ihn zum Ehrenpensionär. In der DDR wurde Wehners Georgel sowenig verlegt wie Ernst Jüngers landsknechtstolzes Kampfgeschreib. Hochgeschätzt war Arnold Zweig, der Fontane des 20. Jahrhunderts. Zweig orgelte nicht, sondern erzählte episch von den Opfern, Betreibern und Profiteuren der Massenschlächterei. Seinen Roman »Erziehung vor Verdun« schrieb er 1935, im palästinischen Exil. Zweig war Jude – und Verdun-Veteran.

All das steht geschrieben. Nun wollte ich endlich selbst nach Verdun. Und erleben, wie der Ort sich von den Mythen unterscheidet.

Von Metz rollt der Zug gen Westen, durchs flache Lothringer Land. Die Gegend hügelt auf. Nach siebzig Minuten ist eine nette Kleinstadt erreicht, geteilt von einem Fluß. Grün glitzert die Maas in der Wintersonne. Man kann am Quai de Londres spazieren oder in der Rue Mazel Léon Braquiers berühmte Mandel-Dragées de Verdun erwerben – letzteres seit 1783, doch nicht zwischen 13 und 15 Uhr, denn die Mittagspause ist hier heilig. Vis-à-vis der Pont Chaussée eröffnet sich der Postkartenblick hinauf zur Kathedrale, deren weiße Doppeltürme die Altstadt krönen. Man wird irritiert, auf perverse Art: Die Stadt ist heil. Die Postkarten zeigen das kriegszerstörte Verdun. Krieg meint hier immer den ersten Weltkrieg, in Deutschland den zweiten.

Um 1900 barg die Garnisonsstadt Verdun mehr Militär als Zivil. Heute ist nur noch ein Regiment stationiert.

Zwei sichtlich ungediente Burschen schlurfen vorbei. Sagt mal, wie lebt es sich hier?

Normal. Stadt wie jede andere.

Und der Krieg?

Denken wir nicht dran. Die Kriegstouristen sind gut, bringen Geld.

Könnte es wieder Krieg geben?

Nicht gegen die Deutschen, sagt Dylan Mousseau. Die Deutschen sind wie wir. Vielleicht gegen Rußland. Große Militärmacht.

Oder gegen die Amerikaner, meint Romain Campolucci. Die wollen die ganze Welt kontrollieren.

Ich war Soldat, und ich bin Patriot, erklärt ein lebhafter Herr namens Tyrell Devendin. Aber mit Mitte Sechzig hat sich das Patriotische längst vom Politischen und Militärischen getrennt. Patriotismus, meint das nicht einfach den Ort, wo man lebt, wo man Familie hat, die Kinder? Mein Vater war in deutscher Kriegsgefangenschaft, auf einem bayerischen Bauernhof. Zu Weihnachten bekamen die Bauersleute die Nachricht vom Tod ihres Sohns, gefallen an der Ostfront.

Was hat Ihr Vater gesagt?

Daß er den Krieg haßt, nicht die Deutschen.

Ein Uniformierter tritt hinzu. Jawohl, er sei Berufssoldat, 1. Kavallerieregiment.

Was, Sie reiten in die Schlacht? Mit Säbel?

Kavallerie bedeute Panzer, erklärt der junge Mann. Er hoffe, das heutige Geschichtsbewußtsein und die europäische Gemeinschaft machten Krieg unmöglich. Allerdings gebe es in jeder Generation eine gewisse Neugier, eine Sehnsucht nach Kampf.

Warum sind Sie Soldat?

Zugführer, das ist ein großes menschliches Abenteuer. Wir schützen unsere Werte, den Frieden und die Freiheit der Nation.

Ist Verduns Kriegsgedenken patriotisch?

Früher. Jetzt gilt es allen, die hier gekämpft haben. Aber natürlich ehrt man den heroischen Widerstand von 1916.

Natürlich. Die westdeutsch-französische Versöhnung, de Gaulle und Adenauer in der Reimser Kathedrale, der Händedruck von Kohl und Mitterrand über den Gräbern von Verdun – all das ist Nachkrieg: Rekonvaleszenz. Die Vorgeschichte bleibt so konträr wie Angriff und Verteidigung. An Verduns Promenade schreit Rodins Riesenplastik »La Defense«. Auch das Gefallenenmal auf der Place de la Nation symbolisiert Widerstand. An der Stadtmauer schließen fünf Streiter – Artillerist, Kavallerist, Infanterist, Kolonialsoldat und Landwehrmann – die Bresche des Vaterlands mit Leibern aus Fels. Verduns Sieg ist Defensive. *ON NE PASSÉ PAS!* Niemand kommt durch!

Nun nahen Grauköpfe in Uniform. Sie präsentieren Fahnen, sie legen Blumen nieder. Sie sind nachgeborene Veteranen vom Bund *Ceux de Verdun.* Sie hüten das Erbe und halten die Toten am Leben. Lanzare Ponticelli, Frankreichs letzter *Poilu,* starb 2008, im Gnadenalter von 110 Jahren.

Grabenkämpfer zieren die Säulenkapitelle der Kathedrale Notre-Dame. Am Kathedral-Berg, 73 Stufen hoch, wacht der Siegesrecke, gestützt aufs Schwert, flankiert von zwei Beute-Geschützen. Sie zielen ostwärts, auf die Höhen der Maas. In deren Rücken stürmten und verbluteten die Deutschen. Keiner von ihnen sah Verdun, obwohl sie bis hart vor die Stadt gelangten. Zweieinhalb Kilometer trennten die 5. Armee von Frankreichs Herz, möglicherweise vom Gewinn des Kriegs. Wäre Verdun gefallen, hätte Frankreich kapituliert, vielleicht die gesamte Entente Cordiale. So der Mythos.

»Einen Krieg für sich allein« hat Paul Valéry die Schlacht von Verdun genannt. So wird sie bis heute empfunden: als Schmelzkern des Ersten Weltkriegs und Inbegriff massenmörderischen Gemetzels. Knochenmühle, Hölle hieß Verdun bei denen, die es überlebten. Der deutsche Oberbefehlshaber Erich von Falkenhayn behauptete später, er habe keineswegs durchbrechen, sondern die »Blutpumpe« ansetzen wollen. »Weißbluten« sollte sich der Feind. Auf zwei tote Deutsche kalkulierte Falkenhayn fünf Opfer des kleineren Volks. Unerforschlich bleibt die seelische Verrottung solcher Militärs.

Daß die Blutorgie Falkenhayns ursprüngliche Taktik war, scheint fraglich. Derartige Äußerungen tat er retrospektiv. Wahrscheinlich hoffte er zunächst auf einen schnellen Durchbruch. Vor der Stadt lag ein Doppelkranz von neunzehn Forts und Zwischenwerken. Deren Bewaffnung und Besatzung war jedoch unzureichend, denn dieser Frontabschnitt galt als ruhige Zone.

Falkenhayn wollte überrumpeln. Der deutsche Angriff war für den 12. Februar 1916 geplant. Dauerregen erzwang Aufschub, Tag um Tag. Währenddessen konnte der französische Oberbefehlshaber Joseph Joffre 200 000 Verteidiger zusammenziehen. Ihnen standen 500 000 Deutsche gegenüber. Am 21. Februar klarte es auf. Es begann ein vielstündiges, bis dato unvorstellbares deutsches Artilleriefeuer. Dann Sturm!

Arroganterweise ließ von Falkenhayn das westliche Maasufer zunächst unbesetzt. Das wurde zur Rettung der Franzosen, denen ein Nachschubweg verblieb: die Departementsstraße von Bar-le-Duc. Alle 14 Sekunden passierte ein Lastwagen die siebzig Kilometer lange Schotterpiste. Allmählich wurden die Franzosen ebenbürtig an Menschen und Material. Es zeigte sich, daß Joffre das französische Symbol Verdun bis zum Letzten verteidigen würde. Am 9. April deklarierte Verduns Kommandant Pétain: *COURAGE, ON LES AURA!* Mut, wir kriegen sie!

Hier ist kein Raum, die Schlacht von Verdun nachzuzeichnen, schon gar nicht die Apokalypse des Stellungskriegs. Man lese Jacques-Henri Lefebvres Frontkämpfer-Kompendium »Die Hölle von Verdun«. In den Gräben keimte Verständnis für das arme Schwein von gegenüber. Das unermeßliche Sterben hatte ein Ergebnis: *ILS N'ONT PAS PASSÉ!* Die Deutschen kamen nicht durch. Ihre letzte Brandung zerschellte am 12. Juli 1916, auf dem Glacis des Forts Souville, zweieinhalb Kilometer vor Verdun. Von Falkenhayn stoppte die Angriffe und zog Divisionen ab, die andernorts benötigt wurden. Die Schlacht an der Somme begann. Zudem brauchte der wankende Bündnispartner Österreich verzweifelt Hilfe gegen die russische Brussilow-Offensive.

Frankreichs Truppen kämpften in Rotation. Drei Viertel ihrer Soldaten lagen mindestens einmal vor Verdun. Auch das machte die Märtyrerstadt zu Frankreichs Herz. Sie lebt in ungezählten Familienbiographien, in unvergessenen Passionsgeschichten. Die leichentürmenden Kämpfe um die Höhen 304 und Toter Mann. Das Martyrium des Obersten Émile Driant und seines Jägerbataillons im Caureswald. Die entsetzlichen Kämpfe um und in Fort Vaux. Dessen Verteidiger leckten Sickerwasser von den Wänden und tranken ihren Urin, bevor sich Kommandant Raynal ergab – dem Durst, nicht dem Feind. Kronprinz Wilhelm, der deutsche Befehlshaber, beließ Raynal für seine Tapferkeit den Degen – ein ritterromantischer Anachronismus inmitten der maschinellen Vernichtung. Traditionell »gefallen« war die Minderheit der Toten von Verdun. Die meisten wurden gesprengt, verhackstückt, zersuppt, pulverisiert.

Niemand kommt durch? Das stimmte 1916 – nicht davor und nicht danach. Geschichte kennt keine endgültigen Zustände. Im Krieg von 1870/71 hatten die Deutschen Verdun besetzt. Frankreich verlor Elsaß-Lothringen, mithin seine Schutzlinie des rheinischen Westufers. In der Folge baute es landeinwärts massive Verteidigungsanlagen, auch den Gürtel aus Sperrforts und Panzerfesten vor Verdun, der im *Grande Guerre* widerstand. Doch 1940 paradierte Nazideutschlands Wehrmacht durch die Stadt. Marschall Pétain, der Triumphator von 1916, unterwarf sich Hitler als

Vasallen-Premier zu Vichy. Viele Nazipaladine hatten den Krieg vor Verdun erlernt: Göring, Keitel, Heß, Guderian, von Kluge, von Manstein, Paulus, Rommel …

Gedenken kennt nur endgültige Zustände. Es versteinert Geschichtsmomente. Gewaltige Opfermale erheben sich aus der geschundenen Landschaft rechts und links der Maas. Zum Erinnerungsfokus der Schlacht wurde Fort Douaumont. Dieses Zentralmassiv nahmen die Deutschen bereits am 25. Februar im Handstreich, vermutlich getarnt als französische Zuaven. Ohne einen Schuß überrumpelten sie eine ahnungslose Notbesatzung von 57 Mann Landsturm und den ältesten Recken des Schlachtfelds, den 60jährigen Zivilangestellten Chenot. Der Senior hatte es versäumt, vom Dach der Festung die anrückende Gefahr zu erspähen. In Deutschland läuteten die Glocken. Der Heeresbericht posaunte, »im alten Drang nach vorwärts« hätten brandenburgische Regimenter den Douaumont »mit stürmender Hand« genommen. Der Ersteindringling, Leutnant Radtke, empfing ein Autogrammphoto des Kronprinzen sowie, nach überlebtem Kriege, eine Anstellung bei der Deutschen Reichsbahn. Die Offiziere Hauptmann Haupt und Oberleutnant von Brandis tröstete der Orden Pour-le-Mérité.

Auch die Verdun-Romane von Josef Magnus Wehner und Arnold Zweig umkreisen den Douaumont. Es gibt einen grotesken Reenactment-Film von Heinz Paul aus dem Jahre 1931, in dem der echte Leutnant Radtke und der echte Hauptmann Haupt die Panzerfeste abermals erobern. Die Geschichte wiederholt sich als Farce. Man sieht deutsche Soldaten im Unterstand, ein Pfeifchen schmauchend, die Flinte putzend, »daß morgen das Gewehr auch schießt und nicht immer die Ladehemmung vorkommt«. Auftritt Hauptmann Haupt, mit dem theatralischen Talent eines Krippenspiel-Hirten: »Morgen wird angegriffen. Denkt an die Heimat!« So geschieht's. Das Fort wird genommen, der Franzmann panisch überrascht, dank Hauptmann Haupts entschlossenem Brüller: »Raus hier, dalli!« Es geht zu wie im Argonnerlied: *Der Franzmann ruft: Pardon Monsieur! / Hebt beide Arme in die Höh, / Er fleht uns dann um Gnade an, / Die wir als Deutsche ihm gewähren dann.* Nun,

Hauptmann Haupt gewährt sogar ein Zigarettchen. Zehn Monate später wird ihm allerdings gemeldet: »Das ganze Fort von Franzosen umschlossen!« Haupt, wiederum entschieden: »Das ist das Ende!«

Der Verlust des Douaumont kostete die Franzosen schätzungsweise 100 000 Menschenleben. Nach wahnsinnigen Anläufen eroberten sie das Prestigeobjekt am 24. Oktober zurück, acht Tage später auch Fort Vaux. Die Schlacht von Verdun endete nahezu auf den Frontlinien ihres Beginns. Frankreich gilt als ihr taktischer Sieger.

Ohne Geleit wäre die Reise ins Jahr 1916 gescheitert. Aber Christel Rigolot vom Fremdenverkehrsamt Meuse alarmierte einen Doktor Allwissend. Pierre Lenhard führt zwei Tage lang über die Schlachtfelder östlich und westlich der Maas. Immer wieder sagt er: Hier war auch alles zerstört. Nur an einem Ort hat frühere Geschichte den Großen Krieg überlebt. In Varennes-en-Argonne ergriffen am 21. Juni 1791 revolutionäre Republikaner König Louis XVI., der samt seiner Marie Antoinette nach Deutschland wollte. Man führte die Republikflüchtigen zurück nach Paris, sodann aufs Schafott. Zur Entschuldigung für die tödliche Denunziation heißt Varennes bestes Haus am Platz »Au grand monarque«.

Lenhard sagt: Hier war auch alles zerstört.

Grabfelder säumen die Straßen. Vierzig französische Soldatenfriedhöfe zählt das Departement Meuse, neunundzwanzig deutsche. Weiße Kreuze ehren die Verteidiger, schwarze bezeichnen die Aggressoren. Auf dem weiten Meuse-Argonne American Cemetery liegen 14 246 Amerikaner unter schneehellen Marmorkreuzen, die täglich abgewaschen werden. Einige Stelen tragen Davidsterne, wie bei den Deutschen. Der Heeresfriedhof Douaumont birgt unter 16 142 Toten eine Abteilung Muslime, deren Grabsteine gen Mekka weisen.

All diese Gewesenen haben Namen. Namenlos, lediglich nach Kampfgebiet unterschieden, hinterblieben die 130 000, deren Knochen das Beinhaus Douaumont versammelt. Dessen Initiator Bischof Ginisty verfügte die Gleichberechtigung der Opfer. Die Totenburg Ossuaire ist Verduns Zentralheiligtum: ein titanisches

Schwert, dessen Klinge bis zur Parierstange im Schlachtfeld steckt. Der Griff, Leuchtfeuer und Glockenturm, ragt 46 Meter auf. Den gewaltigen Kreuzgang rundet ein Tonnengewölbe mit Namenstafeln von französischen Vermißten.

Eigentlich ist das Beinhaus geschlossen, doch der Direktor Gerard Olivier öffnet uns den Hades. Im Kreuzgang steht ein Baugerüst. Das dürfen wir besteigen und oben eine frischgravierte Deckentafel lesen, die noch niemand sah: PETER FREUNDL, K.B. Infanteriereg., * 26. 5. 1895 verm. 28. 5. 1916. Der erste namentliche Deutsche. Eine Revolution.

Wohl 80 000 Tote der Schlacht blieben ortlos verschwunden. Immer wieder werden Knochen gefunden. Manchmal sind sie noch zu identifizieren. Auch Pierre Lenhard fand Gebeine, die nach Korsika und Bordeaux gehörten. Wir stapfen durch den Caureswald, wo die Schlacht begann. Trichter beult an Trichter. Sechzig Millionen Granaten zerstörten die Welt um Verdun, am ersten Kampftag sechs pro Quadratmeter. Sehr mühsam wurde dieses zerschmetterte Giftland wieder Wald – mit Setzlingen, die Deutschland gemäß Versailler Vertrag als Natural-Reparation zu liefern hatte. Mangels Mutterboden sind die Stämme schwach.

Es pladdert. Eisiger Regen versuppt die Trichterwelt zu Schlamm. Wie 1916, sagt Lenhard. Vorsicht, deutscher Stacheldraht. Der da ist von den Franzosen. Obacht, Krähenfuß. Rechts Granate, ist noch scharf, nicht anfassen. Oh, bei der da drüben ist ja noch der hübsche Zünder dran.

Franzosenbunker. MG-Nest. Versteinerte Zementsäcke. Deutscher Bunker Habicht. Deutscher Bunker Nilpferd. Trichter, Krater, Trichter. Hier lagen die Todgeweihten im Morast und mordeten einander, auf Befehl der National-Idiotie. »Wie viele Verbrechen haben sie zu Tugenden gemacht, indem sie sie nationale nannten!« So schreibt, so schreit Henri Barbusse in »Le Feu« (»Das Feuer«), dem größten Antikriegsbuch des *Grand Guerre*. Im Massenmorden reißt der Himmel auf und ergießt sintfluthaft Regen. Unendlicher Schlamm wird zum Jüngsten Gericht. Die Krieger können einander nicht mehr unterscheiden. »Zwei Armeen, die sich bekämpfen, sind eine große Armee, die Selbstmord an sich übt!«

Einige der Toten haben Gräber (am Ossuaire de Douaumont, Schlachtfeld, 1. Februar 2014).

Diesen wechselseitigen Suizid demonstriert der Felsenberg Vauquois. Seine Kuppe trug das gleichnamige Dorf. Artillerie pulverisierte es, dann gruben sich von beiden Seiten Deutsche und Franzosen in den Stein. Wie Termiten unterhöhlten sie den Berg, kunstvoll, immer tiefer, in sklavischer Fron. Jede Partei trieb ein hehres Ziel: unter den Feind zu gelangen, um ihn zu sprengen.

Geduckt tappt man durch die nassen Stollen. Man haut sich den Schädel am Fels. Das läßt sich spüren – nicht, was hier geschah. Ebenso auf dem Toten Mann. Desgleichen auf Höhe 304. Im Fort Vaux. Im Douaumont, wo am 8. Mai 1916 eine entsetzliche Explosion über tausend Deutsche zerriß. Hier, hinter dieser Wand, sind 670 Leichen vermauert, die man nicht nach außen schaffen konnte? Hier stehe ich. Und weiß es. Und weiß es nicht zu fassen.

Hier war alles zerstört. Menschen und Völker leben mit kontaminierten Orten und Wunden der Biographie. Vieles kann heilen. Dies aber scheint auch nach hundert Jahren eine kriegsversehrte Welt. Vor 1914 hatte das Department über 300000 Bewohner, heute unter 190 000. Zwar wurde vieles aufgebaut; das Bergdorf Vauqois liegt nun im Tal. Aber neun Dörfer in der sogenannten Roten Zone blieben verschwunden, wenngleich unvergessen. Fleury, Ornes, Bezonvaux ... haben sogar Bürgermeister, für jeweils sechs Jahre vom Präfekten ernannt. Sie pflegen das Angedenken, sie führen das Ahnenregister. Jedes vernichtete Dorf bekam eine Kapelle. Am Patronatstag ist Gottesdienst. Zur Kapelle von Bezonvaux führt ein Tor, dessen beide Säulen ein Omega tragen. Kein Alpha; hier beginnt nichts mehr. Auf steinernen Sockeln liegen Relikte des Friedens und des Untergangs: Milchkanne, Schrapnell, Heuwender, Granatsplitter, Pflug ...

Hier komme ich manchmal her, für mich allein, sagt Pierre Lenhard. Ich bedenke, was hier war. Der Frieden ist nie endgültig gesichert, auch nicht in Europa.

»Nach diesem Kriege darf es keinen andern Krieg mehr geben!« Das beschwor Henri Barbusse in »Le Feu«, ohne Illusionen. »Vergeß-Maschinen sind wir. Der Mensch ist ein Ding, das wenig nachdenkt; vor allem aber vergißt er.« »Leu Feu« erschien im Dezember 1915. Zwei Monate später begann die Schlacht von Verdun.

2

1956, zum 50. Jahrestag des Gemetzels, redete vor dem Beinhaus ein Verdun-Veteran zu Tausenden Männern seiner Generation. Frankreichs Präsident Charles de Gaulle erklärte: »Franzosen und Deutsche können aus den Ereignissen der Schlacht den Schluß zichen, daß letztendlich die Früchte ihrer Kämpfe nichts als Schmerzen sind.«

In Sichtweite des Ossuaire liegt das Memorial du Verdun, ein Zwitter aus Gedenkort und Museum. Sein Initiator Maurice Genevoix sprach zur Eröffnung 1967: »Wir waren sicher: Die Völker haben so viele Greuel erlebt, daß sie sagen: Nie wieder.« Seit 2013 war das Memorial geschlossen, auch bei meiner ersten Reise nach Verdun. Zum hundertsten Jahrestag der Schlacht eröffnete es neu, mit einer sensationellen Botschaft: Frankreich opfert seinen Sieg dem Frieden.

Was vom Dorf Bezonvaux übrigblieb (1. Februar 2014)

Ich durfte schon vorher kommen. Abermals Lothringen im Februar. Wieder Wetter wie vor hundert Jahren, als Schlamm und Regen den deutschen Angriff verzögerten. Fünf Kilometer nordöstlich von Verdun erscheint im Nebel ein Geschütz, dahinter ein Betonkubus mir gläserner Haube. Das Obergeschoß ist neu, der Direktor auch: Thierry Hubscher, Pariser, geboren 1952. Er sagt: Ich wurde zum Haß auf die Deutschen erzogen. Mein Großvater lag zweimal vor Verdun. Natürlich gab es auch die Erfahrungen des Zweiten Weltkriegs.

Was bedeutet Verdun den Franzosen?

Die berühmteste Stadt nach Paris. Den Inbegriff des Schrekkens. Verdun – das faßt den Ersten Weltkrieg in *ein* Wort. Historiker sagen, die Schlacht sei unnötig gewesen. Aber sie hob die französische Moral.

Hubscher erzählt die Geschichte des Memorials. Nach Kriegsende kehrten überlebende Soldaten zum Schlachtfeld zurück. Sie brauchten einen Ort, ihrer toten Kameraden zu gedenken. Man errichtete ein Holzhaus. Es versammelte immer mehr Memorabilia und wurde zu klein. 1967 entstand das steingebaute Memorial de Verdun, am Platz des früheren Bahnhofs von Fleury-devant-Douaumont.

Warum nun die Erneuerung?

Die Ausstellung war veraltet, sagt Hubscher. Kein Zeitzeuge ist noch am Leben. Wir überliefern die Geschichte an Nachgeborene mit ganz anderen Medien und Sehgewohnheiten. Dieses Haus muß ein internationales Interpretationszentrum werden. Als Memorial ist es den Soldaten beider Seiten gewidmet, mit universaler Botschaft.

Was ist die Botschaft?

Der Schrecken des Kriegs. Sein Chaos, seine Absurdität. Wer hierher kommt, betritt ein Schlachtfeld, in dem noch 80 000 ungeborgene Tote liegen. Bei den Erweiterungsarbeiten haben wir fünf Soldaten gefunden, drei Franzosen und zwei Deutsche.

Wie läßt sich das heute noch unterscheiden?

Stiefel. Helme.

Monsieur Hubscher, wir haben in Deutschland keinen Ort wie diesen.

Der Direktor lächelt: Es ist immer leichter, der Verteidiger zu sein.

Wie denken Sie über Christopher Clarks Buch »Die Schlafwandler«? In Deutschland verursachte es eine freudige Relativierung der deutschen Kriegsschuld.

Wirklich? Ich habe es gelesen. Die Resonanz in Frankreich war nicht stark.

Jetzt steigen wir in die Unterwelt. Noch hämmert, bohrt und schurrt es überall. Der Rundgang beginnt mit einem bündigen Video über die Phasen des Ersten Weltkriegs. Anfangs erscheint der »Bewegungskrieg« sozusagen konventionell, so auch der Soldat. Die Franzosen tragen rote Hosen, die Deutschen Pickelhauben. Kaisertreue Suppenteller jauchzen: »Steh ich im Feld, mein ist die Welt.« Dann stocken die Fronten. Der Stellungskrieg beginnt.

Strikt gewahrt wird die französisch-deutsche Doppelperspektive. »Liebe Mutter«, schreibt Soldat R. vom 8. Füselier-Regiment, »es wird hier einen Kampf geben, wie ihn die Welt noch nicht gesehen hat. Hoffen wir, daß unser Unternehmen erfolgreich ist

Überlebende Franzosen, vor und nach der Schlacht (Weltfriedenszentrum Verdun, 31. Januar 2014)

und daß Gott uns beisteht. Wir sind für die größte Aufgabe bestimmt ...« Maurice Pensuit: »Wir rücken in 10 Minuten vor!!! Auf Wiedersehen, mehr denn je.« Johannes Haas: »Meine lieben Eltern, ich liege auf dem Schlachtfeld mit einer Kugel im Bauch. Ich glaube, ich bin dabei zu sterben.«

Die untere Ebene widmet sich dem Kampferlebnis des Infanteristen. Man läuft auf Glas. Darunter Schlamm, glitzernd bepfützt, voller Kartuschen, Granatsplitter, zerfetzte Rudimente ziviler Existenz. Trichterlandschaft, vielmals umgepflügt. Ragende Staketen, einst Wald. In dieser Zone gab es keine Chance. Alles und jeder wurde dutzendfach zermalmt. Immer neues »Menschenmaterial« verschlang der nimmersatte Schlund der »Abnutzungsschlacht«. Man sieht die Berliet-Lastwagen, die über die *Voie sacrée*, die Heilige Straße, Frankreichs Nachschub herbeikarrten.

Auf dem Boden das Relief des Schlachtlands rechts und links der Maas. Die zerstörten Dörfer. Der Hahn vom Kirchturm des verschwundenen Fleury. Die Waffen. Schießzeug und Handgranaten aller Art. Effektiver tötet das neue Maschinengewehr. Die Helme.

Der französische bot weniger Schutz, doch auch der massivere deutsche war, wie wir sehen, zu durchschießen. Das Schanzzeug. Die Front-Medien: Brieftaube und Feldtelefon. Die Habseligkeiten. Die Krypta, der Tod. Die hinterlassenen Stimmen. Die Wand der Gesichter an der Hörstation.

Ein Museum ist nur ein schwacher Nachhall von Wirklichkeit, sagt die Szenographin Geneviève Noirot. Kein Besucher wird je erleben, was den Infanteristen widerfahren ist. Aber wir wollen Spuren in den Köpfen und Gemütern der Besucher hinterlassen. Wir wollen sensibilisieren dafür, was das heißt: Leben im Krieg. Die Beteiligten vermochten kaum über Verdun zu sprechen, später ging es um die *high facts*. Wir schauen auf den einzelnen Soldaten.

Die Mitte des Rundgangs bildet eine schräge Bühne: stilisierte Schützengräben, auf die, suggestiv beschallt, Kampfszenen und Kriegsgemälde projiziert werden. Das Schlachtfeld ist ständig präsent, auch im oberen Geschoß, das sich stärker dem Leben hinter der Front und dem politischen Kontext widmet. Lazarett. Geselligkeit. Heimaturlaub, den mancher, fern der Kameraden, kaum erträgt. Propaganda-Nippes, Heldenteller: »Ruhig Blut und scharf gezielt. Jeder Schuß muß sitzen.« Ein betrübtes Porzellanroß leckt am toten Reiter. Orden, auch für Pferde und Tauben. Des Kaisers Krone ziert die Seife. Wilhelm II. figuriert als Kreuzbube des Altenburger Reichs-Skatblatts und als wimmernder Schurke unter der Guillotine. Frontkunsthandwerk: Charles Grauss aus Nancy bastelte seinem Töchterchen Ghislaine einen entzückenden Bauernhof voll bunter Tiere und malte ihr Bilderbriefe. Er kam um.

Mein Großonkel starb hier, sagt die Kuratorin Edith Desrousseaux de Medrano. Ich stamme aus Westfrankreich. Dort ist Verdun mehr eine Idee als ein Ort, mit dem man leben muß. Nun bin ich seit sieben Jahren hier. Diese Erde mit all ihren Toten berührt mich sehr.

Wollen Sie eher berühren oder aufklären?

Beides. Verstehen ist auch Totenehrung.

Verstehen Sie die Schlacht?

Je tiefer ich eindringe, desto mehr wird mir jeder, der hier kämpfte, zum Mysterium. Die extremen Bedingungen offenbaren die Tiefe jedes einzelnen Menschen.

Wie tradiert man dieses Grauen in einer Welt, die Krieg immer noch als Mittel der Politik gebraucht? Und wie lehrt man Menschen, Krieg zu hassen, die Krieg nicht kennen?

Wir erteilen keine Lektionen über den Krieg, sagt die Kuratorin. Wir zeigen. Wir erwecken Stimmen und ermöglichen Kontemplation.

Deutschland ist pazifistischer geworden als Frankreich. Weil Sie Siegernation sind?

Ja, die Geschichte der Nationen ist verschieden. Aber die Erinnerung in den Familien, die Menschen verloren, ist gleich.

Dann steigen wir aus dem Dunkel ins Glasgeschoß und blicken hinüber zum Beinhaus von Douaumont. Das tut auch ein junger Mann am Computer, der das Schlachtfeld kartographiert. Thomas Sirot heißt er und stammt aus Burgund. Dort sei Verdun kein großes Thema, zumal unter jungen Leuten. Schulstoff, sagt Sirot, Bücherwissen. Aber hier empfinde ich anders. Dies ist ein französisches Schlachtfeld, ich fühle natürlich eher mit unserer Seite. Das Museum favorisiert niemanden, ich versuch's auch.

Wir fragen den Direktor: Was befähigt zur Äquidistanz?

Die jüngere Vergangenheit, sagt Thierry Hubscher. De Gaulle und Adenauer 1962, Kohl und Mitterrand 1984. Auch ich hatte nicht die Gefühle meines Großvaters.

Was ist Verdun in fünfzig Jahren?

Komplett Geschichte. Jetzt sind wir im Übergang von der Erinnerung zur Historie.

Februar 2014 / Februar 2016

»Und ob wir dann noch leben werden ...«

Rosa Luxemburg und Karl Liebknecht in Berlin

Wir waren nie hier. Der Ort schien okkupiert. In jedem Januar, zum Jahrestag der Tat, zog eine Massenwallfahrt nach Berlin-Friedrichsfelde, an die Märtyrergräber. Auf einer kleinen rotgeziegelten Tribüne fror der Genosse Honecker, gerahmt von Seinesgleichen. Dahinter ragte ein gewaltiger Porphyr mit den Lettern: DIE TOTEN MAHNEN UNS. Getragenen Tons berichteten die Medien der Republik vom ehrenden Gedenken der Hunderttausend und wie das Vermächtnis von Karl und Rosa in der DDR verwirklicht sei. Mit revolutionärer Abkunft legitimierte sich die SED-Macht – vor sich selbst.

So war's, jahrein, jahraus, bis 1988 ein paar Ungläubige den Ritus störten. Sie reckten ein Transparent mit einem Luxemburg-Zitat: FREIHEIT IST IMMER DIE FREIHEIT DER ANDERS-DENKENDEN. Zwar wurden die verbrecherischen Elemente unverzüglich inhaftiert, aber wenig später ging die ganze DDR zu Bruch. Die Wallfahrt überlebte, doch die Pilger wandern nicht mehr auf staatliches Geheiß.

Wer heute kommt, trifft nur die Toten. Zehn Grabplatten umlagern den Porphyr. Nicht alle decken sterbliche Reste. Ernst Thälmann wurde 1944 im KZ Buchenwald erschossen und verbrannt. Drei Plätze rechts von Karl Liebknecht ruht Wilhelm Pieck, der erste Präsident der DDR; fast wäre auch er am 15. Januar 1919 ermordet worden. Blumenstrünke dorren. Ein Windlicht steht auf Liebknechts Grab. Auf dem von Rosa Luxemburg liegt eine müde Nelke. Was fehlt, ist die Inschrift »Zwi-zwi«. Nichts als der Ruf der Kohlmeise, »die erste leise Regung des kommenden Frühlings«, dürfe auf ihrer Grabestafel stehen, so hatte die Madonna der Linken 1917 aus dem Gefängnis geschrieben.

Rozalia Luxemburg, 1871 in Zamość / Russisch-Galizien geboren, war Polin ohne Patriotismus, Jüdin ohne Religion, Sozialdemokratin und Stimme des deutschen Proletariats. Sie verband Welten – als Pazifistin und Revolutionärin, als promovierte Juristin und Parteischul-Dozentin, als Geliebte und rigoros emanzipierte Frau. Sie hinkte, sie war klein von Gestalt und laut Lenin »eine Adlerin«. Die Rednerin brachte Säle zum Kochen, die rastlose Publizistin schrieb im kühlen Licht der Analyse. Eine Poetin begegnet in ihren innigen Gefängnisbriefen. Die Wolke vor dem Kerkerfenster, das flatternde Pfauenauge, den Meisenruf empfindet sie als Offenbarung der Existenz. »Ich habe manchmal das Gefühl, ich bin kein richtiger Mensch, sondern auch irgendein Vogel oder ein anderes Tier in Menschengestalt«, so schreibt sie am 2. Mai 1917 aus der Posener Festung Wronke an ihre Freundin Sonja Liebknecht, »innerlich fühle ich mich (...) im Feld unter Hummeln und Gras viel mehr in meiner Heimat als – auf einem Parteitag. (...) Sie wissen, ich werde trotzdem hoffentlich auf dem Posten sterben: in einer Straßenschlacht oder im Zuchthaus. Aber mein innerstes Ich gehört mehr meinen Kohlmeisen als den ›Genossen‹.«

Fast den gesamten Ersten Weltkrieg hat Rosa Luxemburg in Gefängnissen verbracht. Inhaftiert war sie wegen »versuchten Hoch- und Landesverrats«, später als »Schutzhäftling«. Draußen wurde unermeßlich gemordet und gestorben. Der Weltkrieg fraß nicht nur 10 Millionen Menschen, er spaltete auch die deutsche Arbeiterbewegung. Klassenübergreifend galt der Krieg als »Verjüngungsbad der Nation«. Das gemeinsam vergossene Blut wasche Vorurteile weg und beseitige soziale Grenzen. Rosa Luxemburg entriß dem Krieg die patriotische Vermummung und demaskierte ihn als entfesselten Kapitalismus: »Die Dividenden steigen und die Proletarier fallen.«

»Der Hauptfeind steht im eigenen Land!«, das verkündete Karl Liebknecht, ihr Anwalt und späterer Grabgenosse. Seit 1916 saß er wegen »Kriegsverrat« im Zuchthaus Luckau. Im Oktober 1918 kam er frei. Rosa Luxemburg verließ ihr Breslauer Gefängnis erst am 8. November. Am 10. November erreichte sie Berlin, wo tags zuvor die Revolution ausgebrochen war. Dort blieben ihr und Liebknecht noch 67 rastlose Lebenstage. Sie waren Symbolgestalten, nicht Führer der Revolution. Weshalb mußten sie sterben? Ein alter kommunistischer Glaubenssatz reimt: »Wer hat uns verraten? Sozialdemokraten!«

Unter den Linden gibt es einen schönen Bücherladen. »Berlin-Story« heißt er und führt Historisches und Regionalia. Literatur zur Novemberrevolution? Jede Menge!, ruft der junge Verkäufer. Was er zeigt, behandelt 1989, die sogenannte Wende.

Die Novemberrevolution von 1919 ist keine vergessene, doch eine verwahrloste Geschichte. Dies liegt am Erbe, das keiner Parteiung zum Ruhme gereicht, am wenigsten der SPD. Sozialdemokratie, das war seit Anbeginn auch ein Ringen vorgeblich »vaterlandsloser Gesellen« um Gleichberechtigung im wilhelminischen Klassenstaat. Nach Aufhebung des Bismarckschen Gesetzes »gegen die gemeingefährlichen Bestrebungen der Sozialdemokratie« (1878–1890) gewann die SPD ständig zu. Bei den Wahlen 1912 wurde sie mit 34,8 Prozent zur stärksten Partei. Die Zuversicht wuchs, den Sozialismus dereinst per Stimmzettel zu erreichen.

Tragischerweise forcierte der Kriegsbeginn 1914 die Aufstiegshoffnungen der SPD. Revolutionär war sie nur noch ihrer Rhetorik nach, den Staat wollte sie längst nicht mehr stürzen. So ließen sich dieselben Sozialdemokraten, die im rüstungsgeilen, nationalistisch überschäumenden Deutschland Wilhelm II. Transnationalität und Friedenswillen bewahrt hatten, nun zum deutschen Militarismus rekrutieren – in der Hoffnung auf emanzipatorische Dividende. Der Kaiser schloß »Burgfrieden« mit der SPD und dekretierte: »Ich kenne keine Parteien mehr, kenne nur noch Deutsche.« Am 4. August 1914 stimmten die SPD-Abgeordneten geschlossen den Kriegskrediten zu. Zuvor jedoch, in interner Abstimmung, votierten vierzehn Abgeordnete mit Nein, unter ihnen Karl Liebknecht, der dann am 2. Dezember 1914 als einziger Reichstagsabgeordneter diese Kredite verweigerte. Aus den Dissidenten entwickelte sich eine innerparteiliche Anti-Kriegs-Fraktion, die im Völkermorden keinen deutschen Verteidigungskampf sah, sondern eine imperialistische Blut- und Eroberungsorgie. 1917 kam es zur Spaltung der SPD in reformorientierte Mehrheitssozialisten und fundamentaloppositionelle Linke. Letztere nannten sich fortan Unabhängige Sozialdemokratische Partei Deutschlands (USPD). Die ultralinke

Spartakus-Gruppe, 1916 von Liebknecht und Luxemburg gegründet, schloß sich ihnen an.

Für die Mehrheitssozialisten formulierte Philipp Scheidemann 1917 auf dem Würzburger Parteitag jene Ambition, die ihn in den Augen der Linken zum Stiefelknecht der Kriegsprofiteure machte: »Deutschland wird nach dem Kriege ein parlamentarisch-demokratisches Staatswesen sein. Und es wird bei uns ebenso sein, wie es in England war, daß nämlich die Partei, der die Mehrheit zufällt, auch die Regierung zu stellen und die Verantwortung zu tragen hat.« Mit den »Annehmlichkeiten der Opposition« habe es dann ein Ende.

Dieses Ende kommt rasch, im Spätsommer 1918. Die Westfront bricht zusammen. Die Oberste Heeresleitung wünscht, die kommende Niederlage der Regierung aufzubürden. General Ludendorff präpariert einen vergifteten Köder für die letzte parlamentarische Reserve: die SPD. Sie beißt an. Am 5. Oktober übernimmt der liberale Prinz Max von Baden die Kanzlerschaft. Die konstitutionelle Monarchie wird zur parlamentarischen, die SPD als Reichstagsmehrheit zur Regierungspartei, angeführt von Ebert und Scheidemann.

Dann meutern die Kieler Matrosen. Revolution!

Entsetzt bemerkt die Führung der SPD, wie der eben errungene Staat zu kollabieren droht – und setzt sich an die Spitze der Bewegung. Friedrich Ebert stellt Kanzler Max von Baden ein Ultimatum: Unverzügliche Abdankung des Kaisers. Die Bestätigung bleibt aus. Am 9. November tritt die SPD aus der Regierung zurück und ruft zum Generalstreik auf. Zehntausende sind auf den Straßen, sie tragen Schilder: BRÜDER! NICHT SCHIESSEN! Gegen Mittag erscheinen Ebert und Scheidemann beim Kanzler und fordern die Übergabe der Regierungsgeschäfte. Max von Baden, höchst zivil, erkundigt sich, ob Ebert zur Kanzlerschaft bereit sei.

Er ist's.

Sodann eine kostbare Szene: Ebert und Scheidemann sitzen im Reichstag und löffeln Kartoffelsuppe – an getrennten Tischen; man ist einander nicht grün. Ein Schwarm revolutionären Volkes strömt herein und wünscht Ansprache. Ebert ißt weiter, aber Scheidemann eilt an ein Fenster. Unten wogt die Menge, von droben verkündet Scheidemann den Volkssieg sowie die Deutsche Republik. Beschwingt kehrt er zur Suppe heim, doch seine Sternstunde endet jäh. Ihn erwartet der wütende Ebert. Der drischt auf den Tisch und brüllt, über die Staatsform entscheide die künftige Nationalversammlung.

Auf den Straßen schlägt die Stimmung um in Euphorie. Am Nachmittag kursiert die Parole: Zum Schloß! Die Hohenzollern-Residenz wird besetzt, die rote Fahne gehißt. Auf einem Balkon, über dessen Brüstung eine rote Decke hängt, erscheint Karl Liebknecht, der linke Heiland, die Haßfigur der Rechten. »Die Herrschaft des Kapitalismus, der Europa in ein Leichenschauhaus verwandelt hat, ist gebrochen«, so ruft er mit weithin singender Pastorenstimme. Das Alte sei niedergerissen, doch die Arbeit noch nicht getan: »eine Regierung der Arbeiter und Soldaten, eine neue staatliche Ordnung des Proletariats, des Friedens, des Glücks und der Freiheit unserer deutschen Brüder und unserer Brüder in der ganzen Welt. Wir reichen ihnen die Hände und rufen sie zur Vollendung der Weltrevolution auf. Wer von euch die freie sozialistische Republik Deutschland und die Weltrevolution erfüllt sehen will, erhebe seine Hand zum Schwure.«

Viele erheben die Hand und rufen: Hoch die Republik!

Wer in der DDR zur Schule ging, erfuhr von Scheidemanns Auftritt nichts. Aber jeder kannte Liebknechts Schwurbalkon. Bevor Walter Ulbricht 1950 die gut erhaltene Schloßruine sprengen ließ, wurde das Sandsteinportal geborgen und 1963 in das neue Staatsratsgebäude einbezogen. So steht es immer noch, so begann Liebknechts sozialistische Republik: auf einem Balkon mit goldenem Geländer, getragen von zwei Bacchanten, umschwebt von barocken Engeln, die in Posaunen stoßen.

Heute birgt der Bau ironischerweise die European School of Management and Technology, eine Ausbildungsstätte für Wirtschaftsführer. Karl Liebknecht ist noch anzutreffen, auch Rosa Luxemburg. Wer eintritt, findet im Treppenhaus Walter Womackas Bildfensterwand. In lichter Höhe blüht der Arbeiter-und-Bauern-

Staat, der sein werktätiges Glück den Blutzeugen dankt. Liebknecht und Luxemburg blicken aus der Mitte, flankiert von Streikenden und revolutionären Matrosen, überkrönt von Liebknechts hymnischen Prophetenworten aus seinem letzten Text für »Die rote Fahne«, publiziert am Todestag: »Und ob wir dann noch leben werden, wenn es erreicht wird – leben wird unser Programm. Es wird die Welt der erlösten Menschheit beherrschen. Trotz alledem.«

Noch leben sie, doch Unheil droht. Im Hintergrund rottet sich eine Gruppe in Reichswehr-Mänteln zusammen. Die Hand am Säbel, hält sie bösen Rat.

Auch Kanzler Ebert war ein Gegner der Revolution. Er haßte sie »wie die Sünde«. Er proklamierte Ruhe und Ordnung und paktierte mit den demokratiefeindlichen Mächten von gestern. Er brachte die Reichswehr gegen die Revolution in Stellung und schloß ein Bündnis mit Ludendorffs Nachfolger, General Wilhelm Groener.

Das erste Opfer der Berliner Revolutionskämpfe war Erich Habersaath, ein 24jähriger Werkzeugmacher. Er starb am 9. November 1918 an der Ecke Chaussee- / Kesselstraße (seit 1951 Habersaathstraße). Dort stand die sogenannte Maikäferkaserne, bewohnt von den Gardefüselieren der preußischen Armee. Als sie von Arbeiter- und Soldatenräten aufgefordert wurden, die Waffen niederzulegen, feuerten sie in die Menge. Drei Menschen kamen ums Leben. Weitere zwölf starben an diesem 9. November in Berlin.

Begraben liegen sie im Volkspark Friedrichshain, auf dem Friedhof der Märzgefallenen von 1848. Pathetisch gesagt, ruhen hier zwei gescheiterte deutsche Revolutionen. Am Zugang wacht ein bewehrter Bronzematrose und ballt die Faust. Im Dickicht liegen, von Amseln besucht, die zugewucherten Gräber der Freiheitstoten von 1848. Etwas abseits im Farn finden sich drei Gemeinschaftsgräber: 33 Opfer von 1918. Die linke Platte trägt ein Liebknecht-Zitat: »Gründet fest die Herrschaft der Arbeiterklasse. Seid entschlossen gegen jeden, der sich widersetzt.« Zum Begräbnis am 20. November 1918 strömten Tausende. Liebknecht sprach. Es gibt davon ein Photo: die offene Grube, umstellt von Volk, Soldaten, einem Kind. Sie lauschen Liebknecht, der hinabweist, auf die Särge. Er redet hart am Grubenrand, den Fuß vorangestellt.

Mit einem Bein im Grab.

Das Jahr 1918 endete mit Eberts »Blutweihnacht«: dem Beschuß des Stadtschlosses, in dem die Volksmarinedivision quartiert. Die Revolution stirbt in der Woche vom 5. bis zum 12. Januar, als der Spartakusaufstand niedergeschlagen wird. Am 30. Dezember hat sich die Spartakusgruppe von der USPD getrennt und, unter Führung von Liebknecht und Luxemburg, zur KPD formiert. Weder will sie den folgenden Aufstand, noch hat sie ihn vorhergesehen; allerdings feuert sie ihn publizistisch an. Die Unruhen entwickeln sich spontan, aus einer Massendemonstration gegen die Absetzung des USPD-Polizeipräsidenten Emil Eichhorn. Die blutigsten Kämpfe toben um das Zeitungsviertel zwischen Koch- und Zimmerstraße. Die Exekution der Erhebung befehligt Gustav Noske. Der SPD-Volksbeauftragte für Heer und Marine übernimmt am 7. Januar den Oberbefehl über die Regierungstruppen in und um Berlin: »Meinetwegen! Einer muß der Bluthund werden.«

Am 12. Januar erlöschen die Kämpfe. Alle strategisch wichtigen Punkte Berlins befinden sich in der Hand regierungstreuer Truppen. Am 13. Januar marschieren Freikorps in die Stadt. Die Rache beginnt. Liebknecht und Luxemburg sind auf der Flucht und wechseln ständig das Quartier. Mit Glück erreichen sie am 14. Januar in Berlin-Wilmersdorf ihr letztes Asyl: Mannheimer Straße 43, die Wohnung des Kaufmanns Siegfried Marcusson, eines USPD-Mitglieds. Hier schreiben sie ihre letzten Artikel für »Die Rote Fahne«. Karl Liebknecht verfaßt sein loderndes »Trotz alledem!«, das die Niederlage als nötige Lehre eingesteht. Die Zeit sei nicht reif gewesen zur Revolution. »Und die ungeheure gegenrevolutionäre Schlammflut aus den zurückgebliebenen Volksteilen und den besitzenden Klassen ersäufte sie.« Aber: »Die Geschlagenen von heute werden die Sieger von morgen sein.« Rosa Luxemburgs letzter Text, geschichtsreligiös aufgeladen, schließt: »Ihr stumpfen Schergen! Eure ›Ordnung‹ ist auf Sand gebaut. Die Revolution wird sich morgen schon ›rasselnd wieder in die Höh' richten‹ und zu eurem Schrecken mit Posaunenklang verkünden: Ich war, ich bin, ich werde sein!«

In den Abendstunden des 15. Januar 1919 dringt ein Trupp der neugegründeten Wilmersdorfer Bürgerwehr in die Wohnung ein. Man verhaftet Liebknecht und Luxemburg. Gegen 21 Uhr kommt Wilhelm Pieck ins Haus. Auch ihn nimmt man fest und schafft die Inhaftierten ins Nobelhotel Eden, das Stabsquartier der Garde-Kavallerie-Schützen-Division (GKSD). Diese usprünglich kaiserliche Elitetruppe untersteht dem Hauptmann Waldemar Pabst. Er befiehlt die Morde.

Pieck erwirkt von Pabst, daß er als wenig bedeutend der Polizei überstellt wird. Dabei gelingt ihm die Flucht. Liebknecht wird im »Eden« bespuckt, bepöbelt, mit dem Gewehrkolben niedergeschlagen. Um 22.45 Uhr fährt ihn eine Marine-Eskadron unter Führung des Kapitänleutnants Horst von Pflugk-Hartung mit einem offenen Wagen in den Tiergarten. Am Neuen See täuscht man eine Panne vor und läßt Liebknecht aussteigen. Pflugk-Hartung schießt ihm in den Hinterkopf, dann feuern die anderen. Die Mörder fahren zurück und liefern den Leichnam um 23.15 Uhr in der Rettungswache am Zoo als »unbekannten Toten« ab.

Rosa Luxemburg sitzt derweil bei Pabst in dessen »Arbeitszimmer« und näht ihren beim Abtransport beschädigten Rocksaum. Sie liest in Goethes »Faust«, als der von Pabst zum Transportführer bestimmte Oberleutnant a. D. Kurt Vogel sie abholt und durch die Hotelhalle zum Ausgang führt. Der Jäger Otto Wilhelm Runge, der schon Liebknecht geschlagen hat, rammt auch ihr seinen Gewehrkolben ins Gesicht. Stark blutend, wird sie ins Auto geworfen. Nach kurzer Fahrt springt der Leutnant zur See Hermann Souchon aufs linke Trittbrett des offenen Phaeton und tötet Rosa Luxemburg durch einen Schuß in den Kopf.

Pabst hat geplant, den Mord als spontanen Übergriff empörter Volksmassen auszugeben. Vogel handelt weisungswidrig. Der Wagen fährt in den Tiergarten, zum Landwehrkanal. An der Lichtensteinbrücke wirft Vogel die Leiche ins Wasser. Die »amtliche Darstellung« der GKSD entblödet sich nicht zu behaupten, eine zweite erregte Menschenmenge habe der Begleitmannschaft Frau Luxemburg entrissen.

Ein riesiger Trauerzug geleitet am 25. Januar die Särge Liebknechts und Dutzender weiterer Opfer vom Bülow-, dem heutigen Rosa-Luxemburg-Platz, zum Friedhof nach Friedrichsfelde. Zwischenfälle bleiben aus. Die Absperrung untersteht dem Befehl des Hauptmanns Pabst. Einer der mitgeführten Särge ist leer. Erst viereinhalb Monate nach der Tat, am 31. Mai 1919, wurde Rosa Luxemburgs stark verweste Leiche von dem Schleusenarbeiter Knepel in der Landwehrkanal-Schleuse zwischen Freiarchen- und S-Bahn-Brücke gefunden.

Noch heute hängt bei der Lichtensteinbrücke ein Schwimmreif, so wie Egon Erwin Kisch es 1928 in seinem kalt glühendem Gedenktext »Rettungsgürtel an einer kleinen Brücke« beschreibt. Am Ufer ragt seit 1987 der stählerne Schriftzug ROSA LUXEMBURG, dessen Verlängerung hinab ins Wasser läuft. Das Gegenstück dieses Doppelmahnmals von 1992 finden wir am Nordufer des Neuen Sees, an Liebknechts Todesort: ein Ziegelturm mit vertikalen Namenslettern und gebrochener Zinne. Ruderer paddeln, Radler flitzen, Jogger traben vorüber, ohne Blick. Ein Pärchen bummelt heran. Wir fragen, was sie über Liebknecht wissen. Öhm, sagt der junge Mann. Das Mädchen: Eher nüscht. Wir erteilen eine historische Kurzlektion. Wat, erschossen, hier?, sagt sie. Er: Na, da kann man nüscht machen.

Die Nachgeschichte erzählt Klaus Gietingers fulminant recherchiertes Buch »Eine Leiche im Landwehrkanal«. Es gab, pro forma, Untersuchungen. Es folgte, voll Lug und Trug, eine Farce von Prozeß, mit ein paar lächerlichen Strafen. Dem Mörder Pabst, geboren 1881, war ein langes Leben gegönnt – nein, beschieden. Kurz vor seinem Tode 1970, im Schutze der Verjährung, begann der eitle kleine Mann täterstolz zu reden. Vor seiner Entscheidung, Liebknecht und Luxemburg umbringen zu lassen, habe er Noske angerufen. Dieser habe ihn aufgefordert, die Genehmigung des Generals von Lüttwitz – Pabsts Vorgesetztem – zur Erschießung der beiden Gefangenen einzuholen. Pabst wandte ein, die werde er nie bekommen. Dann, erklärte Noske, müsse er selbst verantworten, was zu tun sei. »Über das ›Daß‹ bestand also Einigkeit«, notierte Pabst in einem Memoirenfragment. »Als ich nun sagte, Herr Noske, geben Sie bitte Befehle über das ›Wie‹, meinte Noske: ›Das ist nicht meine Sache! Daran würde die Partei zerbrechen, denn

Die Gräber von Rosa Luxemburg (vorn, mit Rosen) und Karl Liebknecht (links daneben; Berlin-Friedrichsfelde, Juli 2008)

für solche Maßnahmen ist sie nicht und unter keinen Umständen zu haben.«

Die Nachbeben der Morde reichen bis ins Verhältnis von Linkspartei und SPD. Immer noch kursiert die sozialdemokratische Rechtfertigungslehre, Ebert und Noske hätten durch mannhaftes Handeln Deutschland vor dem Bolschewismus bewahrt. Das ist Siegersprache, und falsch. 1918 gab es in Deutschland keine den Bolschewiki vergleichbare diktatorische Kraft. Die eigentliche Revolution bestand in der Einsetzung der Arbeiter- und Soldatenräte, die wiederum gegen die parlamentarische Demokratie nichts einzuwenden hatten. Sie strebten nach Demokratisierung der Exekutive, besonders in Verwaltung und Armee. Die Ebert-Regierung hingegen schützte den feudal-bürgerlichen Staatskörper und das alte Militär. Aus Personal und Geist der Freikorps, die für Eberts Regierung den Bürgerkrieg gewannen, rekrutierten sich später SA und SS. Der Sozialdemokrat Gustav Noske war eine präfaschistische Gestalt.

Zur Heiligen ist auch Rosa Luxemburg ungeeignet. Als »letztes geschichtlich notwendiges Ziel« sah sie »die Diktatur des Proletariats«. Das liest sich heute übel, mit unserem Wissen um Stalinismus, Gulag und totalitäre Despotie. Den real existierenden Sozialismus hat Rosa Luxemburg nicht erträumt, einen demokratisierten Kapitalismus nie erlebt. Ihr berühmter Satz, Freiheit sei immer die Freiheit der Andersdenkenden, kritisierte Lenins Kommandopartei »neuen Typus'« und erstrebte den demokratischen Sozialismus. Sie widersprach Lenin auch deshalb, weil die russischen Bolschewiki den Krieg kaltweg als Geburtshelfer der Revolution begrüßten. Allerdings fand sie hilfreich, daß der Krieg die Freiheit unerträglich minimiere, bis »in der Gewitterluft der revolutionären Periode (...) jeder partielle kleine Konflikt zwischen Arbeit und Kapital zu einer allgemeinen Explosion auszuwachsen vermag«. Das meinte politischen Massenstreik, der in bewaffneten Aufstand münden sollte.

Rosa Luxemburgs Lebenskampf galt der Menschheitsbefreiung. Vielleicht kannte diese Hochgesinnte die Menschheit besser als die Menschen. Doch wer wünschte sich gemeinzumachen mit ihren Hetzern und Mördern? Mit dem Haß gegen die »Jüdin Luxemburg«, die »Galizierin«, die »vaterlandslose Hure«? Sie hatte ein Vaterland: den Internationalismus. Am 19. Januar 1919 fanden die Wahlen zur Nationalversammlung statt. Welchen Geistes ist eine Regierung, die vier Tage zuvor ihre schärfsten Kritiker ermorden läßt? 89 Jahre nach der Tat, am 13. Dezember 2008, stellte die NPD-Fraktion in der Bezirksverordnetenversammlung Berlin-Lichtenberg einen Antrag: Man möge den Anton-Saefkow-Platz in Fennpfuhl, benannt nach einem 1944 hingerichteten Kommunisten, in Waldemar-Pabst-Platz umbenennen: »als Zeichen der wahren Demokratie«.

Einen Monat nach den Morden erschien in der »Roten Fahne« ein Photo mit der Unterschrift »Das Gelage der Mörder im Eden-Hotel«. Aufgenommen wurde es am Tage nach der Tat. Waldemar Pabst selbst ist auf diesem berühmten Bild nicht zu sehen. Das Gelage scheint eher ein Imbiß der Wachmannschaften zu sein. Kein Offizier ist abgebildet, keiner der direkt am Mord

Beteiligten, aber zwei ihrer Büttel. Vorn am Tisch stiert seelentot der Jäger Runge, hinter ihm steht Edwin von Rzewuski, ein Mitglied der Wilmersdorfer Bürgerwehr. Er drosch Liebknecht und Luxemburg, die durch Runges Kolbenhiebe bereits schwer verletzt waren, noch die Faust ins Gesicht. Was für Geburtshelfer hatte die Weimarer Republik! 1919 marschierte dann die Konterrevolution durch Deutschland und hinterließ Tausende Tote.

Das Hotel Eden ist verschwunden. Es stand nahe dem Zoo auf der Gabelung von Kurfürstendamm und Budapester Straße. Im Zweiten Weltkrieg zerstört, riß man es in den fünfziger Jahren ab. Heute prunkt dort die Rundfassade der Berliner Volksbank. Am Ort der Rettungswache, wo Liebknechts Mörder ihr Opfer entsorgten, befindet sich das Elephantentor des Zoos.

Das letzte Versteck, die Mannheimer Straße 43, suchen wir zunächst vergebens; nach dem Zweiten Weltkrieg wurde umbeziffert. Das Haus trägt nun die Nummer 27. Eine schwarze Gedenktafel ist seit dem 15. Januar 1990 ins Trottoir gefügt. Der Gründerzeitzierat verschwand von der Fassade, doch die Doppelflügeltür ist noch dieselbe. Über dem Eingang liegt die Verhaftungswohnung. Das Haus wirkt räudig und scheint leergezogen. Wir klingeln trotzdem, überall.

Da, man tut auf. Vor uns steht ein älterer Herr mit Goldrandbrille. Wir sagen: Liebknecht und Luxemburg. Jaja, er weiß, er kennt Heinz Knoblochs Buch »Meine liebste Mathilde« über die beste Freundin der Rosa Luxemburg, Mathilde Jacob, die den Nachlaß rettete und 1942 im KZ Theresienstadt starb. Jetzt redet der Mann über Anarchismus und die Münchner Räterepublik. Sehr ätherisch spricht er, in schwebenden Schleifen. Uns fliegt etwas Sonderbares an. Wir fragen, wer er sei. Bitte?!, ruft er, leicht entrüstet oder überrascht. Ein Mitbürger, ja, das treffe es wohl.

Wer lebt heute in der Wohnung?

Er überlegt und sagt, mit Vorsicht: Ich.

Juli 2008/Dezember 2013

Der König der DDR
Die Auferstehung Friedrichs II. von Preußen

Anno 1997 war's, im Sommer der großen Flut. Das Oderbruch erwartete den Untergang. Jener Provinz, die Friedrich »der Große« nicht mit Waffengewalt, sondern durch Eindeichung gewann, drohte die Rache des Flusses. Das Volk wurde evakuiert, das Oderbruch polizeilich abgeriegelt. Auf Schleichpfaden gelangte der Reporter ins verwaiste Hauptstädtchen Letschin. An der Friedrichstraße wachte Friedrich, lebensklein, in Bronze. Im Gasthaus Zum Alten Fritz zechten königstreue Wasserfeinde. Sie hieben ihre Krüge auf den Tisch und brüllten kampfeslustig: Jetzt kommt die Schweinepresse!

Gazetten dürfen nicht genieret werden!, rief der Reporter, im Namen des Königs. Ich denke, hier mußten alle raus?

Frauen und Kinder seien in Sicherheit gebracht, erklärte der Wirt Uwe Holeschak. Aber die Letschiner hätten soviel für den Alten Fritz getan, da werde der seine Hand über das Oderbruch halten.

Zur DDR-Zeit, erfuhr man, versteckten Einheimische den bronzenen Friedrich, um ihn vor der Verschrottung zu bewahren. Jener Bürger, in dessen Schuppen sich die Majestät verbarg, trat dem polizeilichen Suchkommando mit erhobener Axt entgegen und gelobte: Wer hier rinn will, den schloo ick to Boden! Friedrich blieb unentdeckt und dankte es 1997 den Seinen. Die Deiche hielten, das Oderbruch blieb verschont.

Friedrichs wunderbare Rettung hat sich in der DDR mehrfach zugetragen. Ein höchstrangiges Mirakel geschah in Berlin. Christian Daniel Rauchs berühmtes Reiterstandbild, 1851 Unter den Linden enthüllt, überlebte den Zweiten Weltkrieg in gemauerter Umhausung. 1947 löste der Alliierte Kontrollrat der Siegermächte den Staat Preußen auf und exekutierte somit demonstrativ die Keimzelle des deutschen Militarismus. 1950 ging die junge DDR, regiert vom Preußenhasser Walter Ulbricht, gegen die Ostberliner Hinterlassenschaften vor. Das ausgebrannte Hohenzollernschloß wurde gesprengt, der à la Wehrmacht ostwärts reitende Friedrich vom hohen Roß geholt, gevierteilt und nach Potsdam entsorgt. Im Park von Sanssouci verbarg ihn ein Meister der Baufirma Stuck und Naturstein auf deren Lagerplatz. 1961 erkundigte sich der Mann beim neuen DDR-Kulturminister Hans Bentzien, ob das Denkmal tatsächlich eingeschmolzen werden solle. Dies hatte Berlins SED-Chef Paul Verner angewiesen. Unverzüglich organisierte Bentzien mit fritzfreundlichen Spießgesellen Friedrichs Überleben. Bei Nacht und Regen brachte ein Tieflader die Denkmalteile in ihr neues Versteck. Der Sachse Verner wurde mit einem gefälschten Schrottschein vom Feuertod der militaristischen Bestie überzeugt. 1963 baute man das Denkmal wieder zusammen und stellte es stillschweigend in den Park von Sanssouci.

Den Tatbericht verdanken wir – Hans Bentzien. 2006 erschien ein Buch mit dem bescheidenen Titel »Ich, Friedrich II.«, in dem der gewesene DDR-Kulturminister sich selbst als Monarch imaginierte. Kattes Enthauptung: »Da lag ich bereits im Nervenfieber, die Bilder wollten nicht weichen.« Krieg und Schlachten: »Vierzehn Tage später besetzte ich Breslau wieder (...) Das Wichtigste aber war, daß das Volk, zuvor skeptisch oder sogar offen gegen den Krieg eingestellt, nunmehr für meine Pläne Verständnis zeigte.« Landesfürsorge: »Dann zog ich durch meine Provinzen.« Sachsen: »Die Schlösser des Grafen Brühl ließ ich verwüsten, er war ein Verschwender.« Homosexualität: »Dazu äußere ich mich nicht.«

Seit dem 30. November 1980 reitet Friedrich wieder Unter den Linden. Warum, wird gleich erzählt. Zunächst besuchen wir ihn und erkunden seinen heutigen Ruhm. Wir fragen ins Berliner Gewimmel: Kennen Sie diesen Reitersmann?

Barbarossa!, ruft der amerikanische Herr.

Nicht ganz. Friedrich II. von Preußen.

Ah, *Frederic the Great*! Hat der nicht Krieg geführt?

Am liebsten gegen Österreich.

That's okay!

Und gegen ganz Europa, sieben Jahre lang.

Wow! Wer gewann?

Keiner. Am Ende war's wie vorher, bloß alle tot.

So ist es immer, tröstet der Amerikaner und erkennt, daß Friedrich seinen Verwundungen erlegen sei. Dies zeige der erhobene Huf des Pferds. Zwei Vorderhufe in der Luft bedeuteten: Tod auf dem Schlachtfeld. Alle Pferdefüße auf dem Boden: Tod im Bett.

It's Karl or Friedrich Something, weiß das estnische Pärchen; er habe die Universität gegründet. Der Italiener kennt den Reiter nicht. Die Dame aus Innsbruck glaubt, sie habe soeben Friedrichs Gruft im Dom besucht. Ihre Freundin: Er hat die Kartoffel erfunden und war schwul. Der Spanier, nach reiflicher Überlegung: *Federico Segundo from, from …*

Prussia.

Si, si, Russia!

Der Passant aus Ulm: Preuße, würd' ich mal sagen. Krieg gegen Napoleon.

Der hessische Senior: Das ist Friedrich der Große. Die DDR hat ihn restauriert. 1987 war das, zum Berlin-Jubiläum, als auch die Nikolai-Allee hergestellt wurde.

Mmh, meinen Sie vielleicht das Nikolai-Viertel?

Genau, und Honecker hat erklärt, Friedrich der Große war der erste Sozialist Deutschlands.

Das sei ihm neu, staunt der Reporter, er komme doch aus der DDR. Sehen Sie!, freut sich der Hesse. Ich weiß es, und Sie haben's nicht gewußt!

Wie denken Sie über Friedrich?

Der war schon in Ordnung.

Nach all diesen Erleuchtungen tröstet eine FORSA-Umfrage, derzufolge 38 Prozent der Deutschen Friedrich kennen – ob als Ursozialist, Kartoffelkönig oder Besieger Napoleons, sei dahingestellt. Aber wie kam der Oberpreuße aus der SED-Verbannung wieder

Big Fritz, 1851 aufs hohe Roß gesetzt von Christian Daniel Rauch
(Berlin, Unter den Linden, 12. Oktober 2011)

UNS KAM DER MAC.
R HABT IHN
G GEMACHT.
tschland dankt seinen
e-Nehmern und Lieferanten
e Jahre.
ich liebe

nach Berlin, in die Hauptstadt der Deutschen Demokratischen Republik? Die kurze Antwort lautet: Weil der Partei- und Staatschef Erich Honecker ihn brauchte. Die längere Antwort handelt von deutscher Teilung und Konkurrenz. Wem gehörte die Nationalgeschichte – der Bundesrepublik oder der DDR, die der rheinische Preußenverächter Adenauer abfällig »Pankoff« nannte?

Daselbst, in Berlin-Pankow, steht das schlichte Schloß Schönhausen. Bis 1797 war es der Sommersitz von Friedrichs Gattin und Witwe Elisabeth Christine, später ein Museum. Die Nazis nutzten es als Depot für »entartete Kunst«. Die Nachkriegskarriere des Schlosses, in drei Räumen konserviert, spiegelt das wandelbare Preußenbild der DDR. Seit 1949 residierte dort Staatspräsident Wilhelm Pieck, umgeben von Bach- und Beethoven-Büsten, Goethes Gesamtausgabe und deutschrömischer Malerei des 19. Jahrhunderts. Über seinem Schreibtisch hing Friedrich Prellers »Landschaft aus dem Sabinergebirge mit dem Barmherzigen Samariter«. Die Botschaft lautete: Selbstbewußt und mit gesamtdeutschem Horizont bewohnt der Arbeiterpräsident eine repräsentative Hülle der preußischen Geschichte.

Pieck starb 1960. Das Amt des DDR-Präsidenten wurde abgeschafft. Für vier Jahre tagte der Staatsrat im Schloß. Walter Ulbricht tilgte Piecks Klassizismus und den barmherzigen Samariter und hängte hinter seinen Schreibtisch den proletarischen Schinken »Die Plandiskussion«. Nachdem 1965 in Berlin-Mitte das neue Staatsratsgebäude fertiggestellt war, wurde Schönhausen Gastresidenz für höchstrangigen Regierungsbesuch, im Stil der sozialistischen Moderne, auf daß der entadelte Bau die werktätige Potenz der DDR verkünde. 1971 stürzte Erich Honecker den altersstarren Ulbricht. Der neue Mann verordnete dem Schloß Neorokoko mit viel Goldstuck und Meißner Porzellan. Elisabeth Christines Krone kehrte an die Fassade zurück. Sinnend steht man vor dem Bett, in dem Castro und Gaddafi schliefen, Ceauşescu und Kim Il Sung, Arafat und Gorbatschow. Den Schah als Schlafgast verhinderte 1978 die persische Revolution. Wie Königin Beatrix das violett gekachelte Badezimmer überlebte, bleibt ein Geheimnis monarchischer Größe.

Honecker begehrte internationale Reputation für seine mittlerweile diplomatisch anerkannte Republik. Der klassenkämpferische Nationalbegriff sollte fortan auf größeren Füßen stehen. Der SED-Chef propagierte »Weite und Vielfalt« der sozialistischen Kultur und eine Nation der DDR, in der die progressiven Tendenzen der deutschen Geschichte zur Blüte fänden. Dem Westen wies man die reaktionären Elemente zu. Friedrich II. von Preußen, unter Ulbricht kriegstreiberischer Feudalabsolutist und Ahnvater des deutschen Imperialismus, promovierte von Honeckers Gnaden zur exzeptionellen Gestalt aufgeklärten Regierens.

Wie das? 1979 war in der DDR ein sensationelles Buch erschienen: »Friedrich II. von Preußen. Eine Biographie«. Die Historikerin Ingrid Mittenzwei vom Zentralinstitut für Geschichte beschrieb den tabuisierten König und sein Land aus der Sicht eines undoktrinären historischen Materialismus, in marxistisch unüblicher Würdigung von Friedrichs individuellem Handeln. Einen »Befehl von oben« habe sie für ihr Thema nicht empfangen, sagte sie 2001 dem preußenkundigen Journalisten Frank Kallensee von der »Märkischen Allgemeinen« und schilderte den verblüffenden Erfolg des Buchs. »Da begriff ich, daß das Thema ›Preußen‹ Teil des kollektiven Gedächtnisses war, daß man es nicht totgekriegt hatte.« Friedrichs Windspielen gibt die Autorin freilich keinen Zucker. Ingrid Mittenzwei rückt die Strukturen und die namenlosen Leistungsträger des friderizianischen Staates ins Licht. Im Vorwort zur 2., überarbeiteten Auflage erwähnt sie den vielgeäußerten Wunsch nach mehr Privatem. Dem wollte sie nicht folgen. »Verstärkt habe ich vor allem die Passagen, die sich mit der geistigen Entwicklung Friedrichs II. befassen.« Ob er »groß« war? »Reaktion und Fortschritt sind in der Geschichte nicht immer reinlich voneinander getrennt.«

Vermutlich hat Erich Honecker, Mittenzwei lesend, sein Herz für Friedrich entdeckt. Jedenfalls rühmte er das Buch in einem Interview, das er dem britischen Verleger Robert Maxwell gab und das am 26. August 1980 zwei Seiten des »Neuen Deutschlands« füllte. Die Geschichte Preußens gehöre zum Erbe. »Wie Sie zu Recht bemerkt haben, befinden sich im Zentrum unserer Hauptstadt Berlin Standbilder von Clausewitz, Scharnhorst, Yorck und Gneisenau. Vielleicht kommt in absehbarer Zeit das Standbild Friedrich des Großen von Rauch hinzu. (...) Es entspricht unserem Weltbild, die Geschichte in ihrem objektiven, tatsächlichen Verlauf, in ihrer gesamten Dialektik zu erfassen. Dazu gehört die Sicht auf Größe und Grenze hervorragender Persönlichkeiten der Geschichte.«

Fortan durfte Friedrich wieder »der Große« heißen. Die Volte verblüffte in Ost und West. Ihr terminlicher Anlaß war die Westberliner Preußen-Ausstellung 1981. Ostberlin mochte nicht hintanstehen, zumal ja die DDR preußische Bauten und Ländereien hatte, zu schweigen von obrigkeitsstaatlichen Parallelen. Also wurde Friedrich »unser« – wie dann 1983 Luther, danach Bismarck ... Dies prophezeite schon 1981 der DDR-Dramatiker Claus Hammel mit seiner Komödie »Die Preußen kommen«. Luther, bis dato »Fürstenknecht«, brüllt Bauernschlächter-Phantasien. Friedrich belehrt: »Wer zuerst aufhören könnte, von Nation zu reden, wäre der erste Realist.« Ein Westreporter tritt auf: »Ostberlin. Mein Gott, wohin sind Sie geraten! Dabei sind Sie bei uns begraben.« Friedrich: »Meine Leiche gehört nach Potsdam.« Der Narr: »Die NVA ist gegen Friedrich eingenommen / Ihr täten mehr die Freiheitskrieger frommen.« Ein Langer Kerl erklärt, was Militarismus sei: »Die totale Militarisierung des öffentlichen wie des privaten Lebens. Uniformes Denken, Fühlen und Handeln nach Vorschrift einer Zentralgewalt. Expansionistische Gelüste und Hegemonialanspruch.« Friedrich: »Ich bin eher Künstler. Die Gebietserweiterungen Preußens betrieb ich aus ästhetischen Gründen, nicht aus strategischen. Mir ging es um ein geschlossenes Kartenbild.«

Da hätten wir den wandelbaren, den Allzweck-Friedrich, geeignet für jede gewünschte Projektion. Lessing und Marx schmähten, Fontane und Engels priesen ihn. Man kann ihn als Kreatur seiner Zeit betrachten oder als aggressiven Leitgeist der verpreußten deutschen Reichsgeschichte, bis hin zu Hitler, dem Fritzen-Führer, in dessen Bunker Anton Graffs Friedrich-Porträt hing. Man darf den König Vateropfer, Zyniker, Aggressor, Egomane nennen, ebenso Künstler und Erster Diener des Staats. Menschenverachtung und

Toleranz sind überliefert, Talent zur Freundschaft wie die nimmermüde Sucht, seine Mitmenschen zu demütigen. Friedrich gilt als widersprüchlich. Das bleibt er nicht, wenn man die Mitte seines Wesens sieht. Im Zentrum dieses Charakters steht *gloire*. Dem Ruhm dient alles, was Friedrich tut, der Krieg und die Musik, das Bauen, das Schreiben, der Staat.

So erzählt es »Der Große«, eine neue Friedrich-Biographie von Jürgen Luh, dem Haushistoriker der Stiftung Preußische Schlösser und Gärten. Deren Direktor Hartmut Dorgerloh ist seit seiner Jugend mit Preußen befaßt. Bereits 1977, mit fünfzehn Jahren, jobbte der Potsdamer Pfarrerssohn als Führer in Sanssouci. Da hieß Friedrich noch der Zweite, eventuell mit dem Zusatz: den man auch den Großen nannte. Das, sagt Dorgerloh, sei in Sanssouci der gängige Jargon gewesen. Im übrigen war das Schloß ein bewahrenswertes Zeugnis der großen Leistungen der Werktätigen des 18. Jahrhunderts. Friedrich galt immerhin als kongenialer Auftraggeber.

Werktätig argumentierend, gelang es dem damaligen Direktor Joachim Mückenberger immer wieder, rare Baukapazitäten zu organisieren. Hilfreich war auch die Sage, Sanssouci sei 1945 von der Roten Armee vor der faschistischen Zerstörung bewahrt worden und dürfe schon deshalb nicht verfallen. Jedes DDR-Schulkind erfuhr den Namen des Retters, den am Parkeingang Grünes Gitter eine Gedenktafel ehrte: Gardeoberleutnant Jewgeni Fjodorowitsch Ludschuweit. In Wahrheit unterstand Ludschuweit das Sicherungskommando der sowjetischen Trophäenkommission, die nach Kriegsende im Neuen Palais ihre Kunstbeute zum Abtransport nach Osten sammelte.

Identifikation mit Preußen hatte in der DDR was Subversives, sagt Dorgerloh. Mich selbst interessierte vor allem die klassizistische Epoche – Schinkel, Spree-Athen, bürgerliche Emanzipation. Um Friedrich habe ich immer einen Bogen gemacht, finde es aber zunehmend faszinierend, ihm beim Abschminken zuzusehen. Wir haben seine Schatullrechnungen ins Netz gestellt. Entgegen seinem Image als spartanischer Greis im zerlumpten blauen Rock gab er Unsummen für die edelsten Stoffe aus, für die größten Klunkern, für die teuersten Weine. Friedrich war ein Luxustier.

Und was macht ihn groß?

Daß er sich nicht an Regeln hält. Er begreift früh, daß, wer nach Ruhm strebt, sich unterscheiden muß. Als Kronprinz die Flucht vor dem Vater. Der Einmarsch in Schlesien, kaum daß er König ist. Mitten im protestantischen Berlin baut er eine katholische Kirche. Er arbeitet seinen Nachfolger nicht ein. Er glaubt nicht, die Welt müsse zwangsläufig sein, wie sie ist. Er fragt nach; insofern ist er aufgeklärt. Den Mut, das allgemeine preußische Landrecht einzuführen oder tatsächlich Religionsfreiheit zu praktizieren, hat er allerdings nicht.

Aber sein Image ist doch auch konstruiert. Diese vorgetäuschte Askese des Philosophen ...

Er inszeniert sich wahnsinnig, sagt Dorgerloh. Er hat einen Herold seiner Größe: Voltaire, den berühmtesten Menschen seiner Zeit. Voltaire ist Friedrichs CNN. Voltaire weiß, was der König hören will, und nennt ihn groß. Das übernimmt die Welt, bis heute. Friedrich war ein genialer PR-Stratege.

Was blieb mit seiner DDR-Rehabilitierung auf der Strecke?

Friedrich als Feldherr. Seine Popularisierung im 19. Jahrhundert hatte ganz stark auf die militärische Komponente gesetzt: die Schlachten, der Durchhaltepolitiker, sein soldatischer Habitus. Daß man den antinationalen Friedrich als Reichseiniger heranzog, war ein Unsinn sondergleichen. Das ist weg, ebenso verliert sich das Anekdotische – der »Choral von Leuthen«, die »Bittschrift« von Menzel ...

Und was bewirkte 1986 die große Sanssouci-Ausstellung »Friedrich II. und die Kunst«?

Die erweiterte den Kulturbegriff um Themen wie Einwanderungspolitik, Preußens Infrastruktur, religiöse Toleranz. Aber der Mythos Friedrich schwingt immer mit. Sanssouci bleibt mit ihm verbunden wie Versailles mit Ludwig XIV. und Schönbrunn mit Maria Theresia.

Zum 300. Geburtstag präparieren Dorgerloh und die Stiftung eine Ausstellung fritzlichen Wirkens. »Friederisiko«. Das Jubiläum ist am 24. Januar 2012; die Exposition im Neuen Palais von Sanssouci öffnet erst im April, weil sich das riesige Trumm nicht

Bekanntlich erfand Friedrich II. auch die preußische Kartoffel. Sein Grab auf dem Weinberg von Sanssouci (Potsdam, 2. September 2012)

heizen läßt. Der kunsthistorische Kurator Alfred Hagemann führt uns durch die Hallen. 70 Räume, 6000 Quadratmeter umfaßt die Monumentaldatsche, die Friedrich nach dem Siebenjährigen Krieg errichten ließ – nicht um darin zu wohnen, sondern als Fanfaronade seines Ruhms.

Friedrich ist sozusagen der Hauptkurator der Ausstellung, sagt Hagemann, wir sind bloß seine Übersetzer. Der jugendliche Pfälzer erklärt die Meißner Schneeballvasen, den kaiserlich roten Porphyr aus der Villa Hadrian in Tivoli, die prunkenden Lüster aus Bergkristall, deren jeder so viel kostete wie drei Bürgerhäuser an der Berliner Friedrichstraße. Die Raum-Choreographie verkündet Friedrichs Eroberungen, seinen Reichtum, seine antike Bildung, seinen Großmut – in summa sein unersättliches Ich, Ich, Ich. Die königliche Wohnung liegt im kleinen Seitenflügel. Das, sagt Hagemann, ist typisch für Friedrichs durch »Bescheidenheit« gesteigerte Prahlerei: Ich baue mir ein Riesenschloß und setze mich daneben. Er braucht den Prunk, um sich philosophisch davon abzusetzen. Es gab ja viele tolle Militärs, Schloßbauer und Fürsten, die dichteten und musizierten. Aber Friedrich wollte als Individuum wahrgenommen werden, als Militär und Intellektueller. Das war eine sehr attraktive Mischung.

Was machte ihn groß?

Daß er groß sein wollte.

An einem goldenen Herbsttag lädt Friedrich auf seinen Weinberg, zu »Sanssouci im Lichterglanz«. Noch leuchtet die Abend-
sonne. Grün glänzt der Taxus der Terrassen, weiß der Skulpturen-
marmor, safrangelb, von Lichtblau überspannt, das sorglose Schloß.
Dankbare Kartoffeln liegen auf Friedrichs Grab, in dem er seit 1991
nebst seinen Windspielen schlummert. Die Grabgäste sind kun-
dig, anders als in Berlin. Friedrich, hören wir, sei eine ambivalente
Gestalt, aber Sanssouci ein wundervoller Rückzugsort.

Wer überwiegt – der Schöngeist Friedrich oder der Krieger?

Der Bauherr. Die Toten sind begraben, die Schlösser stehen.

Ein Luckenwalder Gymnasiast erzählt, er gehe aufs Friedrich-
Gymnasium, das bis zur Wende Lenin-Oberschule hieß. Bei der
Suche eines zeitgemäßeren Patrons sei der Luckenwalder Rudi
Dutschke durchgefallen. Eine Dänin findet, Kaiser Wilhelm II.
habe Friedrichs militaristischen Fluch übernommen. Eine Wolfs-
burgerin hält Friedrichs preußische Tugenden hoch. Sie sei berührt
von der einsamen Gestalt im Schutzpanzer der Menschenverachtung. Es lohnt sich, sagt sie, Friedrich von allen Seiten zu betrachten. Und nun lassen wir ihn heute abend wieder aufleben.

Es dunkelt. Das Schloß erglänzt. Friedrich bleibt verborgen,
doch sein Kammerherr Marquis d'Argens stolziert herbei, in Begleitung von Lord Keith. Gepudert und gezopft mustern die Höf-
linge mokant das Volk und giften Sottisen. Das Volk kichert und
schiebt durch die erleuchteten Gemächer. Rokokomusik klingt
auf, mildes Licht beschimmert goldene Vögel, Seidentapeterie, ga-
lante Szenen von Pesne und Watteau. Die Bildergalerie hört Harfe,
Harlekin begaukelt die Neuen Kammern. Im Billardzimmer spielt
ein possierliches Papiertheater »Kalif Storch«. Dies ist nicht mehr
Friedrichs Zeit, sondern das nächste Jahrhundert. Wir treten auf
die nächtliche Terrasse und freuen uns der Pracht.

Groß aber nennen wir Preußens zweiten Friedrich nicht. Unendlich größer waren seine Leichenberge.

Oktober 2011

Menschenfischers Heimathafen
Im Lübeck von Willy Brandt

Es war kein schwerer Abschied von der Heimatstadt. So schreibt er selbst, in den »Erinnerungen«. Er floh ja, lebensbedroht. In der Nacht zum 1. April 1933 trug ihn der sturmgeschüttelte Kutter des Fischers Paul Stooß von Travemünde nach Dänemark. Aus dem Lübecker Jungsozialisten Herbert Frahm wurde Willy Brandt. In Oslo, später aus Schweden spann er antifaschistische Netze. 1936 konspirierte er todesmutig in Berlin. 1937 erlebte er in Barcelona den spanischen Bürgerkrieg.

In Paris begegnete Brandt 1938 ein lübischer Exilgenosse. »Die sieben Türme‹, so sagte, mit Tränen in den Augen und Trauer in der Stimme, Heinrich Mann, 67 Jahre alt, zu dem jungen Lübekker Landsmann, der noch nicht einmal 25 war, ›werden wir wohl nie mehr wiedersehen.‹« Da wurde Brandt von Heimweh überwältigt. »Das Gefühl, daß das Lübeck der Senatorensöhne Mann das meine nicht gewesen war, versank, ohne daß ich es hätte vergessen können.«

Weit außerhalb des Holstentors war er zur Welt gekommen, fern vom Dom und der Marienkirche mit ihrem Glockenschlag *Nun danket alle Gott*. St. Lorenz hinterm Bahnhof entzieht sich Lübecks hanseatisch geheiligtem Siebengetürm. Nicht einmal in diesem schlichten Gotteshaus wurde das Proletarierkind am 26. Februar 1914 getauft, sondern im Pastorat Steinrader Weg 15, weil seine Mutter, die Verkäuferin Martha Frahm, ledig war. Für ihr Kind erübrigte sie wenig Zeit. Der Junge, »mehr aufbewahrt als behütet«, blieb weithin sich selbst überlassen, bis 1918 Marthas Stiefvater aus dem Weltkrieg heimkehrte. Der Lastwagenfahrer Gottfried Frahm hatte Liebe, sozialdemokratisches Klassenbewußtsein und wurde vom Stiefenkel Papa genannt. Den Namen seines leiblichen Vaters erfuhr Willy Brandt von der Mutter erst 1948: John Möller, ein Lehrer. Brandt sah ihn nie.

Absurd erscheint uns Heutigen, daß Brandts Gegner noch den Kanzler als unehelich schmähten. Dummdreist zieh man den heimgekehrten Exilanten des Vaterlandsverrats, als hätten Hitlers Feinde Deutschlands Schande verschuldet. Verständlich ist Brandts Einsiedlernatur – früh erlitten, lebenslang bewahrt, trotz größter Popularität. Der vielgeliebte Politiker spiegelte Wärme, der Privatmann benötigte Distanz. Man möchte Brandts Politik der Versöhnung – der Machtblöcke, der Deutschen mit ihrer desaströsen Nationalität – auch als persönlichen Brückenbau deuten. Wirklich nahe kam ihm nur ein Mensch: er selbst.

Was läßt sich auf Brandts Spuren im heutigen Lübeck finden? Vergangen ist die qualmende Arbeiterstadt, das Hochofenwerk, der wimmelnde Hafen, die Fischindustrie. Vorbei sind die Klassenkämpfe der Nazidämmerung, in der Brandt zum jugendlichen Publizisten und Volksredner wurde. Wir suchen sein Geburtshaus, Meierstraße 16. Der Weg führt durch zweigeschossige Vorstadt-Urbanität, gesäumt von Solarium und Penny-Markt, der Änderungsschneiderei »Goldene Nadel«, dem An- und Verkauf »Mach's bar!« Ein Biker im Kampfanzug donnert vorbei, mit Totenkopf am Wehrmachtshelm. Schwarz verhüllt, naht eine Bürgerin im Tschador, gefolgt von drei stockbewehrten Knaben.

Jungs, kennt ihr Willy Brandts Geburtshaus?

Klar. Da hinten, das rote.

Und wer war Willy Brandt?

Unser Bundeskanzler, sagt Tommy Jay Schmidt.

Euer Kanzler? Wann bist du denn geboren?

2001. Weiß ich von meinem Vater.

Willy Brandt war gut und von der SPD, sagt Nico Leon Mohrmann. Der hat immer gemacht, was er versprochen hat.

Der war ein Spion, erklärt John Klatt.

Spion? Wann denn das?

Ähm, so 1996.

Hier scheint eine Saat des Erkenntnis gelegt, zumal John und Tommy bei den Falken sind. Das Geburtshaus, ein Klinkerklotz mit drei Etagen, wurde jüngst weinrot-grau gestrichen und mit einer Gedenktafel markiert. Die Tür gibt nach. Wir betreten einen puppigen Wendeltreppenschacht bejahrten Zustands und klingeln parterre. Es öffnet ein junger Mann. Daniel Herrmann heißt er, ein freundlicher Medienstudent, geboren in Brandts Todesjahr 1992. So megapolitisch interessiert sei er nicht, jedoch könnten Brandts Verehrer doch mal neue Fenster stiften.

1919 verzog Herbert mit »Papa« Ludwig Frahm und »Tante Dora«, dessen zweiter Frau, in die Moislinger Allee 49. Die Wohnung lag über Frahms Arbeitsstelle, der Garage des Drägerwerks. Viel später hieß das Haus im Volksmund Kanzlerbungalow. Der heutige Pilger besichtigt eine Baugrube, doch Brandts nächste Heimstatt ist erhalten: Trappenstraße 11 a, in einem Klinker-Karree, zum Einzug 1929 just erbaut. Hier hatte der Schüler Herbert Frahm sein eigenes Reich: sechs Quadratmeter Dachkammer.

Der Schüler Frahm. Der weitsichtige Großvater schickte ihn nicht zur Volks-, sondern zur Mittelschule. 1928 durfte er aufs Reform-Gymnasium Johanneum – schuldgeldfrei, leistungsbedingt. Das Backstein-Ensemble St. Johannis 1 – 3 ist eine efeubewucherte Bildungsburg. Den Hofbrunnen krönt Johannes der Täufer – eine Schöpfungspanne des Bildhauers Fritz Behn, da doch der Evangelist Johannes dem Gymnasium seinen Namen gab. Schon am Eingang kündet eine Tafel: »Der Lübecker Ehrenbürger WILLY BRANDT Bundeskanzler von 1969 – 1974 Friedensnobelpreisträger war Schüler des Johanneums von 1928 – 1932«.

Brandt lernte leicht, zuweilen lax, besonders in Mathematik und Latein. Auch absentierte er sich gern mit selbstverfaßten Entschuldigungsschreiben. Hatte nicht schon Heinrich Mann erklärt, »die Erwerbung einer literarischen Bildung« hindere ihn an schulischem Eifer? Frahm hieß bald »der Politiker«. Er war Falke und Gruppenleiter der Sozialistischen Arbeiterjugend. Am Johanneum blieb er Milieufremdling. Bei der »Reichsgründungsfeier« in der Aula trat Rezitator Frahm provokativ mit Blauhemd und rotem Schlips, der SAJ-Kluft, vor die Feiergemeinde. Man schickte ihn heim. Er zog sich um und erlitt keine Folgen. Sein hochgeschätzter Deutsch- und Geschichtslehrer Eilhard Erich Pauls, ein liberalkonservativer Friesenhüne, ließ ihn einen Aufsatz über den »Arbeiterkaiser« August Bebel schreiben.

Im etwas naseweisen Abitur-Aufsatz bescheinigte Herbert Frahm seiner Schule »schwankenden Liberalismus«. Sie taumele zwischen Vergangenheit und formaler Demokratie, wie die gesamte Nachkriegszeit. »Ich bin zum Leidwesen meiner Lehrer die letzten Jahre immer meiner eigenen Wege gegangen. Ich bin nicht traurig darüber. Sondern ich freue mich, denn ich glaube, ich wäre ein armer Mensch, hätte ich nicht das, was ich selbst erarbeitet habe.« Professor Pauls benotete mit Sehr gut. Das selbstbewußte Johanneum vertrage jede Kritik, falls Logik in ihr walte. Deren Besitz verdanke der Schüler ganz gewiß nicht seinem Milieu noch sich selbst, sondern dieser Schule. »Daß er das nicht zugibt, ist lediglich seine eigene Sache.«

Ansonsten warnte Pauls: Halten Sie sich von der Politik fern! Nach der nationalsozialistischen »Machtergreifung« entwich der tolerante Johannitergeist. Pauls, Freimaurer, trat vorsichtshalber der NSDAP bei, wurde ausgeschlossen und in den Ruhestand gedrängt. Rektor Herrmann Stodte verfiel laut Chronik »dem Nationalsozialismus mit Haut und Haaren, wurde zum glühenden Propagandisten des Führers« und trotzdem zwangspensioniert. Frahms Klassenlehrer Walter Kramer entließ man wegen einer Kaiserschmähung aus dem Jahre 1921. Er erschoß sich, seine Frau nahm Gift, die Tochter kam ins Irrenhaus.

Brandt kehrte kurz vor seinem Tode noch einmal zurück. Der Schulleiter blickte aus dem Fenster und sah ihn auf dem Hof, versunken, mutterwindallein. Er eilte hinab. Brandt war verschwunden.

Nun empfängt uns der heutige Schulleiter Rüdiger Bleich. Einst war er stellvertretender Direktor der Deutschen Schule Santiago de Chile. Daselbst wies er Margot Honecker vom Gelände, als die Volksbildungsdomina der DDR ihren Enkel abholen wollte. Die SPD verließ Bleich vor 20 Jahren wegen deren Bildungspolitik, doch sein Herz schlage weiterhin sozialdemokratisch. Politisiert habe ihn Willy Brandt, 1969, trotz familiärer Diffamierung des vaterlandsverräterischen »Whisky-Willy«. Die Studentenbewegung, sagt Bleich, hat mich dann mitgerissen. Brandts größte Leistung? Der Kniefall von Warschau.

Ist Brandt allen Lübeckern präsent?

Eindeutig. Er gehört zur Stadt wie Niederegger-Marzipan. Es gibt alte Animositäten, doch man hört sie nicht mehr. Vor 15 Jahren wäre unsere Brandt-Ausstellung noch unmöglich gewesen.

Bleich führt durchs Haus, mit Stolz. Mannshoch, sechs Meter lang erzählt im Foyer eine bildstarke Wandzeitung das Leben des größten Johanniters. Besonders populär sei Brandts mäßiges Abgangszeugnis. Erst kürzlich habe ein Schüler bewundernd ausgerufen: So schlecht und trotzdem Bundeskanzler!

Zwei glockenwache Zwölftklässlerinnen begleiten uns, Clara Pirras und Malin Wiech. Malin imponiert Brandts Aufstieg aus der Arbeiterschaft: Und seine Flucht, wie er sein komplettes Leben hinter sich ließ – hätte ich mich das getraut? Clara zitiert ihre Mutter: So ein charismatischer Mann! Die Mädchen betrübt ein untypischer Teenager-Kummer: Daß sie, noch 17jährig, am 22. September 2013 nicht wählen durften, vergrößerte Angela Merkels Triumph.

Malin und Clara sind Brandt-Expertinnen. Sie führen Schülergruppen durch das Willy-Brandt-Haus Königstraße 21. In diesem patrizischen Gebäude erfährt man Jahrhundertgeschichte, multimedial, auch jugendgerecht inszeniert, von der Kaiserzeit bis zum Mauerfall und der doppeldeutschen Einheit. Man erlebt den Nürnberger Kriegsverbrecher-Gerichtsreporter Brandt, den Westberliner Bürgermeister, den Außenminister der Großen Koalition, den Kanzler in Aufstieg und Fall, den *elder statesman* der Sozialistischen Internationalen und des Nord-Süd-Dialogs ... Dieser Lebensbogen überspannt Epochen.

Brandt liegt immer quer, sagt Brandt-Haus-Direktor Jürgen Lillteicher. Mit 13 schreibt er seinen ersten Zeitungsartikel. Mit 16 ist er SPD-Mitglied, mit 18 verläßt er die kleinmütige Partei und geht zur linkeren SAP. In Skandinavien begreift er, was Stalinismus ist, und öffnet sich einer vermittelnden Sozialdemokratie. All das, schwärmt Lillteicher, mache Brandt viel interessanter als etwa Kiesinger oder den ewigen Kohl seiner Jugend.

Und woran kann man sich reiben?

Vielleicht daran, daß er Frieden vor Freiheit setzte, Jaruzelski vor Wałęsa. Er wußte ja, wie der Kommunismus auf Revolten reagiert.

Wir wüßten Anderes: den Kanzler der Berufsverbote, den Beschweiger des Vietnamkriegs aus US-Bündnistreue. Ungut klingt 1961 das röhrende Westberliner Pathos des kalten Kriegers Brandt: »Die Mächte der Finsternis werden nicht siegen ... Eine Clique, die sich Regierung nennt ... Sklaverei ... Konzentrationslager ... Und wenn die Welt voll Teufel wär!« Neun Jahre später trifft Brandt Willi Stoph in Erfurt und Kassel. Via Moskau beginnt der »Wandel durch Annäherung«, derweil Brandts bundesdeutsche Widersacher ratlos versuchen, sein Menschenfischer-Charisma zu entzaubern. Sie hecheln verstockte, gestrige Parolen. Er ist beglaubigt durch seine Biographie. Er etabliert Moral als politische Kraft.

Das Wichtigste war der Kniefall, erklärt Jörn Steder, Lübecker und Johanniter. Wir haben bis heute in Deutschland nicht begriffen, daß wir keinen Krieg verloren haben, sondern einen angezettelt. Und befreit wurden, von Hitler.

Er hat für den Frieden gekämpft, sagt die Dame aus NRW. Als kleines Kind hab ich ihm zugewinkt, als er mit dem Auto durch Herne fuhr.

Er war kein Politschauspieler, er war ein Mensch, spricht der Rheinländer. Und seine SPD war noch eine Partei.

Ich glaube, der hatte im Krieg ziemliche Bedeutung, vermutet die Touristin von Rügen. Geschichte ist nicht so meins, ich klappere hier eigentlich die Kirchen ab.

Die deutsche Einheit, sagt der Mann aus Osnabrück, rechne ich Brandt am höchsten an.

Das ist *à la bonne heure* gesprochen, denn wir befragen Brandts Besucher am 3. Oktober. Welche Liebe quillt aus dem Gästebuch. »Danke!« »Willy Brandt ist und bleibt ein Urgestein!« »Willy Brandt ans Fenster, das war der Ruf von mir, von uns bei seinem Besuch in Erfurt.« »Auch wenn man aus dem anderen politischen Lager stammt, sind seine Verdienste unbestritten.« »Wir müssen mehr Demokratie wagen.« »Ich hoffe, daß die Wiedervereinigung von Korea bald kommt.« »Great leader, not only in Germany but all over the world. He is very well known in Palestine as a fighter just for peace.« »Wir denken an dich, lieber Willy. Frieden für Lübeck, Frieden für die Welt.«

*Auf dem linken Auge blind? Am Willy-Brandt-Haus
(Lübeck, Königstraße 21, 3. Oktober 2013)*

Zum Schluß der Exkursion gehen wir ins Theater. Dort läuft »Willy Brandt – die ersten 100 Jahre«, ein – ja was? Der österreichische Autor Michael Wallner hat eine Operdramenrevue erschaffen. Wir fürchten Kitsch, Schulfunk, Agitprop und werden erquickt. In rasanten Bildern und Gesängen saust Brandts Leben über die Bühne. Tiefsinn wechselt mit Klamauk, der famose Hauptdarsteller Andreas Hutzel könnte dem echten Willy Krächz-Unterricht erteilen, und Herbert Wehners Wiedergänger heißt leibhaftig Robert Brandt. Ulbricht mauert, Kennedy tanzt herbei, zum Ballett der Stewardessen. Breschnew sufftorkelt, Rut Brandt leidet, denn der Gatte weibert, säuft und depressiert. Egon Bahr singt: Willy, aufstehn, wir müssen regieren! Längst droht die Schicksalsparze Guillaume, doch jetzt erhebt sich im Parkett ein martialischer Schnauz, Brandts Wahlhelfer Günter Grass. Und brüllt: Wir alle wissen, welch schreckliche Macht die Dummheit ist!

Bravo! Bravo! Es jubelt das Lübecker Volk, die marzipanstädtische Bourgeoisie.

Wallners Stück könnte im heutigen Deutschland überall gastieren. Auch in dreißig Jahren, jenseits einer Zeitgenossenschaft, die jedes Zitat versteht? Der patriotische Weltbürger Willy Brandt ist keine rasch vergängliche Gestalt. Und doch wirkt er eingeschreint in seinen Ruhm. Auch: erinnerungsvergoldet, zum Solitär verklärt wie Thomas Mann.

Der »Buddenbrooks«-Titan, der rehabilitierte Nestbeschmutzer sprach am 5. Juni 1926 zur 700-Jahr-Feier im Stadttheater. »Lübeck als geistige Lebensform«, so war sein Text überschrieben. Thomas Mann entsann sich des greisen lübischen Poeten Emanuel von Geibel. »Als er gestorben war, erzählte man sich, eine alte Frau habe auf der Straße gefragt: ›Wer kriegt nu de Stell? Wer ward nu Dichter?‹ – Nun, meine geehrten Zuhörer, niemand hat ›de Stell‹ bekommen, ›de Stell‹ war mit ihrem Inhaber und ihrer alabasternen Form dahingegangen.« Möge es, was Brandt betrifft, nicht dabei bleiben. Noch einmal, in drei Merkels Namen, zitieren wir sein Gästebuch: »We need a new Willy in Europe!«

Oktober 2013

Schießplatz der Supermächte
Im Land des Weltuntergangs

Kein schöner Land in dieser Zeit. Es grünt und hügelt, es schwingt sich am Horizont zu blauen Bergen auf. In den Sommerfeldern blutet Mohn. Steinerne Kruzifixe erbitten Himmelsbeistand und bezeugen Erntedank. Das schöne Land heißt Hessen, etwas weiter östlich Thüringen. Politisch Bewanderte kennen die Gegend als *Fulda Gap*. Fast hätte sich hier die Hölle aufgetan.

Hier sollte nach westlicher Befürchtung der Dritte Weltkrieg beginnen. Wann? Jederzeit, bis 1990. Hier, in der Mittelgebirgslücke zwischen Thüringer Wald, Rhön und Vogelsberg, erwarteten die US-Amerikaner und ihre Verbündeten den Angriff sowjetischer Panzerhorden. Die territoriale Eignung dieser Ost-West-Route war erprobt, in umgekehrter Richtung. Im April 1945 passierte die 3. US-Army auf ihrem Weg nach Thüringen die Fulda-Senke und schnitt dabei, laut General Pattons markiger Diktion, wie ein heißes Messer durch die Scheiße. An der Elbe begegneten die Amerikaner der Roten Armee. Hitlerdeutschland war zerstört.

Die Sieger teilten das Land in Zonen ihres Staatsmodells. Die Westalliierten restaurierten die spätere Bundesrepublik als kapitalistische Demokratie. Ostdeutschland wurde zum Sowjet-Satrapen DDR. Die Anti-Hitler-Koalition zerfiel. Beide deutsche Staaten blieben Mündel ihrer Schutzmacht. Folglich trennte die deutsch-deutsche Grenze auch USA und UdSSR. Geeint blieb Deutschland in seiner Funktion als *cordon sanitaire* der Supermächte, als Schlachtfeld im Falle des Kriegs.

Die folgende Geschichte handelt von etwas, das nie geschah. Atomkrieg, Weltuntergang – nicht weniger stand hier zu erwarten. Wir kommen mit dem Zug. In Hünfeld steigen wir aus und finden treppabwärts eine Tafel: »Gedenke der Toten. Am 21. November 1944 starben in dieser Bahnhofsunterführung durch Bombenangriffe 61 Menschen.«

Schon das ist unvorstellbar.

Man weiß nur, was man sieht? Man sieht, was man weiß am Point Alpha, dem »heißesten Punkt des Kalten Kriegs« vis-à-vis dem »Thüringer Balkon«. Hier, wo der Ostblock am weitesten nach Westen ragte, hatten die Amerikaner einen Beobachtungsposten installiert. Seine etwa 60 Mann Besatzung dienten als Auge und Ohr der NATO. Die Männer vom 11. Armored Cavalry Regiment *Black Horse* sollten nicht die 8000 Russenpanzer stoppen, aber vor dem Heldentod den Angriff melden. Und dann ...

Dazu später.

Das US-Camp ist erhalten, mit Mannschaftsunterkünften, Panzerwagen und dem Wachturm. Gegenüber ragt das DDR-Pendant, dazwischen der Eiserne Vorhang. Das ostdeutsche Grenzregime überließ die UdSSR der Nationalen Volksarmee. Aus Hörsäulen vernimmt man gefühlsrasierte Erinnerungen der Point-Alpha-Veteranen vom Leben an der Freiheitsfront, im Wartestand zwischen Probealarm, Essenfassen, Basketball und Tod. Soldat John erklärt: *The danger of World War III was real.* Indes der Russe kam und kam nicht. Dafür erschien im November 1989 das ostdeutsche Volk und versetzte Point Alpha in Sonderbereitschaft. Verblüfft erlebte die Besatzung die friedliche Öffnung der Grenzanlagen. Die Amerikaner tauschten ein paar Kartons Zigaretten gegen ein Stück vom Gitterzaun, das sie auf Souvenirgröße zerschnitten hatten. Erst zehn Jahre später, zum *Black Horse*-Klassentreffen, besuchten sie erstmals die östliche Seite. Soldat Michael: *It was very moving.*

Eine Schülergruppe naht, aus Bayern. Was ist das hier für euch? Freizeit! (Gelächter.)

Könnt ihr euch überhaupt vorstellen, wie's hier zuging?

Klar. Mein Opa hat vom Krieg erzählt.

Na, Krieg gab's ja eben nicht. Wart ihr schon mal im Osten?

Niemand war. Doch, ein Mädchen, in einer Stadt ... uuh, wie hieß denn die ... viele Kirchen ... Erfurt!

Von Erfurt und vom Krieg erzählt Point-Alpha-Führer Berthold Kircher. Jahrgang 1944 ist er und als hessisches Dorfkind bettelnd den US-Jeeps nachgelaufen: *Ami schockläd! Ami tschuing gamm!* Dann warfen die Süßigkeiten raus, sagt Kircher. Bei den

Älteren seien die Amerikaner nicht so beliebt gewesen, wegen des Bombenkriegs. Aber in Erfurt, das wisse man jetzt, habe nach dem Krieg die 8. sowjetische Garde-Armee gesessen, die Stalingrad-Armee. Die wäre im Thüringer Becken aufmarschiert und hier durch die Fulda-Pforte gewalzt, Richtung Frankfurt am Main mit den drei Flughäfen ...

Fürchteten Sie nicht auch den Atomschlag der Amerikaner?

Ich kenn schon Leute, die konnten da nicht ganz ruhig schlafen. An den Brücken stand: *Ami go home!* Aber man kann ja nicht die eine Seite wegbringen, und die andere ist noch da, die Bedrohung.

Wir wandern den Grenzkamm entlang. Rechts im Tal liegt das hessische Rasdorf, zur Linken das thüringische Städtchen Geisa. Uralte Kulturlandschaft wurde hier zerschnitten, ein in Jahrhunderten gewachsener sozialer und religiöser Raum: das zum Bistum Fulda gehörige Geisaer Amt. Die Ausstellung im Haus auf der Grenze illustriert die Schikanen des SED-Regimes: die »Aktion Ungeziefer« von 1952, die geschleiften Höfe, die Zwangskollektivierung, den Schießbefehl, die wahnhafte Wut zur Überwachung eines Volkes potentieller Republikflüchtlinge. Ein Denkmal der Einheit ist »den Opfern der deutschen Teilung« gewidmet, »den Mutigen der Friedlichen Revolution von 1989«, »den Erbauern der Wiedervereinigung« ... Den Siegern der Geschichte? Aus dem DDR-Beton des Postenwegs sprießt Löwenzahn. Kinder radeln, Falter flattern, der Sommer zwitschert und summt, doch dieser »Weg der Hoffnung« ist düster gesäumt. Vierzehn Schrott-Skulpturen von Ulrich Barnickel aus Weimar zeigen Jesu Passion. Schroff kontrastieren die Artefakte mit der glücklich erstandenen Welt. Man spürt einen Beigeschmack ideologischer Christentumsausbeutung, wenn man liest, der Kreuzweg erinnere »an die kommunistischen Diktaturen Mittel- und Osteuropas« und würdige »den Willen zur Freiheit, der letztlich gesiegt hat«.

Hier fehlt eine Seite. Und von der anderen bekommt man ein bißchen zuviel.

Point Alpha ist ein lernender Ort. Wir stehen hier nicht auf dem Berg und verbreiten endgültige Wahrheiten. So spricht Volker Bausch, Hesse, Direktor der Point-Alpha-Akademie, ansässig in der »Point-Alpha-Stadt Geisa«, im Sommerresidenzlein der Fuldaer Fürstbischöfe. Man veranstaltet Vorträge und Seminare und vergibt seit 2005 alljährlich zum 17. Juni den Point-Alpha-Preis. Zuerst wurden, selbdritt, George Bush senior, Michail Gorbatschow und Helmut Kohl freiheitlich dekoriert, sodann Václav Havel, Konrad Weiß, Ehrhart Neubert, Freya Klier, natürlich auch Helmut Schmidt. Der Vizechef Henning Pietzsch ist neu im Amt und stammt aus Jenaer Bürgerrechtskreisen. Point Alpha, sagt er, sei ein Seismograph des Kalten Kriegs gewesen. Nach 1989 habe man hier wie in Berlin gerufen: Weg mit der Grenze, fort mit dem Zeug! Aktivisten bewahrten den Ort und Zeugnisse der Teilung, bis das Erinnern Konjunktur bekam.

Aber die Story vom guten Amerikaner läßt sich hier doch nur bedingt erzählen. Dieses Gebiet war notfalls zur atomaren Pulverisierung freigegeben – von den Amerikanern.

Gott sei Dank trat das nicht ein, sagt Direktor Bausch. Bewußt herbeigeführt hätte den Atomkrieg keine Seite. Doch es gab sowjetische Stabsplanungen zum Vorstoß auf Frankfurt. Die Amerikaner hätten dann versucht, in zehn Tagen zehn Divisionen einzufliegen. Und natürlich hätten beide Seiten taktische Atomwaffen eingesetzt. Wichtig ist: Die konventionelle Offensivkraft war auf Seiten der Sowjetunion.

Bausch holt ein Buch und liest vor: »Seinem politischen und gesellschaftlichen Charakter nach wird der neue Weltkrieg die entscheidende militärische Auseinandersetzung der beiden gegensätzlichen sozialen Weltsysteme sein. Dieser Krieg wird gesetzmäßig mit dem Sieg des fortschrittlichen kommunistischen Gesellschaftssystems über das reaktionäre kapitalistische System enden, das historisch dem Untergang geweiht ist.« Autor: W. D. Sokolowski, Marschall der Sowjetunion (1963). Heilsgeschichte, sagt Bausch. Gesetzmäßiges Agieren historischer Triebkräfte zum Sozialismus, Geschichte als Abfolge von Klassenkämpfen inklusive kriegerischer Auseinandersetzung – so was haben Sie ja bei den Westmächten nicht.

Aber die NATO-Doktrin des *containment* und des *extended battlefield*, der militärstrategischen Einkreisung der Sowjetunion und der »offensiven Vorwärtsverteidigung« gen Osten. Und pervertierte nicht der atomare Irrsinn jeglichen Überlegenheitsanspruch einer Gesellschaftsform? Man hätte das zu Schützende vernichtet.

Daß die Amerikaner hier hätten die Freie Welt verteidigen wollen, spricht Bausch, das ist nicht der Kerngedanke, der hier vermittelt wird.

Wie kann man die Kontroverse deutlich machen? Die Rolle der Friedensbewegung?

Da bin ich inhaltlich noch nicht ganz fit, sagt Pietzsch. Es gab da in Fulda wohl ganz aktive Leute, aber ob man die noch findet? Ich vermute mal, daß die anders ticken und 'ne andere Perspektive haben.

In Point Alpha gewinnen sie immer noch den Kalten Krieg, dabei sind alle Seiten gerade so davongekommen. Der so spricht, heißt Peter Krahulec und wohnt in Fulda. Daselbst war er Jahrzehnte Professor für Soziologie und Pädagogik und eine Prominenz der Friedensbewegung. Mein Lebensthema, sagt der Emeritus am Telefon. Ein freundlicher Riese wartet am Bahnhof und zeigt uns seine barocke Stadt: das fürstbischöfliche Schloß mit Park und Orangerie, das Paulustor, die mittelalterliche Michaelskirche und darin Fuldas Herzkammer, die Krypta von 820. Nahebei prunkt der Dom. In dessen Gruft ruht angeblich Bonifatius, »der Apostel der Deutschen«, 744 zu Fulda Klostergründer, 754 erschlagen von den Friesen, wie das Altar-Relief dokumentiert: Todwund sinkt der Gemeuchelte zu Boden, doch schon eilen vom Himmel die Engel herzu, mit Palme und Märtyrerkrone.

In diesem Fluidum lebt die Stadt, sagt Krahulec. Fulda ist das Zentrum des politischen Katholizismus. Seit den Tagen des fränkischen Fortifikationswesens gingen hier Militär und Amtskirche Hand in Hand. – Karl der Große verlängerte sein Reich nach Transelbien und sicherte es mit Vesten und Klöstern. Die Sachsen »bekehrte« er oder brachte sie um. Segnend folgte Bonifatius dem Schlächter.

Krahulec ist selbst Katholik, allerdings längst ausgetreten. Der Religionsstifter lehre: Liebe deine Feinde! Von der Amtskirche habe er diese Frohe Botschaft nicht gehört. Krahulec wurde 1943 in Prag geboren und war alsbald ein Flüchtlingskind. In Hessen empfing man Seinesgleichen mit dem Bauernfluch: Wildschweine und Vertriebene haben uns noch gefehlt! Vielleicht, sagt er, kommt daher meine Parteinahme für Minderheiten.

Herr Krahulec, die Raketen-Batterien auf dem Finkenberg ...

Fahr ich Sie hin, sagt Krahulec. Da bin ich oft gewesen.

Krahulec ist der deutsche Entdecker des Begriffs *Fulda Gap*. Auf einer Studentenparty erzählte ihm ein GI aus Ohio, Fulda sei in *America* wohlbekannt, wegen *the Fulda Gap*. Krahulec hörte von schaurigen Planspielen für den Fall, daß den Supermächten ihr »Gleichgewicht des Schreckens« entglitte. Das, sagt er, war mein Hallo-wach-Erlebnis. Als Professor war ich grundgesetzlich zur Wahrheitsfindung verpflichtet.

Das hieß Aufklärung, rastlos, nach dem Prinzip: Was lokal wird, wird real. Krahulec betrieb antimilitaristische Heimatkunde als »rollende Friedenswerkstatt«. Er organisierte »alternative Grenzlandfahrten«, im Kontrast zu den staatsoffiziösen Touren an den russischen Grusel-Limes. Er schrieb das Buch »Sieben Legenden über Hiroshima«. Er erstellte Karten mit regionalen Militäranlagen und den Zielpunkten der 141 US-Atombomben des geplanten *Package Zebra*. Er lehrte die Landschaft zu lesen: als Schießplatz der Supermächte. Halt!, ruft er und stoppt. Wir steigen aus. Krahulec weist auf einen gußeisernen Deckel im Asphalt: Was ist das?

Ein Gully.

Im Wald? Das ist ein Sprengschacht, davon gibt's Tausende hier im Land. Im Angriffsfall hätte man die Landschaft umgepflügt, um die Russenpanzer zu behindern – und die Flucht der Bevölkerung.

Auf dem Finkenberg sind die Fossilien des Kalten Kriegs getilgt, bis auf ein Stück Stacheldrahtzaun und eine alte Fahrzeughalle. Statt Raketensilos finden wir Bio-Recycling-Anlagen. Verschwunden ist leider auch der Gänse-Laufweg, den die US-Besatzung installierte, damit das kapitolinische Geschnatter des Federviehs den Anmarsch von Friedensterroristen melde. Wir waren gewaltfrei, sagt Krahulec. Ich lasse mir auch keinen Antiamerikanismus

»Bring alle um, laß Gott sortieren.« Peter Krahulec präsentiert Freiheitskleidung aus dem Point-Alpha-Shop (Fulda, 18. Juni 2012).

nachsagen. Wir Deutschen konnten uns ja nicht selbst von Hitler befreien, und danach hielten uns die Care-Pakete am Leben. Anderseits hat mich der Vietnamkrieg politisiert, Joan Baez, Harry Belafonte ... Ich bin kein Radikal-, sondern Atompazifist und Antimilitarist. Diese Grenze geht nicht durch Nationen, sondern durch Zivilkulturen.

Wir kehren um. Lieblich breitet sich das Fulda-Tal. Darüber die Wasserkuppe, der Horch-Hochstand der Amerikaner. Vom Feindbild zum Realbild, das war meine Maxime, sagt Krahulec. Der strategische Irrsinn hieß *Mutual Assured Destruction*, garantierte gegenseitige Zerstörung, abgekürzt *MAD*. Auf Deutsch: verrückt. Und jegliches Überleben der Endverbraucher eines Atomschlags hätte ja strengster kommunistischer Planwirtschaft bedurft.

Wurden Sie angefeindet?

Massiv. Berufsverbotsdrohungen, Verleumdungen, Schurigeleien. Das hat mich als Staatsbeamten und grünen Stadtrat alles nicht berührt. Wir waren die Guten und befragten, mit Brecht, den Fortschritt, wo er denn hinwill – in Richtung Bewahrung oder Zerstörung? Doch in Fulda waren 5000 Amerikaner stationiert, davon lebten hier viele – die Vermieter, das Taxigewerbe, die Reparateure der Manöverschäden.

Längst sitzen wir bei Krahulec daheim, in seiner Bücherzitadelle. Der alte Herr erzählt vom September 1984, von der hessischen Friedenskette: 300 000 Menschen vom Point Alpha zum Fuldaer Dom. Wir sehen den Film »Zielgelände«: wie das Kurstädtchen Schlitz 1985 durch Totalverweigerung verhinderte, daß ihr Eisenberg als Truppenübungsplatz geschändet wurde. Da sind die freiheitsdoktrinären Souvenirs des atomaren Overkills, als Prunkstück das perverse Brettspiel »Fulda Gap. The First Battle of the Next War«, in dem der chemische, biologische und nukleare Massenmord zum Endsieg führt. Das wurde in US-Kasernen gern gespielt, sagt Krahulec. Hier, ein T-Shirt aus dem Point-Alpha-Shop: *Kill them all let God sort them out*. Und hier, »Victory is possible«, das »Reference Book Conventional-Nuclear Operations«, ediert vom US-army command Fort Leavenworth/Kansas am 6. August 1976, dem Tag von Hiroshima. Das galt nicht als Schande, sagt Krahulec. Hiroshima hieß: Die Waffen, die wir haben, setzen wir ein.

Es ist Peter Krahulec' Gewißheit, daß Gorbatschow und das Ende des Kalten Kriegs nicht durch die Hochrüstung des Westens möglich wurden, sondern durch Entspannungspolitik – inklusive der Friedensbewegung.

Sind Sie auch in der DDR gewesen?

Ich war ein alter Mauersegler, lacht Krahulec. Meine Stasi-Akte verzeichnet mich als »feindlich-negativ«. In der DDR war alles verboten, was nicht erlaubt war. Hier war es umgekehrt, das machte den Unterschied.

Was war ihr größter Erfolg?

Daß mir meine Frau nicht weggelaufen ist.

Zum Kalten Krieg gehörte die Unterwelt: Tausende von Bunkern aller Art und Größe. Die meisten sind unzugänglich. Etliche pflegt eine besondere Sorte Mensch: die Bunkerkameraden. Diese maskuline Spezies unterteilt sich in Historiker, Technikfreaks und Grottenolme.

Zwei Prachtbunker wollen wir besuchen, einen im Westen, einen im Osten. Die List der Geschichte brachte beide unter sächsisches Regiment. Nahe dem hessischen Ilbenstadt erhebt sich

Pieta des Schrott-Kreuzwegs von Ulrich Barnickel (Grenzpfad am Point Alpha, 19. Juni 2016)

inmitten der Rapsfelder ein Sendemast. Darunter klafft seit 1970 – vierzehn Meter tief, drei Stockwerke hinab – das ehemalige Atomkriegsrefugium des zivilen Schutzstabs von Frankfurt am Main. Es zu betreten, bedarf der Verabredung mit Thomas Köppe aus Glauchau, Vorstand des Bunker Ilbenstadt e.V. Dessen sieben Mitglieder bewahrten das verkommene Monster nach 1990, entrümpelten, reinstallierten Technik. Köppe ist Instandhaltungsmechaniker. Mit Hingabe erklärt er Druckschleusen, Funkanlagen und Dieselaggregate. Das ist total unser Hobby, sagt er, das macht uns Freude. Wir sind alle relativ normal.

92 Menschen, dirigiert vom Oberbürgermeister, sollten hier vier Wochen überleben, falls der Atomschlag sich freundlicherweise auf eine Erddetonation von fünf Megatonnen in 2,6 Kilometer Entfernung beschränkt hätte. Der Bunker wurde lediglich für den Bedarfsfall vorgehalten. Seine einzige Besetzung geschah 1985, durch Einbruch der Friedensbewegung, die Bunkerbau als Kriegsvorbereitung ansah. Das Kommando »Jules Verne« hinterließ im Hauptführungsraum auf der wandgroßen Frankfurt-Karte

knallrot die Parole: SCHWEINE INS WELTALL! KEIN SICHE-RES PLÄTZCHEN FÜR BONZEN!

Mit Bonzen hatte das hier eigentlich nichts zu tun, sagt Köppe, der Bunker diente der Koordination von Menschenmassen. Köppe schenkt uns ein Originalkontrollblatt, auf dem wir – nebst Anschrift und Telefon – dem Weltall melden können, ob wir nuklear, biologisch oder chemisch vernichtet wurden, dazu Angriffsbeginn und -ende, Knallzeit in Sekunden, Geschoßzahl, Kontur und Breite der Detonationswolke … Die Tarnung des Bunkers freilich erscheint westlich lasch. An der nahen Bundesstraße verkündete ein Schild: Hier baut die Bundesrepublik Deutschland eine Abschnittsführungsstelle für zivilen Katastrophenschutz.

Da ging der Russe anders vor. Der Russe verfügte 1968 im Befehl »Filigran«, jeder der fünfzehn DDR-Bezirke habe einen Führungsbunker einzurichten, in dem die regionalen Spitzen von SED, Stasi, Polizei, Armee, Zivilverteidigung und zuhöchst der sowjetische Verbindungsoffizier Einquartierung fänden – etwa 120 Menschen. Bei Frauenwald, hoch oben im Thüringer Wald, entstand das Allersicherste des Bezirkes Suhl. 150 000 Quadratmeter Tann wurden eingezäunt unter der Legende, man errichte ein Ferienobjekt der Staatssicherheit (was stimmte) und Anlagen des VEB Wasserwirtschaft (was die massiven Materialtransporte erklären sollte). Uns empfängt ein strammer Sachse. Thomas Krüger heißt er; auf seinem T-Shirt steht: BUNKERKOMMANDANT. Mit sarkastischem Zack führt Krüger durch das intakte Labyrinth. Wir werden virtuell entgiftet und entkeimt, vier Stunden antibiologisch geduscht, vor-, haupt- und nachgeschleust. Wir betreten die neonlichte Kemenate sozialistischen Überlebens: die Funkräume mit Technik von Robotron und RFT, die Schlafgarage mit Dreistock-Betten, das Kantinchen und die Küche, die Vorratskammer, delikat bestückt mit Atombrot-Büchsen, dazu Eberswalder Schweinegulasch, Ballenstedter Rindfleischklößchen und Leberwurst aus Meißen-Weinböhla. Krüger sagt: Lauter Zeug, wo sich früher die Frauen die Hacken nach abgerannt haben.

Hier, die Sanität, mit DDR-Psychopharmaka. Bunkerkoller, Gruppendurchfall, Rinderwahn, sagt Krüger, hier hätte man alles geheilt. Der Stabsraum mit Karl-Marx-Teppich und der Büste von Dr. Richard Sorge, dem berühmtesten »Kundschafter des Friedens«. Der Clubraum des Kommandeurs, ausnahmsweise mit Sessel-Komfort. Anschaulich schildert Krüger den Ernstfall: Stellen Sie sich vor, der General sitzt gerade auf dem Topf, und da haut's rein, da hat er ohne Druckausgleich ganz schlechte Karten, da müßte man den Mann schwer schrubben.

Der Frauenwalder Bunker ist heute Privatbesitz. Er gehört zum gemütlichen Waldhotel Rennsteighöhe, dem ehemaligen Stasi-Heim. Krüger führt sehr verschiedenes Publikum. Die einen bejubeln vertraute DDR-Produkte, die anderen empören sich über die unfaßbare Ressourcenvergeudung. Das ist hier 'ne Gratwanderung, sagt Krüger. Ich geb keine persönliche Wertung ab, ich mach's 'n bißchen ironisch. Die rein geschichtliche Vermittlung interessiert kaum noch.

Aber der schrille Ort. Busladungen von Besuchern kommen, auch Schulklassen und die Bundeswehr. Manager schlafen im Bunker, um sich per Extrem-Teambuilding für die Marktwirtschaft zu stählen. Sie werden von Kommandant Krüger der militärischen Ansprache gewürdigt. Früher war Krüger Berufssoldat der Nationalen Volksarmee. Seit 1986, sagt er. Drei Jahre. Na, und dann kam das Volk.

Juli 2012

Der rollende Teppich
Per Eisenbahn von Istanbul nach Teheran

Hier endet die bekannte Welt. Die Türkei entläßt uns, in Kapiköy, ihrer östlichsten Grenzstation. Ein lauschiger Ort. Neonlicht
summt, grün giften die Wände, ausgiebig mustert das Staatsorgan
den Mitternachtspassagier. Der Stempel knallt. Nun poltert der
Zug in die Finsternis. Sie heißt Iran.

Was haben wir hier zu suchen?

Den Orient.

Diese Eisenbahngeschichte beginnt in Istanbul, im Jahre 1898.
Der deutsche Kaiser visitiert den »kranken Mann am Bosporus«.
Sultan Abdülhamid II. muß dringend sein marodes Großreich
modernisieren, Wilhelm II., der »Freund aller Muslime«, strebt
strategisch in den Orient. Man plant Großes: die Bagdadbahn.
Deutsches Ingenieurgenie und Kapital und osmanische Arbeitskraft sollen 1600 Kilometer Eisenbahntrasse erschaffen, vom zen-
tralanatolischen Konya – bereits mit Istanbul verbunden – bis
Bagdad. Gewaltige Hindernisse sind zu überwinden: das Taurusgebirge, Schluchten und Wüsten, das wilde Kurdistan. Im Weltkrieg
wird die halbfertige Bahn militärisch rekrutiert. Dann stürzen die
bauführenden Monarchien. Die Siegermächte zerschlagen das Osmanische Reich. Der Zielbahnhof liegt nun im neugeschaffenen
Irak. Erst am 17. Juni 1940 verläßt ein durchgehender Zug Bagdad
und erreicht nach vier Tagen den Istanbuler Bahnhof Hayderpasha.

Dort brechen wir auf.

»1001 Nacht« heißt unser Sonderzug. Nun, zwölf Nächte und
Tage werden wir reisen, ein Stück des Weges wie die Bagdadbahn,
dann durch Iran. Das Programm dieser touristischen Jungfernfahrt
verspricht Romantik und vermeidet alle Politik. Geht das, wenn es
im »Orient« brennt? Die Route führt an Orte klassischer Kultur-
geschichte, von Istanbul bis Teheran. Am Bosporus blinken Moscheen und Sultanspaläste, und am asiatischen Ufer erhebt sich ein

getürmtes Sandstein-Schloß: Hayderpasha. In der Bahnhofshalle trötet Blech. Rotberockte Janitscharen, einst des Sultans Militär-Elite, spielen Schnauzbart-Musik, mit Pauken, Tschingtschinellen und Tambourmajor. Aber wo ist der Zug?

Hayderpasha hat als Bahnhof ausgedient und soll Einkaufszentrum werden. Wir starten per Bus, ...zig Kilometer durch neugebaute Stadt. Rabiat frißt sich Istanbul gen Osten. In Gebze wartet unser rollender Teppich, baulich ein normaler Zug der türkischen Staatsbahn. Eine rote Diesellok zieht acht Waggons: den Generatorwagen, den der 15köpfigen Crew, die orientalisch dekorierten Speisesalons »Istanbul« und »Teheran« und vier Schlafwagen für fünf Dutzend Morgenlandfahrer. Man macht Quartier. Man gebietet über ein Klappbett, ein Tischchen, ein Handwaschbecken; Klo auf dem Gang. Man löscht das Licht und sinnt aufbruchsfroh in die Nacht. Am Himmel steht der Große Wagen, auf Erden rollen die kleinen. Aus ortlosem Dunkel erscheint ein Haus, erleuchtet wie ein goldenes Lampion. Eine Frau fegt die Schwelle. So endet ihr und unser Tag.

Früh um sechs erwacht das Licht. Es rötet steiniges Ödland, am Horizont bekränzt von blauen Bergen. Nun erscheint die schlafende Stadt Sincan. Dann Vororte von Ankara. Auf den Bahnsteigen proletarische Morgengesichter, ergeben, stumm. Die Sonne schießt auf. Der Bordfunk schmettert: Guten Morgen, liebe Gäste, das Frühstück steht bereit!

Wir eilen zur Futterkrippe.

Wer sind wir? Zwei Engländer, ein russisches Paar, ein Trupp Schweizer, eine Handvoll Ossis und knapp fünfzig altbundesdeutsche Senioren. Deren Gespräche umkreisen schwäbische Grundstückspreise, die unkastrierten Bräuche der Celler Hengstparade, das Elend des Hamburger SV. Erstaunlicherweise fehlen Eisenbahn-Enzyklopädisten, die sogenannten Pufferküsser. Es gibt den Meckerkopp und den häßlichen Deutschen, die Hypochonderin und Dr. Allwissend. Die meisten Reisegefährten sind aber nette Weltanschauer, die, so klingt es, bereits überall waren: Damals in Jordanien, dieser Haß in den Kinderaugen. Hatten Sie in Syrien auch Hassan als Reiseleiter? In Namibia ist Durchfall nicht so das

Problem, aber in Usbekistan. In Borneo hab ich echte Schrumpf-köpfe gesehen, aber nicht zum Verkauf. Die Transsibirische, toll, wir haben gesungen: Es steht ein Soldat am Wolgastrand. Wenn wir die Kurden bewaffnen, schaffen wir ein zweites Israel. Also bitte, keine politischen Gespräche. Hallo Fahrer, Tür auf, Tüüür auf! Üpen dü Türürü!

Jetzt fahren wir nämlich wieder Bus. Das türkische Bahnnetz ist weitmaschig geknüpft; es erfaßt nicht das Tal von Göreme. Dort, im kappadokischen Herzland der frühen Christenheit, überdauerte ein Dutzend Felsenkirchen. Sie wurden in den vulkanischen Tuff-stein gegraben, mit Kuppeln und Schiffen, freskengeschmückt. Göremes Apfelkirche, Sandalenkirche, Dunkelkirche: Stätten der Blinden, denn die islamischen Eroberer stachen Christus, den Aposteln, den Evangelisten die Augen aus. Die Christen verbargen sich unterirdisch. Unweit von Göreme liegen Özkonak und Derin-kuyu: Höhlenstädte, mehrere Etagen tief. Man aalt sich durch die Stollen bis zur tiefsten Kaverne, man kauert gebirgsbeschwert, mit hämmerndem Puls. Was, wenn das Licht verlischt?

Welch eine Landschaft. Ihr Urheber ist der schneegekrönte Erciyes, 3916 Meter hoch, Kappadokiens Fujijama. Magma und Asche des Vulkans bedeckten das Land. Regen, Wind und Ewig-keit schliffen Peniswälder und Feenkamine – phantastische Skulp-turen, als wäre die Welt ein Yes-Plattencover von Roger Dean. Im Fels wohnen Menschen. Der Gendarm von Zelve residiert in einem Steinpilz, was seiner Autorität gewiß zugute kommt. Bei Sonnenaufgang erhebt sich eine Armada von Heißluftballons – erst drei, dann elf. Dann sind es zweiundsechzig.

Der Zug wartet nahe Kayseri. Mittagessen an Bord. Unser Reisevolk hat bereits eingekauft. Helmut, möchtest du die Vase noch mal sehen?

Gerda, im Moment nicht.

Komisch, ich kann essen was ich will, ich nehm nicht ab.

Wir steigen. Melonenfelder, Granatapfelgärten. Winkende Bahnarbeiter, Beerenpflückerinnen, Polizisten. Dann wird's alpin. Jetzt fahren wir wirklich Bagdadbahn, auf der eingleisigen Spekta-kelstrecke durchs Taurusgebirge. Tunnel jagt Tunnel, dazwischen

Die kappadokische Felsfestung Usichar (25. September 2014)

Sekundenblicke in gähnende Schlünde. Es naht die Kilikische Pforte. Durch diese Nord-Süd-Gebirgslücke zum Mittelmeer rettete 401 v. Chr. Xenophon seine zehntausend Athener aus persischem Heeresdienst. 333 v. Chr. zog dann Alexander hier gen Issos-Schlacht.

Wir halten im Bahnhof Hacikiri, sechzig Kilometer vor Adana. Da klafft die Pforte. Daneben prunkt eine gewaltige Bogenbrücke, der Gavurdere-Viadukt, 172 Meter lang, 98 Meter hoch, 1907 vollendet. Am Abgrund ist ein Grillpicknick aufgebaut. Ein Caféhaus-Trio fiedelt Wiener Walzer und »Kalinka«, da ergreift den Reisenden ein tückischer Sog. Er muß über die Brücke laufen, entlang des puppigen Geländers. Er tappt in die Dämmerung. Hoch über dem Nichts begegnen ihm drei grinsende Kerle. Sie erklären, echte

Männer gingen rechts des Gleises, wo keinerlei Halt vom Abgrund trennt. Von fern klingt »La Paloma« ...

Überlebt. Gütiger Gott. Nie wieder!

Wir erwachen in Gölbasi. Uns erwartet eine Flottille von sechs Kleinbussen, die uns auf den Berg Nemrut transportieren soll, zum Gipfelgrab des kommagenischen Königs Antiochus I. (69 bis 38 v. Chr.). Schlanke Serpentinen führen auf den Vulkan. Unsere Piloten fahren kurdische Ralley. Der Chef gibt Gummi, sein Pulk folgt und nagelt mit Vollgas in die Kurven. Grüngesichtig fleht der Reisende um weniger männliches Tempo. Dies wird spöttisch gewährt, doch zuvor blickt man vom Dach der Welt wie einst Mose vom Berg Nebo ins Gelobte Land. Tief unten breiten sich Ackerland, Fluß und See, umringt von Staffeln felsigen Gebirgs. Kopflose Sitzriesen, zehn Meter hoch, bewachen Antiochus' Grab. Zu Füßen stehen ihre Häupter: der gottheitlich verehrte König, Zeus, Apollo, Herakles, der Adler der Freiheit, der Löwe der Macht.

Und dann kommt der Regen. Es schüttet eine Nacht und einen Tag. Morgens rollt unser Zug noch entlang der lehmbraunen Fluten des Euphrat-Quellflusses Murat. Stop! Ein Bergrutsch blokkiert das Gleis. Ein Räumzug kommt, doch das Drama wiederholt sich. Nach vielstündiger Zwangspause evakuieren uns Busse nach Van. Der endlich befreite Zug wird in der Nacht über den Vansee gefährt.

Anderntags schippern wir über den See, den größten der Türkei, zur armenischen Kirche auf der Insel Akdamar. Unser türkischer Fremdenführer weist auf das beschneite Massiv am Horizont: Ararat. Der heilige Berg der Armenier, Franz Werfels Musa Dagh! Begeistert wird geknipst, doch betrüblicherweise meldet die große Baedeker-Karte, dies könne der 5137 Meter hohe Ararat nicht sein. Es ist der Süphan (4058 Meter). Von dessen Gipfel bis zum Ararat sind's nochmal 130 Kilometer. Das Kirchlein im See, 915 erbaut, erfreut touristische Besucher mit Fresken und urigen Bibel-Reliefs. Jonas Wal: ein rückenschwimmender Wolf. Die armenische Gemeinde ist verschwunden. Das deutsche Volk empfängt ein skurriles Kammerkonzert, beginnend mit Bachs »Air«. Sodann fällt eine kampfstarke Koloratur-Altistin Schuberts »Lindenbaum«.

Auf dem Dach der Welt. Mythische Häupter am Grab des kommagenischen Königs Antiochus I. (69–38 v. Chr.; Berg Nemrut, 27. September 2014).

Wie unpolitisch kann oder will man reisen? Mit der Traumkapsel durch die romantische Galaxis? Trotz der Nähe zum Irak und IS? Ungeachtet der …zigtausend Opfer des kurdisch-türkischen Kampfes für Unabhängigkeit respektive den Zusammenhalt des Landes? Frau Dr. E., unsere deutsche Reiseleiterin, ist Archäologin. Sie hält via Bordfunk kulturgeschichtliche Referate. Einmal wird sie doch aktuell. Schwer erträgt der türkische Fremdenführer ihren Vortrag über den osmanischen Millionenmord an den Armeniern 1915. Lieber spricht er vom Terror der PKK. Vielleicht sei Kurdenführer Öcalan gar Armenier?

Am Bahnhof Van werden wir hinreißend verabschiedet. Zwölf Mädchen in rotgoldener Tracht tanzen, schwitzen, schreien. Die *home boys* gaffen, eifersüchtig auf die Show. Während der nächtlichen Fahrt zur Grenze fliegen Steine auf den Zug. Kurdischer Brauch, so hören wir. Ein Fenster splittert, wir bleiben heil. »Weinprobe« steht an. Vor dem Eintritt in die abstinente Welt werden die Alkoholvorräte des Zugs in die Passagiere umgefüllt. Erheiterten Gemüts erreichen wir Kapiköy, wie eingangs beschrieben. Und nun hinüber. Iran!

Manches hätten wir erwartet, doch nicht das. Die Grenzstation Razi erstrahlt. Großer Bahnhof! Fähnchenschwenkende Kinder zur Mitternacht. Transparente: Willkommen, ehrenwerte Touristen! Ehrenmaiden überreichen Honig, Nüsse, rote Rosen. Es spricht der Gouverneur der Provinz Khoi. Kameras, Mikrophone: *How do you feel? – I'm impressed!*, schwärmt die alte Bundesrepublik. Der Reisende, DDR-gestählt, bemerkt auch die vielen Herren von der Sicherheit, die während der Festivität den Zug durchstreifen.

Am Morgen, hinter Glas, das erste natürliche Bild. Im Bergland nahe einer erdbebenzerstörten Siedlung lehnt ein Ziegenhirt auf seinem Stab. Der Reisende im Zugabteil hebt die Hand. Der Hirt nickt zurück.

Die karge Landschaft ähnelt der Türkei, nicht die iranische Reise. Der große Bahnhof wiederholt sich überall. In Zanjan empfängt uns eine Polizei-Eskorte. In der Wüstenstadt Yazd beehren uns Tänzer, Trommler und Trötist, desgleichen in Isfahan und Shiraz. In Saadat Shahi bei Persepolis hat man den würdigen Fremden ein ganzes Erntedankfest aufgebaut, das vor der Weiterreise zu verzehren ist. Auch hier spricht der Gouverneur von Freundschaft, Austausch, Gastlichkeit, im Namen Gottes und des Volkes. Seine Hand birgt ein Diktiergerät.

Wir sind ein Politikum. Der erste Sonderzug mit ausländischen Touristen besucht Iran. Das Land möchte Öffnung demonstrieren. Die Medien berichten. Laut »Isfahan Times« befinden sich an Bord unseres Zugs auch Menschen aus Dänemark, Spanien, Australien und Singapur. Unser iranischer Fremdenführer sagt: In Iran gibt es viel Freiheit, hier kann man eigentlich alles machen.

Der Reisende ist befangen, aber freut sich, wo er kann. Himmelhoch ragt das fein ornamentierte Oljeitu-Mausoleum bei Zanjan. Wir erreichen die Wüstenstadt Yazd. Wohl 30 000 Gläubige folgen hier noch Zarathustras Lehre von den reinen Elementen Feuer, Wasser, Erde, Luft und den drei Prinzipien: Gutes denken, Gutes sagen, Gutes tun. In den heißen Himmel vor der Stadt ragen zwei stumpfe Kegelberge, die Türme des Schweigens. Wir stapfen empor zum Plateau, auf dem noch vor 40 Jahren die Toten den Geiern dargeboten wurden. Diese Himmelsbestattung bewahrte die Erde vor Leichengift.

Jederzeit Sicherheit (Saadat Shahr, 3. Oktober 2014)

Yazd säuft Wasser. Die Folgen sehen wir in Isfahan. Dort spannt sich seit 1602 die Dreiunddreißig-Bogen-Brücke über den Zayandeh. Postkarten und Poster zeigen das Wahrzeichen dieser schönen, lebendigen Stadt. Aber der Fluß ist verschwunden, seit drei Jahren schon. Yazd und die Landwirtschaft trinken ihn aus, bevor er Isfahan erreichen kann.

Ansonsten sprudelt die Zweimillionen-Metropole und präsentiert ihre klassische Zier. Isfahans Kronjuwelen sind die delikate Lotfullah-Moschee und Chehel Sotun, der Vierzig-Säulen-Palast. Zwanzig Säulen bestehen aus Holz, zwanzig aus Licht, im Spiegelteich. Der riesige Imam-Platz, sagt unser iranischer Führer, sei der drittschönste der Welt.

Ali, wo befinden sich die Plätze 1 und 2?

Ähm. Vielleicht in Frankreich?

Ein Glück sind Irans Basare. Man läßt sich treiben. Man wandert kilometerweit durch schummrige Gewölbefluchten und durchmißt das Universum aus Teppichen, Gewürzen, Spezerei und Früchten des Landes. Man lauscht und riecht, man saugt sich voll mit Episoden des Menschentheaters. Man bemerkt 1001 Art, das

Kopftuch zu tragen – von islamisch keusch bis flirtgewillt. Man freut sich der Dialektik von Verhüllung und Augenspiel. Man wäre gern unsichtbar, samt Kamera. Anderseits unterblieben dann die vielen raschen Freundlichkeiten, die dem Fremdling angetragen werden: *Hallo! Germany good! Joakim Löw! Excuse me, your bag is not closed.*

Grüße und Nüsse, eine Traube, ein Händedruck, ein rasches Gespräch. Wir erfahren, deutsches Bier sei das beste, gefolgt vom belgischen. In vielen Häusern verberge sich Alkohol. Manch junger Mensch wünsche auszuwandern. Als Christ lebe man in Angst. Frauen dürften nicht öffentlich singen, doch arbeiten, wenn es der Gatte erlaubt. Die islamische Inquisition habe sich gelockert. Schon wieder schreitet ein junger Mann neben uns her und will sehr rasch sehr vieles wissen: Herkunft, Beruf, den Namen der Zeitung, das Ressort ...

Halt. Was sind Sie denn?

Student der Informatik. Wir sind ein begrenztes Land und brauchen Information.

Zwei Männer observieren die gesamte Republik. Ihr Doppelporträt prangt überall: Ajatollah Chomeini und Ajatollah Chamenei. Düster wacht der Führer der Islamischen Revolution von 1978, milderen Blicks sein staatsgewaltiger Nachfolger. Zur Reisegesellschaft gehört ein Zeuge der Revolution. Herr H., Diplomat a. D., zählte zur deutschen Botschaft in Teheran, als in den Moscheen der Widerstand gegen das Schah-Regime wuchs. Natürlich sei dessen Geheimdienst auch beim Freitagsgebet gewesen. Der Imam sagte: Und jetzt nehmen wir den Turban ab und wickeln ihn neu. Wer das nicht konnte, war enttarnt: Savak, Stasi.

Der Schah war eine Kreatur des Westens. »Demokratie« begegnete den Iranern als kleptokratisches Mordregime. Der Schah folterte und exekutierte *en gros*, Demonstrationen ließ er zusammenschießen. Das führte zum Umsturz. Herr H. erlebte 18jährige Staatsanwälte mit Kalaschnikow. Er hatte die MPi an der Schläfe und das Messer an der Gurgel. Ihn bewahrte sein intuitives Talent, Menschen beherzt und mit Respekt zu begegnen. So lotste er Dutzende Deutsche aus dem Land.

Das Tuch verrutscht so leicht (Isfahan, 2. Oktober 2014).

Mullahs (Shiraz, 4. Oktober 2014)

Cristiano Ronaldo besucht den Basar (Shiraz, 4. Oktober 2014).

Für 2013 bilanzierte Amnesty International in Iran mindestens 369, wahrscheinlich mehr als 700 vollstreckte Todesurteile. Überall hängen die Bilder von Toten. Die Straßen von Shiraz: meilenweit an den Laternenmasten Banner mit den Porträts junger Männer, teils noch Kinder. Dies allerdings sind »Märtyrer«, gestorben vor drei Jahrzehnten im Krieg gegen den Irak. *The imposed war* bildet den Gründungsmythos der Islamischen Republik. Aufgezwungen war er wirklich, 1980 begonnen von Saddam Hussein. Doch als Iran 1982 befreit war, ging Chomeinis Regime zum Angriff über und schickte sechs weitere Jahre lang seine Jugend »ins Paradies«.

Auch diese Geschichte ist kein Thema unserer Fahrt. Wir bereisen die Antike. In greller Wüstenglut dörrt Persepolis, die Thronstadt der Achämeniden-Herrscher Darius und Xerxes, deren Felsgräber sich nahebei in Naqsh-e Rostam befinden. Persepolis' geborstene Löwenhäupter und Pferdeschädel, die Huldigungsfriese der Meder und Perser sind zum Welterbe geworden. Diese Ruinen schuf nicht die Zeit. Alexander tat es 331 v. Chr., sich in die Geschichte fräsend wie nach ihm Dshingis Khan und Tamerlan. Frau Dr. E. referiert: Alexander betrieb Welterkundung und Welteroberung, er war also ein wißbegieriger und neugieriger Mensch.

»Märtyrer«, überall (Shiraz, 4. Oktober 2014)

Wir landen an einem Ort klassischen Friedens. In Shiraz, der Stadt der Knospenkuppeln, ruht unter weißem Marmor Persiens Dichterfürst. Hafis starb 1390, hochverehrt, bis heute vielbesucht. Goethe erkor ihn sich zum Alter Ego, im »West-östlichen Divan«. Der Reisende hat Hafis' »Divan« dabei und liest erstaunliche Verse: *Geh und sorge um dich selber, Prediger, wen bezichtigst du? Zwar hat mein Herz sich verirrt, aber welche Irrsal wäre dir bekannt? (...) Der Frömmler in seinem Hochmut fand nicht die rechte Bahn, doch der Zecher in seiner Bedürftigkeit fand das Paradies.*

Das Staatsfernsehen naht, zwei schwarzverhüllte junge Frauen mit Kamera und Mikrophon. Wie finden Sie Iran?

Ich danke für das warme Willkommen. Ich bin nur sechs Tage hier. Ich sehe die schönen Seiten, doch ich weiß von den dunklen. Ich komme aus Ostberlin. Vor 25 Jahren fiel die Mauer, endete der Kalte Krieg. Es freut mich, wenn Iran sich öffnen will.

Wenn. Die Damen lächeln. Bitte senden!

November 2014

Tausendundeine Macht

Im Orient Usbekistan

Es ist verboten, wir wissen es genau. Keine Photos von Uniformierten! Folgsam porträtierten wir das Land ohne die allgegenwärtige Polizei. Doch nun, in Samarkand, erscheint uns eine märchenhafte Szene. Durch die buntgekachelte Pracht der Mausoleen-Stadt Schah-e-sende schreitet, leuchtend grün, ein Polizeibataillon. Es strebt zum Heiligtum des allhier enthaupteten Mohammed-Cousins Kusam-ibn-Abbas. Die Staatsmacht im Anmarsch zum Gebet – wie von selbst hebt sich die Kamera.

Was tut die Macht? Sie lacht und posiert.

Diese Reise irritiert. Sie gibt anderes, als sie versprach. Anschauung verdrängt Wissen. Doch was wußten wir zuvor? Usbekistan ist eine nachsowjetische Diktatur, zugleich ein Sehnsuchtsziel der deutschen Orientverklärung. Die verdanken wir zu guten Teilen Goethe. Leiblich war er nie in *Bochara, dem Sonnenland* seines »West-östlichen Divan«. Aus Traumgefilden sandte er 1815 als Poet Hatem *tausend liebliche Gedichte / Auf Seidenblatt von Samarkand* an Suleika, Marianne von Willemer, nach Frankfurt am Main.

Von dort fliegt man sechs Stunden gen Morgenland. Weit westlich zurück bleibt die Ukraine, die Krim, der Kaukasus. Das Kaspische Meer erscheint. Jenseits breitet sich Ust-Urt, kasachisch-turkmenisches Totland aus Lehm und Salz. Dann Usbekistan, zu zwei Dritteln Wüste. Die Hauptstadt Taschkent wurde 1966 durch ein Erdbeben zerstört.

Ein halbes Jahrhundert später durchstreifen wir eine Zweieinhalbmillionen-Metropole. Weiträumig und grün erstand Taschkent, wenngleich die Sowjetmoderne schon wieder bröckelt. Unterirdisch glänzt sie. Taschkents Metro-Stationen sind Majolika-Paläste, von Kronleuchtern illuminiert. Jeder Fahrgast wird eingangs polizeilich durchsucht. Es gab Anschläge, sagt Mahmud, unser lokalpatriotischer Begleiter. Halt, nicht photographieren!

Stattdessen betrinkt sich die Kamera an den Wimmelbildern des Basars. Tausend Gesichter. Teppiche, Seide, Spezerei. Granatäpfel, Datteln, Stalaktiten aus Zuckerkand, flammend leuchtendes Gewürz. Überall brodelt und brät's. Wir futtern Hammelhack am Spieß zum Grünen Tee. Aber warum sind wir hier?

Beileibe nicht als popliger Tourist. »Zentralasiatischen Lebenswelten« sollen wir begegnen, der uralten Geisteskultur dieses 1991 gegründeten Staats. Dessen bis dato einziger Präsident ist erst 75. Islam Karimow herrscht vermutlich auf Lebenszeit, unbedrängt von Opposition, machtkritischen Medien, Streiks und ähnlichen Mißvergnügen. Mahmud sagt: Ich mag unseren Präsidenten.

Warum?

Er entspricht meinen persönlichen egoistischen Wünschen. Ich kann reisen, das Internet nutzen, eine Firma gründen ...

Aber wie konnte Karimow, der hiesige Honecker, als letzter Statthalter des Sowjet-Atheismus Marx und Lenin stürzen und einen muslimischen Staat einführen?

Er hat den Frieden bewahrt.

1991 drohten Zentralsien jugoslawische Verhältnisse, doch die sowjetgeschulten Präsidenten der fünf neuen -stan-Staaten vereinbarten, trotz überlappender Völker alle Grenzen zu belassen. Karimow bekämpfte die Islamisten. 2005 beendete sein Militär in Andishan laut regierungsoffizieller Darstellung einen Aufstand von Separatisten, die das Fergana-Tal zum gottesstaatlichen Kalifat machen wollten. Es starben wohl 700 Menschen: Zivilisten. Die EU verhängte Sanktionen gegen Usbekistan, das die NATO anderseits für ihren *War on Terror* in Afghanistan brauchte. Das Massaker von Andishan war in Deutschland, falls je bekannt, bald vergessen.

Wir sind nicht fundamentalistisch, erklärt Mahmud. Bei uns ruft kein Muezzin vom Minarett.

Am Unabhängigkeitsplatz wich der weltgrößte Lenin, 40 Meter hoch, einem Obelisken, den ein goldener Globus krönt. Das Volk spottete: Lenin hat ein Ei gelegt. Das einstige Lenin-Museum, eine Betonkommode, erzählt nun usbekische Geschichte. Man erfährt von der religiösen Polyphonie vor dem flächendeckenden Islam, vom Waren- und Wissenstransfer entlang der Großen Seidenstraße, von den Kriegswalzen Alexander und Dshingis Khan. Dem mongolischen Zerstörer folgte im 14. Jahrhundert dessen Bewunderer Tamerlan, alias Timur-Lenk. Mahmud, warum wurde dieser Nichtusbeke 1991 zum nationalen Ahnvater ausgerufen, obwohl er solch grausamer Machtmensch war?

Nicht obwohl, lächelt Mahmud. Weil. Das machte ihn berühmt.

Unweit steht die Hazrati-Imam-Moschee nebst der Koranschule Barakh-Khan. Koranschulen reproduzierten die winzige Elite der Feudalgesellschaft. Die Sowjetmacht schloß die Medresen. Dank allgemeiner Schulpflicht stieg die usbekische Alphabetisierungsrate von 1 auf 99 Prozent. Bildung, sagt Mahmud, ist ein Grund, warum wir uns nicht islamistisch aufhetzen lassen. – Die Bibliothek birgt den ältesten Koran der Welt, vor dreizehn Jahrhunderten auf Rehhaut geschrieben. Angeblich befleckte ihn das Blut des dritten Kalifen Osman, der, 656 beim Freitagsgebet erstochen, über dem Buchkoloß zusammensank. Osmans Tod bewirkte die Spaltung der *Umma* in Sunniten und Schiiten.

Auf dem Vorplatz disputieren die indischen Stare. Kinder lassen summende Papierdrachen steigen. Ein Frühlingsbrauch: Winter ade! Auch wir steigen auf und fliegen, elfhundert Kilometer nach Westen.

Was ist Usbekistan? Kein geschlossener Kulturraum, keine homogene Nation. Eine sowjetische Schöpfung, Stalins Kartenzeichnung aus dem Jahre 1926. Eine Transformationsgesellschaft, jung, dringend bedürftig renovierter Identität. Ein Durchzugsgebiet der Geschichte, mit den weltberühmten Karawansereien Chiwa, Buchara und Samarkand. Diese Route nimmt wohl jeder Gast des Landes.

Im letzten Licht des Tages erreichen wir Nukus, die Hauptstadt der Autonomen Republik Karalpakstan. Die Schwarzpakistaner, einst aus Westchina vertrieben, bewohnen ein struppiges Land. Die Straße nach Chiwa gleicht einer Teststrecke für Lunochod, das sowjetische Mondmobil. Vier Stunden kratern wir durch die nächtliche Wüste Kyselkum. Treulich leuchtet der Sichelmond – unversehens auch die Polizei. Fahrzeugkontrolle, Bakschisch, weiter. Dann erreichen wir die Brücke.

Amu Darja, Zauberwort aus dem Schulatlas. Zentralasiens Nil, in den Aralsee mündend. Das war einmal. Längst dürstet und schrumpft der See. Amu Darjas Wasser, unersättlich saufenden Baumwollfeldern zugeleitet, erreicht ihn nicht mehr wie 1930, als Egon Erwin Kisch seine fortschrittsglühende Reportage »Asien völlig verändert« schrieb. Der Autor verkündete Usbekistans Sprung vom Mittelalter in die Zukunft. Baumwolle und Seide in Volkes Hand, Bildung, Emanzipation der entschleierten Frau – Kisch lesend, begreift man, warum die Bolschewiken siegten. Sie waren populär. Sie zerbrachen das feudale Joch, die Gewaltherrschaft der lokalen Emire und Khane.

Angeblich durchschwamm der rasende Reporter den Amu Darja mittels luftgefüllter Ziegenhäute. Wir wollen nicht rasen noch schwimmen, doch hinüber. Im Mondlicht schimmert die Brücke: eine liebevolle Bastelarbeit aus Brettern, Blech und Draht. Wir wagen es. Und überleben, *in'ch Allah*! Und rumpeln weiter.

Es spricht sich gut in der Nacht. Der Lebensphilosoph Mahmud erklärt sein Land mit Wärme und Ironie. Er schätze die individuelle Freiheit des Westens, doch die erzkonservative usbekische Gesellschaft sei ganz auf Familie gebaut. Hochzeiten vermählen Clans. Mindestens 500 Gäste! Dienstags und freitags sind Werberinnen unterwegs. Es klingelt an Häusern, die Unvermählte bergen: Hallooo, Brautwerbung! Wir hörten, daß hier eine Blume wohnt. Wir haben eine Nachtigall. Sollten Blume und Nachtigall, *gul* und *bulbul,* sich nicht kennenlernen?

Stimmt es, daß Bräute jungfräulich sein müssen?

Die Hochzeitsnacht soll mit der japanischen Fahne enden.

Und Ehen werden arrangiert?

Meine auch, sagt Mahmud. Allerdings habe ich meiner Frau verboten, mich zu siezen. Sie nennt mich auch nicht »mein Besitzer« und geht arbeiten. Viele Männer verbieten das. Und dann beklagen sie sich: Meine Frau wird immer dümmer.

Und in Sowjetzeiten?

War Frauenarbeit normal.

Wir erreichen Chiwa in tiefer Nacht. Die Morgensonne entbirgt lichtbraunes Altertum. Im Schutz der Stadtmauer kauern irdene Katen: Unesco-Welterbe. Lehmziegel dörren, Männer mischen Schlamm und Stroh, denn der Wandbewurf muß jährlich erneuert werden. Kinder tollen im Staub, ein Eselkarren bringt Reisig. Am Steinofen backen Frauen. *Assalomu alaykum,* Fremder, bitte kosten!

Absurd kontrastiert die Hausung des Volks mit den Bauten von Religion und Macht. Im Kern der Altstadt prunkt islamische Hochkultur. Wie Schmuckschlote ragen die Minarette. In der Dshuma-Moschee imaginieren 213 geschnitzte Säulen Mohammeds Offenbarungswald. Unermeßlich zirkelt das Geschling der Arabesken im Palast Tash Hauli. Wir streifen durch die Höfe, goethisch vergafft ins Universum der ornamentalen Gottesbilder: *Daß du nicht enden kannst, das macht dich groß, / Und daß du nie beginnst, das ist dein Los. / Dein Lied ist drehend wie das Sterngewölbe, / Anfang und Ende immerfort dasselbe, / und was die Mitte bringt, ist offenbar / Das, was zu Ende bleibt und anfangs war.*

Goethes Morgenländerei hatte Grenzen. Der Kopf-ab-Despotismus grauste den Weimarer Fürstenfreund. Uns graust der Blut-Gully auf dem Platz vor Kohne Ark, der Zwingburg der Chiwaer Khane. Ein Augenzeuge, der ungarische Sprachforscher Ármin Vámbéry, beschrieb, was er, als Derwisch verkleidet, 1862 hier erlebte: Steinigung, Hängung, Massenschlachtung von Kriegsgefangenen. »(...) der Henker stach ihnen der Reihe nach beide Augen aus, indem er, auf der Brust eines jeden niederkniend, nach jeder Operation das von Blut triefende Messer in dem weißen Barte des geblendeten Greises abwischte. (...) In Chiwa sowie in ganz Mittelasien weiß man nicht, was Grausamkeit ist, (...) da Sitten, Gesetze und Religion damit übereinstimmen.«

Mahmud, warum dieser Terror, auch gegenüber dem eigenen Volk?

Sicherheitspolitik. Schlage die Eigenen, damit die Fremden dich fürchten. Macht hieß hier immer Grausamkeit.

Anderseits protegierte die Macht den Geist. Künstler und Gelehrte waren kostbarer Besitz und begehrter Fang. Chiwas Philosoph Al Biruni gelangte als Kriegsbeute an den Hof des Sultans von Ghazni. Dessen Feldzüge wurden Al Birunis Forschungs-

Hochzeit in Chiwa (5. April 2014)

exkursionen. 1023 berechnete er den Erdradius nahezu exakt. Vor Chiwas Westtor grübelt, in sowjetischer Bronze, der Mathematiker Al Choresmi; im Wort Algorithmus klingt sein Name nach. Bereits 825 entwarf er das Rechnen mit Dezimalziffern und importierte aus Indien die Ziffer Null. Gott setzte er absolut; ihm gleichzeitig, doch unerschaffen sei die Welt.

Auch der Arzt und Aristoteliker Ibn Sina, den Europas Mittelalter Avicenna nannte, verwarf den Glauben an einen Gebetserhörer. Gott sei untrennbar in Essenz und Existenz, also an weltlichen Einzelheiten weder beteiligt noch interessiert. Da denkt der Christ: Wer Gott nicht menschlich und geschichtlich kennt, überläßt ihn der Metaphysik und die Weltherrschaft den betonierten Götzen der Macht. Nähe und Erbarmen, nichts anderes meint ja Gottes Offenbarung in Jesus und dessen Tod. Aber was bedeuten die klassischen Gelehrten im heutigen Usbekistan? Sind sie Autoritäten freien Geistes? Oder Fassade, Kunst am Bau des autoritären Staats? Klassiker schmücken. Sie bilden keine Opposition. Timur reitet, Marx schlummert im Müll.

Nun reisen wir nach Buchara, wo Ibn Sinas Denkmal steht. Acht Stunden Highway und Schlagloch-Parcours. Der Weg entrollt sich als schnurgerader Bilderfries: Eselreiter, Knabe und Kalb, streunende Hunde, Lungerjungs. Mädchen in Tracht, die Maulbeerstämme kalken. Baumblüte, Reisgrün, Baumwollbrache. Kreisender Falke, tote Kuh. Herden, ins platte Land gestreut. Wüstenflugsand überquert die Autobahn. Das mißlingt dem Schäfer und seiner Schar.

Ah, die Edle! Buchara bedeutet Kloster. Die Stadt der Moscheen und Kuppelbasare war und ist nun wieder ein Zentrum des Islam. Die Medrese Mir-e Arab ließen die Sowjets als einzige Koranschule Zentralasiens intakt, zwecks kulturhistorischer Knowhow-Reserve. Daneben ragt das Minarett Kalan. *Menar* bedeutet Leuchtturm; dieser leuchtete Wüstenschiffen. Man schaut 47 Meter empor und kann nie mehr vergessen, daß einst Delinquenten, in einen Sack gesteckt, hinabgeworfen wurden. Menschgemäßer wirkt Zentralasiens ältester Bau, das elfhundertjährige Mausoleum des Herrschergeschlechts der Samaniden, ein vollendet symmetrisches Ziegelgeflecht. Nebenan dreht sich das landestypische Relikt sowjetischer Zivilisation: ein Riesenrad.

In Bucharas Gassen möchte man wandern, bis man verlorengeht. Man findet die Synagoge. Einst war Buchara das Zentrum des sephardischen Judentums. Sehr klein geworden ist die Gemeinde. Tausende wanderten postsowjetisch aus, wie ihre Ahnen und die Mauren nach der Reconquista Spanien verließen. Dessen exklusive Rechristianisierung beraubte den Westen des Ostens: eine Kastration abendländischer Kultur. Bucharas Vorstadt birgt die intime Moschee Baland. Vier Schuhe stehen draußen, nun sechs. Drinnen Stille, bis auf das leise Ticken einer Uhr. Auf dem Boden Teppiche, an den Wänden Mosaike, Schnitzerei, Fayencen in grüngoldener Glasur. Ein Schriftgelehrter und ein Beter mustern den Störling knapp. Gern blieben wir Stunden, im Gefühl: Hier wohnt kein fremder Gott.

Und im Memorial des heiligen Naqshbandi östlich von Buchara? Heilige duldet der Islam als Adressaten lokaler Verehrung, nicht als Konkurrenten Allahs. Ungläubig sehen wir geputzte Pilgerscharen ans Grab des Derwischs strömen, der im 14. Jahrhundert einen Sufi-Orden schuf. Die Sowjetregime wähnte das Andenken dieses Mystikers tot und versiegelt in der Gruft des Aberglaubens. 1993 eröffnete der weitläufige Gedenkkomplex. Nun verbluten hier wieder Opfertiere. Heutige Menschen kurven dreimal betend um die Ruine eines Maulbeerbaums, der 1389, als Naqshbandi starb, bestürzt umgekippt sein soll. Lebt diese Welt im Kreise?

Bucharas größter Korangelehrter liegt bei Samarkand begraben. Al Buchari destillierte im 9. Jahrhundert aus 800 000 angeblichen Prophetenworten 7397 verbindliche *Hadithe*. Bis heute genießt er höchste Verehrung im sunnitischen Islam, doch aus der Stadt seines Namens wurde er verbannt. Der Weise hatte sich geweigert, den Sprößlingen des Gouverneurs Hausunterricht zu geben: Die Kinder müßten zum Wissen kommen, nicht umgekehrt.

1998 erhob Präsident Karimow Al Bucharis Grab zum volkskirchlichen Wallfahrtsort. Auch dort strömen Beter jeglichen Alters. Unversehens umringen uns Kinder samt ihrer mädchenhaften Lehrerin: *What are you doing here? Where are you from?* Englisch sei neuerdings obligatorisch, ab Schulbeginn. Heftig photographieren einander Orient und Okzident.

Unser letztes Ziel heißt Samarkand. Das Land ergrünt. Nun erscheinen auch Berge, schneebedeckte Gipfel: die Ausläufer des Pamir. Samarkand liegt 700 Meter hoch im schwingenden Tal des Sarafschan. Die Neustadt wirkt europäisch – teils Plattenbau, teils »Nikolaiziegel«-Klassizismus der zaristischen Kolonisatoren. Vor den Toren von »Sam City« lag die Urstadt Afrosiyob. Dshingis Khan machte sie 1220 dem Erdboden gleich. Schafe besichtigen die grünen Hügel. Das weltweit berühmte Samarkand ist Timurs Prachtmetropole des 14. Jahrhunderts. Sein Titanengrab Gur Emir besuchen wir mit ähnlicher Sympathie wie Napoleons Sarg im Pariser Invalidendom.

Drei der vier Jahrzehnte seiner Schreckensherrschaft verbrachte Timur als Schlachtwalze. Allahs Schatten auf Erden, so nannte er

Drei usbekische Generationen (Samarkand, 12. April 2014)

sich. Seine Lieblingsfrau Bibi Chanum wollte den Kriegsheimkehrer mit der weltgrößten Moschee überraschen. Allerdings erhörte sie den Architekten, der sie flammend auf die Wange küßte. Dann türmte er, denn Timur nahte. Der Unhold erblickte Bibis Kuß-Brandmal und verfügte: Sturz vom Minarett! Bibi Chanum wünschte in ihren Lieblingskleidern zu sterben – in allen. Das führte zum ersten Fallschirmsprung der Geschichte, mit Punktlandung. Der Wind trug die seidengeblähte Bibi vielhundert Kilometer weit, direkt in die Arme des Architekten. Die Moschee verblieb in Samarkand.

Zum Finale stehen wir am Registan, dem schönsten Platz der Welt. Er sei hier nicht beschrieben, weder seine drei Medresen noch die Goldene Moschee. Der Abendländer denke sich einen Platz, dreiseits bepflanzt mit den gotischen Kathedralen von Reims, Bourges und Köln. Mehr geht nicht. Und nun heim.

Zwölf Tage währte diese wunderbare Fahrt. Auf dem Flughafen Taschkent trennten sich Ost und West. Zweihundert weißgewandete Pilger flogen nach Dshidda. Der Studienreisende, vulgo Tourist, pilgerte schwirrköpfig zurück nach Berlin-Pankow. Nur mühsam übersetzte sich das Erlebte in Philosophie. Al Choresmi, Ibn Sina, Al Buchari blieben intellektuelle Impressionen – Fragmente, rasches Sternenlicht. Mein Weltbild, das ich für heliozentrisch hielt, kreist um westliche Erde. Unerreichbar scheint mir die Universalität der astrotheologischen Heilkunstpoeten. Ihr letztgeborener Scholar war Goethe, dessen westöstliche Umarmung wir zum »Hochzeitsgedicht« *Ginkgo Biloba* verkitschen. Unsere globalen Adapter heißen Standardisierung und Säkularisation.

Nichts steht hier über Usbekistans Essen, Trinken, Vogelsang, über Seidenblatt und Töpferei, die klassischen Dichter, die turktonal betörende Musik. Eine Nacht verbrachten wir in der Wüste. Am Feuer vor der Jurte las Mahmud aus den bacchantischen Oden des Omar Chayyam, der vor neunhundert Jahren die Endlichkeit besang: *Des Lebens Karawane zieht mit Macht / dahin und jeder Tag, den du verbracht / ohne Genuß, ist ewiger Verlust. / Schenk ein, Saki! Es schwindet schon die Nacht.*

Bei uns saß ein Bauer aus dem Dorf Yangigazgan. Wahid Dshurajew hieß er, ein Kasache. Er spielte die dreisaitige Dumbara und sang mit herzangreifendem Tenor von Liebe und Tod. Wie lange noch? Wenn der Strom kommt, verstummen die alten Instrumente. Ich wollte allein sein und lief in die Wüste, fort aus der kulturförmigen Welt, immer weiter ins mondbeschienene All. Da erschimmerte am Horizont ein See, der Aydar Kul. Der Mond erlosch, und es begann zu regnen. Dies war ein Wunder, das ich verstand.

April 2014

PS: Zum »Fergana-Aufstand« lese man etwa den Text des Augenzeugen Marcus Bensmann (»Die vergessenen Toten von Andischan«, »Zeit Online« vom 13. Mai 2015). Usbekistans Präsident Islam Karimow starb am 2. September 2016 im Alter von 78 Jahren.

»Dein Volk ist mein Volk,
und dein Gott ist mein Gott«

Eine Predigt auf der Wartburg über das Buch Ruth

1 Zu der Zeit, als die Richter richteten, entstand eine Hungersnot im Lande. Und ein Mann von Bethlehem in Juda zog aus ins Land der Moabiter, um dort als Fremdling zu wohnen, mit seiner Frau und seinen beiden Söhnen.

2 Der hieß Elimelech und seine Frau Naemi und seine beiden Söhne Machlon und Kiljon; die waren Ephratiter aus Bethlehem in Juda. Und als sie ins Land der Moabiter gekommen waren, blieben sie dort.

3 Und Elimelech, Naemis Mann, starb, und sie blieb übrig mit ihren beiden Söhnen.

4 Die nahmen moabitische Frauen; die eine hieß Orpa, die andere Ruth. Und als sie ungefähr zehn Jahre dort gewohnt hatten,

5 starben auch die beiden, Machlon und Kiljon, so daß die Frau beide Söhne und ihren Mann überlebte.

6 Da machte sie sich auf mit ihren beiden Schwiegertöchtern und zog aus dem Land der Moabiter wieder zurück; denn sie hatte erfahren im Moabiterland, daß der Herr sich seines Volkes angenommen und ihnen Brot gegeben hatte.

7 Und sie ging aus dem Ort, wo sie gewesen war, und ihre beiden Schwiegertöchter mit ihr. Und als sie unterwegs waren, um ins Land Juda zurückzukehren,

8 sprach sie zu ihren beiden Schwiegertöchtern: Geht hin und kehrt um, eine jede ins Haus ihrer Mutter! Der Herr tue an euch Barmherzigkeit, wie ihr an den Toten und an mir getan habt.

9 Der Herr gebe euch, daß ihr Ruhe findet, eine jede in ihres Mannes Hause! Und sie küßte sie. Da erhoben sie ihre Stimme und weinten

10 und sprachen: Wir wollen mit dir zu deinem Volk gehen!

11 Aber Naemi sprach: Kehrt um, meine Töchter! Wie kann ich noch einmal Kinder in meinem Schoße haben, die eure Männer werden könnten?

12 Kehrt um, meine Töchter, und geht hin; denn ich bin nun zu alt, um wieder einen Mann zu nehmen. Und wenn ich dächte: Ich habe noch Hoffnung! und diese Nacht einen Mann nehmen und Söhne gebären würde,

13 wolltet ihr warten, bis sie groß würden? Wolltet ihr euch so lange einschließen und keinen Mann nehmen? Nicht doch, meine Töchter! Mein Los ist zu bitter für euch, denn des Herrn Hand ist gegen mich gewesen.

14 Da erhoben sie ihre Stimme und weinten noch mehr. Und Orpa küßte ihre Schwiegermutter, Ruth aber blieb bei ihr.

15 Sie aber sprach zu ihr: Siehe, deine Schwägerin ist umgekehrt zu ihrem Volk; kehre auch du um, deiner Schwägerin nach.

16 Ruth antwortete: Rede mir nicht ein, daß ich dich verlassen und von dir umkehren sollte. Wo du hin gehst, da will ich auch hingehen; wo du bleibst, da bleibe ich auch. Dein Volk ist mein Volk, und dein Gott ist mein Gott.

17 Wo du stirbst, da sterbe ich auch, da will ich auch begraben werden. Der Herr tue mir dies und das, nur der Tod wird mich und dich scheiden.

(Ruth, Kapitel 1)

Wenn ich vom Volk reden höre, denke ich an mein Heimatdorf. Es liegt am nordöstlichen Harz und ist fast tausend Jahre alt. Dem Kind schien es eine Festung bäuerlicher Homogenität, mit unabänderlichen Gesetzen. Saat und Ernte bestimmten den Jahreskreis. Das Leben geschah in Symbiose von Mensch und Tier. Dies war zu hören. Gänse krakeelten, Kreissägen kreischten. Das Pflaster hallte vom Hufschlag der schweren Harzer Pferde. Wimmelig trappelten Schafherden durchs Dorf, ungeduldig blafften die Traktoren. Traktor hieß auch der Fußballverein, in dem nur Einheimische spielten. Sie bekämpften Fremde, die Männer der übrigen Welt, die schon am Dorfausgang begann.

Im Nachbarort lebte ein schwarzer Mann, genannt der alte Tom. Auch seine Herkunft war dunkel. Zuweilen kam er herüber nach Dingelstedt, dann erscholl der Kinderruf: Onkel, wo gibt's Schokolade? Der Senior besuchte seine Enkelin. Sie hieß tatsächlich

Schwarz, war Pionierleiterin und recht beliebt – wie ihr Großvater in seinem Anderbeck. Ich entsinne mich des Satzes. Dem alten Tom ist nicht mal bei den Nazis was passiert. – Doch sein Sohn starb im KZ. Also galt dessen Tochter als Opfer des Faschismus.

Mein Vater war Pfarrer. Die mehrheitlich ungläubige Dorfjugend titulierte unsereinen mit dem Schmähruf: Paster! Das nervte, anderseits fühlte ich mich überlegen. Die Symphonie der Dorfgeräusche verdankte der Kirche ihren edelsten Klang: das Glockengeläut. Ich wußte mich einer Weltmacht zugehörig: dem Volke Gottes. Vater trug den Titel Kreismissionspfarrer. Im Pfarrhaus stand ein Karton mit ausgeschnittenen Briefmarken, gesammelt von der Gemeinde. Die volle Kiste sandte Vater ans Berliner Missionshaus. Dort würde, wie er erklärte, der Inhalt sortiert und verkauft. Der Erlös bewirke weltweit Gutes, besonders in Afrika.

Sinnfällig wurde das in jedem Kindergottesdienst. Zu Beginn war ein Kollekten-Ritual auszuführen. Beim Eingangslied stand ein erwähltes Kind auf den Stufen zum Altar und durfte den Neger halten. Der Neger war aus Pappmaché. Weiß gewandet, kniete er auf einem grünen Hügel, die Hände erhoben zum Gebet. Vor ihm klaffte ein Spalt. In diese Öffnung steckte man die Opfermünze. Dann nickte der Neger Dank.

Einmal im Jahr war Kreismissionsfest, immer in einem anderen Dorf. Das bunte Gewimmel besuchte auch unser Pfarrgehöft. Wir beherbergten eine zauberschöne junge Afrikanerin im zitronengelben Kleid. Sie lachte perlweiß, brachte mich zu Bett und sang mir mit kehliger Stimme ein Gute-Nacht-Lied, das ich nie vergaß:

Awuniwunikau awuni,
awuniwunikau awuni,
ai ai ai iki aika imis,
ai ai ai iki aika imis.
Awu.
Awu.
Awunikitschi.

Dann bekam ich einen Kuß und war auf ewig gegen Rassismus immun. Und hielt beim Fußball immer für die Fremden.

Auch die Ruth-Geschichte ergriff mich schon als Kind. Wußte ich, daß sie von Rassismus handelt bzw. von dessen Überwindung? Tut sie das überhaupt? Ich liebte sie um ihres Friedens willen. Sie unterbrach das fortwährende Kämpfen und Schlachten des Alten Testaments. Auf den Seiten vor der Ruth-Geschichte berichtete die Christenlehre-Bibel »Schild des Glaubens« von den Bluttaten Gideons und Abimeleches. Auf Ruth folgten die Dramen um den Kriegskönig Saul. Dessen Thronfolger David stand meinem Herzen genauso fern wie der Huldigungsjubel des Siegervolks: »Saul hat tausend erschlagen, David aber zehntausend.« Entsetzlich.

Glücklicherweise transformieren Kinder manche Gewalterzählung ins Märchenhafte und halten das reale Grauen von sich fern. So auch ich, als Leser der Nibelungen, der Sagen des Klassischen Altertums und eben auch der gottgefälligen Bluttaten des Volkes Israel. Zudem hatte die Zeichnerin Paula Jordan »Schild des Glaubens« mit kindgerechter Feder illustriert. Doch die Gewalt schlug durch, deshalb empfand ich die Geschichte von Naemi, Ruth und dem gütigen Gutsherrn Boas als Oase der Menschlichkeit. Ich las sie ganz profan – die reine Handlung, nicht das unterschwellige theologische Programm. Laut »Schild des Glaubens« gelangten die Rücksiedlerin Naemi und ihre Schwiegertochter Ruth »zur Zeit der Ernte« nach Bethlehem. Sie »fanden Obdach in einem kleinen Haus. Naemi, die alte Frau, besorgte den Haushalt; Ruth aber ging Tag für Tag hinaus aufs Feld (...) Gott aber führte sie auf den Acker eines reichen Mannes mit Namen Boas, da las sie Ähren auf mit großem Fleiß. Am Mittag kam Boas aufs Feld, grüßte die Schnitter (...) sah die fremde Frau und sprach zu ihr: Lies ruhig Ähren auf, es soll dir's niemand wehren, und wenn du Durst und Hunger hast, so iß und trink mit uns. Ruth verneigte sich vor Boas und dankte ihm; aber von Speise und Trank nahm sie nichts. Als die Vesperzeit kam, rief Boas Ruth herbei und sprach: Komm, setz dich zu uns unter den Nußbaum und iß mit uns! Und er reichte ihr Speis und Trank.«

Paula Jordan zeigt die Szene. Der Nußbaum scheint eher eine deutsche Eiche, das Schnittervolk mutet mecklenburgisch an. Auch Ruth und Boas wirken arisiert; »Schild des Glaubens« erschien erstmals 1941. »Nach dem Essen gingen alle wieder an die Arbeit. Boas sprach zu den Schnittern: Nehmt es heute nicht so genau, laßt da und dort ein Büschel Ähren liegen. So fand Ruth viele Ähren, und am Abend kam sie freudig nach Hause. Naemi fragte: Wo hast du Ähren gelesen? Sie antwortete: Bei Boas, und sie erzählte, wie gütig er gewesen war. Naemi sprach: Der Mann ist aus meiner Sippe; Gott vergelte ihm seine Barmherzigkeit.«

Vergolten wird wohl eher Ruth ihr fürsorgliches Wesen. »Boas gewann Ruth lieb; und obgleich sie eine arme Frau war, nahm er sie doch zum Weibe; denn sie war treu und fleißig und hatte ein frommes Herz, und das ist mehr als Silber und Gold. Gott segnete sie, und ihr Geschlecht wuchs; sie hatte Söhne und Enkel. Ihr Urenkel aber ward hernach der mächtige König David. So wurde die arme Ruth die Ahnfrau eines großen Königs.«

Diese Pointe ist entscheidend. Es geht im Buch Ruth nicht um romantische Liebe. Das erkennt der Wiederleser zunächst mit gelinder Enttäuschung. Auch kindgerechte Glättungen bemerkt man in »Schild des Glaubens« im Vergleich zu Luthers Übersetzung. Naemi ist keine ergebene Greisin, sondern eine Frau in ihren vierziger Jahren. Eingangs hadert sie mit Gott. Er hat ihre Existenz vernichtet. Zunächst vertrieb der Hunger ihre Familie aus Bethlehem, zu Deutsch: Haus des Brotes. Dann starb im Fluchtland Moab ihr Mann Elimelech, zu Deutsch: Der Herr ist König. Die Ehen beider Söhne mit Moabiterinnen blieben kinderlos. Dann starben auch die Söhne – kein Wunder, da sie Machlon und Kiljon, zu Deutsch: Krank und Schwächlich, hießen.

Da hört Naemi, die heimische Hungersnot sei vorbei. Sie entschließt sich zur Rückkehr. Und hier wird die Geschichte individuell. Beide Schwiegertöchter sind fürsorglich gesinnt und wollen sie begleiten. Naemi ruft sie zur Vernunft, das heißt zum Verbleib in Moab. Orpa, die dem folgt, handelt nicht verwerflich, sondern normal. Aber Ruth wagt sich ins Offene hinaus, mit einem deklamatorischen Treuegelöbnis zu Naemi und deren Gott. Der Religionswechsel ist Ausdruck der menschlichen Tat.

Daheim in Bethlehem wird Naemi nach zehn Jahren noch erkannt. Soziale Sicherungen kann sie nicht erwarten. Ruth geht notgedrungen Ähren lesen; sie sammelt die Hinterlassenschaft der Schnitter. Hierzu braucht und erhält sie die Erlaubnis des Vorarbeiters. Erteilt er sie selbstlos? Ruth arbeitet durchaus in prekärer Lage. Als fremder, rechtloser Frau drohen ihr sexuelle Übergriffe. Boas erscheint, der Gutsherr. Er verstärkt Ruths Recht zur Nachlese und stellt sie unter seinen Schutz. Kapitel 2, Vers 9: *Ich habe meinen Knechten geboten, daß dich niemand antaste.*

Ruth kehrt heim und erzählt von Boas. Was folgt, geschieht nach Naemis strategischem Plan. Boas, erfahren wir, sei ihr entfernter Verwandter, angeheiratet, aus Elimelechs Sippe: »Der Mann steht uns nahe; er gehört zu unsern Lösern.« Ein Löser ist ein potentieller Witwengatte. Durch Heirat der Witwe erhält er die Familie des Verstorbenen am Leben. Fortan zielt Naemi auf eine Verbindung von Ruth mit Boas, und zwar ziemlich forsch. Kapitel 3, Vers 2 – 4: *2 Siehe, Boas (...) worfelt diese Nacht Gerste auf seiner Tenne. 3 So bade dich und salbe dich und lege dein Kleid an und geh hinab auf die Tenne. Gib dich dem Mann nicht zu erkennen, bis er gegessen und getrunken hat. 4 Wenn er sich dann schlafen legt, so merke dir die Stelle, wo er sich hinlegt, und geh hin und decke zu seinen Füßen auf und leg dich hin, so wird er dir sagen, was du tun sollst.*

Was in der Nacht auf der Tenne geschieht, das lese jeder selbst. Entzückenderweise läßt der Autor genügend Raum zur Imagination. Jedenfalls ist Boas von Ruths Zurückhaltung begeistert: *10 b Du hast deine Liebe jetzt noch besser erzeigt als vorher, daß du nicht den jungen Männern nachgegangen bist, weder den reichen noch den armen.* Auch ihm, Boas, hatte Ruth bei aller Dankbarkeit bereits auf dem Felde klargemacht, daß sie trotz seiner Güte keine jener Mägde sei, die ihm auch sexuell zur Verfügung stünden (Kapitel 2,13).

Der Morgen dämmert. Boas schickt Ruth heim, reich beschenkt mit Korn. Am hellichten Tage bekennt er sich öffentlich zu Ruth: Am Stadttor, dem kommunikativen Zentrum, vollzieht er einen Rechtsakt. Erstaunt erfährt der Leser, es existiere ein Acker aus Elimelechs Erbe, den wolle Naemi ihrem Nächstverwandten verkaufen. Dieser Mann, der erste Löser, soll sich erklären, ob er kaufen wolle. Er will. Boas, juristisch nur zweiter Löser, fährt jedoch fort (Kapitel 4): *5 An dem Tage, da du von Naemi das Feld kaufst, mußt du auch Ruth, die Moabiterin (...), nehmen, um den Namen des Verstorbenen zu erhalten auf seinem Erbteil. 6 Da antwortete er: Ich vermag es nicht zu lösen, sonst würde ich mein Erbteil schädigen. Löse dir zugut (...)* Das läßt Boas sich nicht zweimal sagen. Er heiratet Ruth. Sie wird schwanger und gebiert einen Sohn.

Was dann geschieht, irritiert: Das Kind wird Naemi gegeben; die legt es an ihre Brust – nicht »auf ihren Schoß«, wie Luther übersetzt. Naemi wird sozusagen zur späten Mutter und bezeugt Gottes gnadenhafte Treue. Ihre verstorbenen Söhne können genealogisch übersprungen, ja eliminiert werden. Das Kind heißt nicht Machlon oder Kiljon, sondern Obed, Knecht. So fügt sich das Buch Ruth als Kapitel in eine Heilsgeschichte, die mit der Schöpfung begann. Obeds Sohn wird Isai, der Vater Davids. In David erfüllt sich Gottes Verheißung an sein Volk.

Dies ist die leise Enttäuschung des neuzeitlichen Lesers: Durch die Pointe wirkt das Handeln der Menschen eingepaßt in Gottes Plan – gleichsam vorherbestimmt. Wäre also auch Naemis Elend gottgewollt gewesen? Aber nein, es geschieht kein Marionettenspiel. Gott ersetzt nicht das menschliche Handeln, er begleitet die Menschen in ihrer Freiheit, dieses zu tun und jenes zu unterlassen. Ruth mußte nicht Naemi folgen, Boas hat sich der Fremden nicht zwangsläufig erbarmt. Daß er es gern tat, weil ihm Ruth gefiel, mindert keineswegs den Wert der Tat.

Irritierend bleibt die heilsgeschichtliche Perspektive, die eigentlich Rückschau hält. Ruth und Boas werden zu den Urgroßeltern des messianischen Königs David. Somit endet das Buch Ruth, verfaßt um 500 vor Christus, mit einer Zusage an das von Gott erwählte Volk. Uns heutigen Bürgern der globalisierten Welt könnte, was damals universal klang, nationalistisch erscheinen. Das wäre unhistorisch empfunden. In vielen Schriften des Alten Testaments bedeutet der Ausländer für Israel nichts eigenwertig Gutes. Im Buch Ruth jedoch erscheint uns die soziale Gesellschaft eines Agrarstädtchens ohne priesterliche Hierarchie und rassische Reinheitsgebote. Die fremdvölkische Ehe ist pragmatisch und moralisch legitim; sie stört nicht Gottes Handeln, das jenes der

Menschen durchdringt. Boas und Gott »entfremden« Ruth. Sie nützt Israel, statt es zu gefährden. Diese Aufwertung des Fremden ist einzigartig im Alten Testament.

Unmöglich kann man auf der Wartburg predigen, ohne sich dieses Orts zu freuen. Ich erwuchs ja im Heiligen Land der Protestanten. Beizeiten kam ich nach Eisleben, wo Martin Luther geboren wurde und starb. Auch Wittenberg, Mansfeld, Erfurt lagen nicht fern. Achtjährig ritt ich auf einem Esel namens Max zu Luthers Fester Burg empor. Wie eine Arche schwamm sie auf dem Thüringer Wald. Und barg die Herzkammer des Protestantismus: das Stüblein, in welchem »Junker Jörg« 1521 das Neue Testament verlutherdeutscht und den Teufel mit dem Tintenfaß beworfen hatte.

Atemlos hörte ich von Luthers Verfolgung durch Kaiser und Papst. Kein Zweifel, hier triumphierte der Ritter des Lichts über die Mächte der Finsternis. Allerdings war das lange her. Reinhard und Agnes, die einzigen Katholiken meiner Klasse, wirkten völlig normal, ebenso die atheistischen Schulkameraden. Abnorm tönte der SED-Staat, der seine »wissenschaftliche Weltanschauung« gegen den »christlichen Aberglauben« positionierte.

Etwas Schreckliches geschah. Agnes starb. Um welchen Gottes Willen erhängt sich ein dreizehnjähriges Mädchen? Wortlos trottete die ganze Klasse inmitten eines langen Zugs den Friedhofsweg hinauf. Vor uns schwankte der Sarg. Es war ein trüber Tag. Ich versuchte zu fassen, wie entsetzlich nahe ich der toten Agnes sei. Der Priester sprach so leise, daß ich ihn nicht verstand. Agnes' Mutter weinte und rief immer wieder den Namen ihres Kinds: Agnes, mein Mädchen, warum hast du das getan!

Abends setzte sich Vater an mein Bett. Ich fragte: Kann Agnes in den Himmel kommen?

Ja, Junge, sagte er.

Aber sie ist katholisch.

Alle Christen gehören zum Volk Gottes.

Was unterscheidet uns von den Katholiken?, fragte ich. Der Volksmund wußte: Sie sind falsch, und die Priester treiben's alle mit ihrer Haushälterin. Vater sprach vom Papst und dem Abendmahl

ohne Wein für alle. Der größte Unterschied sei aber der Beicht-
zwang. Alle Sünden beichten, begangen in Gedanken, Worten und
Werken, das schaffe keiner, das mache den Menschen verrückt.
Dann sangen wir, auch für Agnes, mein und Vaters Lieblingslied:
*Jerusalem, du hochgebaute Stadt, wollt Gott, ich wär in dir. Mein
sehnlich Herz so groß Verlangen hat und ist nicht mehr bei mir. Weit
über Berg und Tale, weit über blaches Feld schwingt es sich über alle
und eilt aus dieser Welt.*

Ich fragte: Werden irgendwann alle Menschen zu Gottes Volk
gehören?

Irgendwann ja, versprach Vater.

Und wer vorher stirbt und nicht an Gott geglaubt hat? Kann
der in den Himmel?

Nach menschlichem Ermessen nicht, sagte Vater. Aber wenn
Gott will, dann geht auch das.

Ich denke oft an diese Doppelantwort meines Vaters. Gläubig
beschrieb er das Wesen der Welt wider jeden Realismus. Zugleich
akzeptierte er die Realität als gottgegeben. Dies ist der Dualismus
des Glaubens. Die ersten Christen hatten noch mit Jesu Wieder-
kehr zu ihren Lebzeiten gerechnet. Doch der Erwartete blieb aus.
Generation um Generation mußte sich in unerlöste Verhältnisse
fügen und nahm an ihnen teil. Es entstand Kirchengeschichte, inklusive des Mißbrauchs der göttlichen Botschaft für Macht und
Menschheitsverbrechen. Religion ist Sünde: die menschengemachte
Dimension des Glaubens, die Ideologie heiliger Kriege, die Anma-
ßung überirdischer Legitimation für irdische Gewalt.

Wir sind zeitliche Wesen; jenseits dessen können wir nicht
glauben. Die Bibel ist nicht vom Himmel gefallen, sondern eine
geschichtlich gewachsene Sammlung von Schriften. Wie lang und
steinig war der Weg des Humanen: von der Nationalgottheit zum
universalen Gott, vom Volk zur Menschheit und zur freien Indivi-
dualität. Das brauchte Zeit: Entwicklungsgeschichte. Doch schon
das erwählte Volk des Alten Testaments findet in seinem Gott den
strengsten Richter. Und das Neue Testament verkündigt, daß Gottes Gerechtigkeit kein unerbittliches Gesetz ist, sondern Gnade.

Die Säkularisation hat auch den Glauben befreit. Kein »Ungläubiger« gilt noch als minderes Wesen. Kluge Christen delektieren sich auch nicht mehr an konfessionellen Unterschieden, sondern suchen Gemeinsamkeiten. Längst bilden die sittlich-sozialen Tugenden des Christentums das Normempfinden unserer Gesellschaft und prägen unsere Gesetze, unabhängig vom Bekenntnis. Gern spräche man von Leitkultur. Doch dieser Begriff, möglichst angereichert um den Vorsatz »jüdisch-christlich« oder »abendländisch«, hat einen schrillen Klang. Das liegt an den Flüchtlingsströmen, jenen Migrantenfluten aus aller Welt, die sich, wie mancher befürchtet, allesamt nach Deutschland ergießen, bis unsere Kultur ersäuft. Manche Sorgen sind begreiflich, manche dörflich eng. Wehren muß man den Hetzern und jener Versteinerung des Herzens, die weder ertrunkene Kinder noch erstickte Menschen in Frachtcontainern erweichen. Die Bundeskanzlerin Angela Merkel handelte christenmenschlich, als sie den Hoffnungssatz »Wir schaffen das« über ihre Lippen ließ. Das meinte: Wir haben Kraft und Moral. Unsere Werte strahlen aus und zeigen eine humane Gesellschaft – nicht zuletzt uns selbst.

Mit Empathie allein ist das auf Dauer kaum getan. Gutherzigkeit ersetzt nicht Politik. Schauen wir noch einmal ins Buch Ruth. Recht überschaubar scheint das Flüchtlingsproblem für das Landstädtchen Bethlehem. Zu integrieren sind bloß eine Spätheimkehrerin und eine Ausländerin, die sich von Ernteabfällen ernähren, also durch Spenden. Ein Rechtszustand tut not; Boas stellt ihn her. Damit können die Einheimischen leben, ohne Verunsicherung ihrer Identität. Drei Generationen später wird Ruths Integration Israel zum Heil. Am Anfang jedoch stand eine Entscheidung, gewagt und ausgesprochen nicht von Boas oder sonstwem aus Bethlehem, sondern von dieser herzensbegabten Fremden: *Dein Volk ist mein Volk, und dein Gott ist mein Gott.* Der Autor des Buches Ruth notiert das wie einen Wechsel von Nationalität und Religion. Doch Gott gehört keiner Volksgenossenschaft. Ruths Glaubensmut ist Menschlichkeit. Daraus wächst der Segen.

Amen

Die Predigt wurde am 25. Juni 2016 auf der Wartburg gehalten.

Anhang

Quellenverzeichnis zuvor veröffentlichter Texte

Luthers Satan, Gottes Knecht: *Zeit Geschichte* Nr. 5/2016

Gottes Raubtier: *Zeit Geschichte* Nr. 2/2016

Deutschlands Erwachen: *Zeit Geschichte* Nr. 3/2016

Immer waldeinwärts: *Zeit Geschichte* Nr. 4/2012 (stark erweitert)

Hundert Jahre nach dem Tod: *Zeit Geschichte* Nr. 1/2014 (stark erweitert)

»Und ob wir dann noch leben werden ...«: *Zeit Geschichte* Nr. 3/2008 (stark erweitert)

Der König der DDR: *Zeit Geschichte* Nr. 4/2011

Menschenfischers Heimathafen: *Zeit Geschichte* Nr. 4/2013

Schießplatz der Supermächte: *Zeit Geschichte* Nr. 3/2012

Der rollende Teppich: *Die Zeit* Nr. 45/2014

Tausendundeine Macht: *Die Zeit* Nr. 20/2014

Die Brotholerin (Yazd/Iran, 1. Oktober 2014)

Christoph Dieckmann
Freiheit, die ich meine
Unbeherrschte
Geschichten

272 Seiten, 30 Abbildungen
Festeinband mit Schutz-
umschlag
ISBN 978-3-86153-671-0
22,00 € (D); 22,70 € (A)

»Es gibt seit Langem keinen, der die Zeitläufe derart nahe an denen, die es auszustehen haben, berichtet und erfasst.«
Das Magazin

»Dieckmann schreibt mit einer Präzision, einer Zuneigung für die Objekte seiner Neugier, wie man sie selten findet. Seine Art zu erzählen macht schlicht süchtig, dieser Stil: scharfzüngig und wehmütig, üppig und burschikos, in atemberaubendem Wechsel. Dieckmann ist fasziniert von den Zuckungen der Vergangenheit, ein Archäologe des Alltags, ein Moralist ohne ideologische Gewissheit.«
Aargauer Zeitung

www.christoph-links-verlag.de